中国财经学术专著系列

环境不确定条件下企业经营与组织变革研究

On Study of Enterprise Operation and Organizational Change Based on the Environmental Uncertainty

邵仲岩　王金丽　著

中国财富出版社

图书在版编目（CIP）数据

环境不确定条件下企业经营与组织变革研究／邵仲岩，王金丽著．—北京：中国财富出版社，2014.8

（中国财经学术专著系列）

ISBN 978－7－5047－5314－4

Ⅰ．①环…　Ⅱ．①邵…　②王…　Ⅲ．①企业管理—组织管理学—研究　Ⅳ．①F272.9

中国版本图书馆 CIP 数据核字（2014）第 180013 号

策划编辑　王淑珍　　**责任印制**　何崇杭

责任编辑　王淑珍　　**责任校对**　杨小静

出版发行　中国财富出版社（原中国物资出版社）

社　　址　北京市丰台区南四环西路 188 号 5 区 20 楼　　**邮政编码**　100070

电　　话　010－52227568（发行部）　　010－52227588 转 307（总编室）

010－68589540（读者服务部）　　010－52227588 转 305（质检部）

网　　址　http://www.cfpress.com.cn

经　　销　新华书店

印　　刷　北京京都六环印刷厂

书　　号　ISBN 978－7－5047－5314－4/F・2208

开　　本　710mm×1000mm　1/16　　**版　　次**　2014 年 8 月第 1 版

印　　张　18.5　　**印　　次**　2014 年 8 月第 1 次印刷

字　　数　342 千字　　**定　　价**　39.80 元

前　言

时光荏苒，十年弹指一挥间，想想攻读博士论文时还是意气风发的青年，现在已经过了不惑之年。屈指算来，接触研究企业的组织变革问题已经十个年头了，从博士论文为起点，十年来在这方面发表了十几篇文章，对该领域有了一定的认知，也有 3 名研究生在这个领域耕耘完成了他们的硕士论文。期间又带领课题组的年轻教师加入到这一领域的研究。今年，突然觉得有必要将这些年的研究成果集结成书，以飨读者，让更多的专家学者和有志于这方面研究的人员多一个参考选项。因此，我和课题组的青年教师王金丽整理了最近这些年各自的研究成果，形成了这本著作。本书第 1 章到第 5 章，第 15 章到第 19 章为王金丽的研究成果，其他章节是邵仲岩的研究成果。

综合近年来的研究成果，我们形成这本题目为“环境不确定条件下企业经营与组织变革研究”的著作。全书分成 4 篇，第 1 篇研究环境不确定性问题，第 2 篇在此基础上研究基于权力—权利系统的企业组织变革，第 3 篇分析基于组织脆性的组织变革问题，第 4 篇主要研究在不确定条件下企业经营管理与在组织变革的趋势和方向问题。本书体现了近十年来作者的科研历程和对该领域的认知的变化过程。从权力型实体组织的研究到责任型虚拟组织的探索，从经典传统理论的评述到脆性理论的应用与延伸，从组织层面的分析到基因层面的研究。总之，近些年来，随着研究的逐渐深入，我们越来越感受到古典组织理论带给现代企业管理的局限性，从海尔的断腕式的裁员和组织变革看，传统的组织结构设计与变革理论已经在当下的企业发展中出现了不适合，今后，我们要深入当代去挖掘、去发现新的组织范式，形成更加适合未来企业发展的组织模式。

虽说经过十年的积累形成这本著作，但是仔细推敲和斟酌，书中很多观点和研究结论还不是特别先进，有些仍需要商榷，有些甚至存在谬误，因此，希望本书的出版能为立志研究此问题的专家和学者提供一个参照，同时更希望各位专家和学者为本书的谬误之处提出改正的意见。

另外，本书在撰写过程中还要特别感谢我的研究生马力、王士龙和李林林，很多研究结论都是我们共同研究得出的，书中很多地方引述了他们的观点，在此表示衷心的谢意。

邵仲岩

2014 年 5 月

目 录

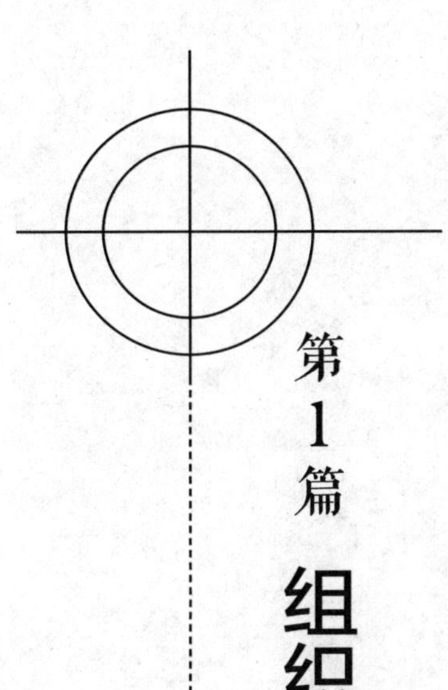

第1篇 组织环境不确定性研究

1 企业组织环境不确定性研究

1.1 不确定性界定

关于不确定性这一概念，可谓众说纷纭，事实上在不同的研究范围、研究视角下，其界定就会因所处状态不同表现出各异的特征。所谓不确定性，是指当引入时间因素之后，事物的特征和状态不可充分地、准确地加以观察、测定和预见。为了更明确这一概念，我们来探讨与之相关的另一概念确定性，从而进一步深入理解不确定性。我们通常所说的确定性，不仅是指事物或过程本身具备客观性，比如成本、收益、状态、过程等，而且更意味着主体对客体的认识、了解和理解程度与认知过程具有确定的那样一种性质。进而，不确定性，就是指事物或过程不具备确定的那样一种性质。在现实世界中，人们的研究及决策过程中涉及的系统、系统要素、系统关系不断延伸、相互交叉，日渐复杂，因而不确定性问题也随之日益成为一种常态，且日益呈现更为纷繁复杂的复杂性特征。不确定性主要表现为随机性和模糊性，其中随机性是指事件发生与否的不确定性，模糊性是指事件过程本身状态的不确定性。

1.2 组织环境概述

1.2.1 组织环境的内涵

关于组织环境概念的界定，众多学者都对此进行了广泛的研究，也形成了许多经典概念界定，如汤普森、卡斯特和罗森茨韦克、罗宾斯、明茨伯格、达夫特等，当然也并不缺乏国内学者对这一问题的研究，虽然语言具体表达不同，但概念基本一致，即以组织自身为界限，凡是处在组织之外的能够对组织产生直接或间接影响的所有的要素集合。这种概念按照目前的发展而言，可以归之为狭义的环境概念。而广义的组织环境概念，也就是目前我们绝大多数的学者所接受的概念更偏重广义概念，即凡是组织在其适应环境过程中，能够为组织所用的或能够直接或间接影响组织的所有要素的集合。显然在这一概念中，环境要素囊括企业内部与外部所有要素。本文在研究组织环境问题时，采用的是这一广义概念。

1.2.2 组织环境的分类

自20世纪六七十年代以来，随着组织环境的不确定性日益加剧及复杂化，对于组织环境的研究逐步转入人们的视线，无论是实业界还是理论界都开始重视这一话题，对于组织环境的概念、类型、组织环境分析与应对等都成为研究的重点问题，这一时期也迎来了战略管理研究的机遇期。Duncan（1972）、Teine（1984）、沃辛顿和布里顿，包括国内的一些学者，如刘延平（1995）、席酉民（2001）、李汉东和彭新武（2006）、赵锡斌教授（2007）等都对上述问题进行了比较深入的研究，他们的观点，包括目前成型的逐步为大家普遍接受的一种观点，就是将组织环境分为外部环境与内部环境。所谓的外部环境与狭义的组织环境同义，而内部环境即指企业内部各种要素所组成的内部系统。

进一步我们又可以将外部环境分为宏观环境与产业环境，宏观环境，指的是政治（Politics）、经济（Economy）、社会文化（Sociaculture）、技术（Technology）与自然环境（Nature），简称PESTN。产业环境即企业经营所在行业的特征（产业特征），同时强调与企业有直接或间接业务关系的主体，如供应商、购买商、替代者、股东、公众（也称任务环境）等。

除此之外，按照环境动荡程度的不同又可以将环境细分为稳定环境与动荡环境，这种分类方式将不确定性引入环境研究中，衡量环境不确定性的因素主要有，外部环境影响因素的多寡与各因素之间的相关性，以及环境的可预测性。稳定环境即外部环境影响因素不多，且相互关联性不强，根据以往经验未来环境可预测或有预测指向性。而动荡环境则指企业环境影响因素较多，各因素之间相互交叠，根据以往经验可预测性较差，或环境会突然发生变化，令组织始料不及。当然，根据上述两种要素对环境的不同影响及影响程度，可进一步将环境按照复杂性和动荡程度不同，在稳定与动荡环境之间进一步细分。按此维度，随着经济全球化、网络化以及各国间国际联系的增强，未来的环境动荡程度呈现出进一步复杂化、动荡程度越来越高的趋向。

1.3 组织环境不确定性研究

1.3.1 组织环境不确定性的分类

关于组织环境不确定性的内涵与分类，早已经不是新鲜的话题，关于这一话题这里仅采用武汉大学博士唐国华（不确定环境下企业开放式技术创新战略研究）的论述。对环境的研究主要有两种分析思路（Bourgcois，1980；Richard，Murthi & Ismail，2007）：即内容视角的环境研究与特征视角的环境研究。内容视角的环境研究是根据环境的具体内容与主体进行研究，如研究具体的经济环境、竞争环境、技术环境、政治环境、文化环境等。环境内容具有太多的个体差异性，内容视角的环境研究能帮助企业更好地了解其面临的具体环境，更适用于企业经营与管理咨询实践。特征视角的环境研究是根据环境的特征，即环境的确定性程度进行研究，如环境的复杂程度、动荡程度、竞争程度等。环境特征具有一定程度的共同性，因而特征视角的环境研究能实现研究的可比性与传承性，更适于学术研究拓展。

不确定性是环境最主要的特征（Duncan，1972）。因而不确定性是许多组织理论的中心概念（Priemetal，2002）。战略研究中分析外部环境时，一般指其总体或任务环境的不确定性水平（Harrington & Kendall，2007）。

管理学中不确定性的概念来源于经济学。按照奈特（1921）的定义，不确定性是指由于人们缺乏对事件基本性质的知识和经验，对事件可能出现的结果知之甚少，难以通过现有理论或经验对结果进行预测和定量分析。当不确定性的概念用来描述企业环境时，就产生了环境不确定性的概念。Duncan（1972）认为环境不确定性是指：一是在决策时缺乏相关环境因素信息；二是无法得知决策结果；三是无法预知环境对决策的影响。他同时指出环境不确定性由两个维度构成，即复杂性与动态性。Miles 和 Snow（1978）认为不确定性是影响企业绩效的环境的不可预测性。Milliken（1987）认为环境不确定性是指组织的核心管理者不能正确感知或评估组织外部环境的状态或发展趋势。

在组织理论中，外部环境一直被认为是大多数组织必须面对的主要不确定性的来源。对于组织而言，环境不确定性意味着组织外部环境的变化及这些变化对组织绩效的影响具有不可预测性（徐健，2008）。在管理学的文献中，组织的外部环境被看作是突发事件和变动趋势的源泉，环境给企业创造机会的同时也带来威胁（Lenz，1980）。对外部环境的看法在文献中有两种截然不同的观点：信息基础理论与资源依赖理论（Kreiser & Marino，2002；Tan，1993）。相应地对环境不确定性来源的看法也有两种观点：资源依赖理论认为环境的不确定性源于资源的缺乏，信息基础理论认为环境的不确定性源于信息的复杂（Lawrence & Dyer，1953）。

在对组织环境的研究中，对环境不确定性的理解也有两种不同的视角，即环境特征的客观测量视角与环境特征的主观测量视角（Sharfinan & Dean，

1991；Soren & Ann，1999；斯格特，1997）。环境特征的客观测量视角认为组织环境是独立于组织之外的客观存在。环境是组织必须适应、匹配、控制或被控制的事物或力量，因而产业内的所有企业、企业内的所有个人，他们所面临的环境都是相同的。环境特征的主观测量视角则认为知识来自于思维建构，环境是被感知的存在，而人的内心世界并不是外部现实的翻版。不确定性是针对具体的企业而言的，而不是一个完全客观的存在。因而不确定的程度对每个企业而言都是不相同的。一些学者甚至认为管理者感知环境的方式比环境本身更重要（Milier，1988）。既然只有那些参与者认识到的因素可以进入他们的决策行为，那么，根据他们的感知来测量环境就是有意义的（Lawrence & Lorsch，1967；Duncan，1972）。Weick（1979）更认为参与者不仅感知环境并作出反应，更建构或“设定”环境。

一般而言，在环境变化相对缓慢、环境构成较为简单的情况下，环境特征的客观测量视角具有明显的优势。几乎所有战略研究都假定组织、环境是真实的、物质的、分离的。然而，没有对组织及其领域的认识，将无法“客观地”描述该组织的环境（斯格特，1997）。环境特征的主观测量视角能更为快速地把握当前环境机会与威胁，从而作出恰当的决策与响应。Lawrence 和 Lorsch（1967）及 Weick（1979）认为，环境特征的主观测量视角是理解环境的最好方式之一。也有不少学者试图从主观和客观二者综合的视角来把握环境本质（Boydetal，1993；王兰云和张金成，2003；项保华，2007）。

环境不确定性的分类，安索夫通过引入环境动荡的概念来描述环境不确定性的程度。他把企业所身处的不同环境分为五个不同的动荡等级（Hussey，1999）。第一等级是可重复的环境（稳定且可预测）。这是一个没有任何变革的稳定环境。在自由的市场经济体制下，除了非营利性组织以外，很少有组织是处在这种环境中的。第二等级是递增的环境（缓慢并逐步增强）。在这种环境中，需求往往大于供给，同时顾客的要求是相对初级的且无差异化的。价格是顾客购物时的主要决定因素，从而生产效能成为企业主要的成功因素。这类环境通常体现在经济体中某一快速增长的部分。第三等级是变化的环境（快速但仍是逐步递增）。在这种环境中，顾客的需求被不同的购买力和产品喜好的差异区分开来。主要的成功因素由生产效能转化为营销效果。第四等级是不连续的环境（有些方面不连续，其他方面可预测）。在这种环境中，变革所发生时的速度要远超过企业自身反应能力的速度，而且未来也变得不易预测。第五等级是突变的环境（不连续且不可预测）。在这种环境中，技术的领军能力是主要成功因素。高新技术和新兴产业在得以迅速发展的同时，消费者们也正在准备为最先进的技术而买单。米利肯（Miliken，1987）认为环境的不确定性可以归结为以下三类：①状态不确定性：在环境瞬息万变的情况下，由于无法认知环境要素的变动状态，使决策与环境变动状态之间出现时间落差，或无法预测，导致原决策无法达到预定效果所产生的不确定性。②效果不确定性：由于缺乏环境变化原因与结果的相关知识，以致无法事先预测环境变化对决策或组织可能产生的影响，由此产生的不确定性。③回应不确定性：指组织采取某项战略或行为后，无法确知该方案对组织的最终效果，由此所产生的不确定性。按照米利肯的观点，环境的不确定性是指由于环境信息的缺乏或者对其因果关系信息的缺乏，从而导致管理者无法预测环境变化及其影响的状态。

1.3.2 组织环境不确定性来源

组织环境不确定性来源目前主要有四种观点，第一种是资源依赖理论，认为组织环境不确定性主要来源于资源的匮乏。第二种是信息基础理论，即认为环境的不确定性源于信息的复杂。第三种理论则可称为不可抗力理论，认为环境的不确定性指地震、火灾、洪水、泥石流等自然灾害和交通堵塞等偶然发生的事件（如集会、游行、示威、恐怖主义等），这类事件难以预测，给企业组织带来了很大的不稳定性。第四种理论则认为组织所处的环境不确定性来源是包括供应商、客户、竞争者、社会公众等可能给组织绩效带来影响的机构和力量。对于供应链企业来说供应商，制造商，分销商，零售商和客户属于影响供应链法人内部的环境力量。缺乏与决策有关的环境信息，决策结果的无法预知性，环境对决策结果影响的无法预知性。因此，研究组织环境各种不确定性的形式与表现，对于当下企业经营与管理有着极为重要的价值。

1.4 本章小结

本章从不确定性的定义说起，首先阐明目前人们对于不确定性的理解，进而对组织环境进行了界定和分类，最后研究了组织环境的不确定性分类及其来源，指出环境的不确定性存在主观感知和客观存在两种观点，而环境不确定性的来源则存在四种观点，即：资源观、信息观、不可抗力观和利益相关者变化观。

2 组织环境不确定性的表现——组织脆性

2.1 脆性问题的提出

2.1.1 企业的生命性

企业的演化和成长与生物体一样，都会经历一个从无到有，到成长、成熟、直至衰老与死亡的生命过程，都有影响和决定其演化的遗传因素，各自的结构和功能都随着组织规模的壮大而发展。Baskin 指出：企业要最大限度地利用市场生态提供的机会，就必须保证这些组织的运营更像一个生物体，这说明企业要不断搜寻成长所必需的“空气”、“水”、“养料”和适宜生存的环境。尽管演化过程中企业与生物体都依赖于环境的作用，不同的是企业较生物体更具主动性。在演化过程中，企业通过不断的搜寻、学习和创造，使自身的遗传物质得到优化，企业及群体才能不断进化和发展，而生物体则是被动的去适应环境，自身遗传物质往往取决于环境的影响和选择，这些都源于企业与生物体生存机制的不同。

此外，无论企业组织还是生物体组织的演化都包括个体演化和群体演化及共同演化三种范式。Morre（1996/1999）强调：“共同进化是一个比竞争和合作更为重要的概念，说明企业类似生物体的进化。企业进化不单单是个体行为，而是行业水平的共同提高。其实企业个体进化水平的提高也往往会带来同行业的效仿。”

企业作为一个类生命体，也必然有一定的寿命，许多学者都对那些长寿企业作出了深入的研究，并分析了影响企业寿命的主要因素。德赫斯从财富500 强的企业中挑出 40 家，并对其中 27 家进行了详细的研究，提出了公司长寿应具备的关键因素，他认为长寿的公司都对周围环境特别敏感，能及时根据环境变化作出反应。此外，长寿的公司一般具有凝聚力，员工有较强的认同感和归属感。而综合关于影响企业寿命的研究成果中，管理水平这一要素得到普遍认可。相反，那些短命的企业，往往由于忽视企业内部潜在的脆性风险而毁于一旦。脆性度高的企业就像企业缺乏抵抗力，必然不能长寿。

2.1.2 企业的脆弱性

企业的脆弱性是指，企业在演化过程中由于自身发展与环境不平衡，从而在遭受外界打击时表现出的一种容易崩溃的性质。企业作为一个类生命体，在面临复杂的环境和自身成长所带来的机遇和挑战时，难免抵御不住外界各种因素的强势侵袭，就会呈现病态，表现的十分脆弱。脆性作为企业的一个根本属性，无时无刻不伴随企业的进化与发展，存在于企业演化的全过程，它不会随着演化过程中企业的进步或环境的变化而消失，相反，随着企业演化的深入，组织脆性的作用和特征不断被强化，表现形式也越来越明显。由于企业脆性具有隐蔽性、突发性、连锁性、延时性特征，因此它不易被察觉，因此需要我们在企业演化过程中，不断地评价和分析演化过程中易出现的脆性风险，以免造成不必要的损失。

企业在演化过程中自身也会存在很多缺陷，这些因素大多是不可见的，有些则是不可预测，这样在企业进化过程中，一个微小的因素都可能导致企业的病变，引发连锁反应，导致企业的崩溃。企业的脆弱性在一定条件下达到某一个濒临崩溃的临界点时，企业进化的路径会严重受阻，打破常规进而影响企业的可持续发展乃至寿命。另外，妥善解决脆性可以峰回路转，转化进化的动力。辩证地看待并妥善解决企业演化过程中的脆弱性问题，有助于深入对企业演化理论的研究和理解，丰富企业理论，把握企业长寿命脉。

2.1.3 企业的生命周期

关于企业的寿命研究，国内外许多学者都从不同的视角进行了考察，并希望从中找出企业持久健康发展的规律。比较典型的是美国学者爱迪思（Adizes，1989/1997）对企业生命周期进行了深入的研究。他认为，无论是植物还是动物，只要是生物就遵从着被称为“生命周期”的现象，他将企业生命周期划分为三个阶段，分别为“成长阶段”“再生与成熟阶段”以及“老化阶段”，并且分析了每个阶段的特征及产生的问题。具体又细分为孕育期、婴儿期、学步期、青春期、盛年期、稳定期、贵族期、官僚化早期、官僚期和死亡十个时段。

企业处于生命周期的各个阶段激发出的脆性风险都会制约企业的演化，缩短企业寿命，然而并不是所有的企业都会经历一个完整的生命周期，企业处于每一生命周期各阶段的时间长短也不同。这就是为什么有的企业在初创期就夭折，在成熟期最辉煌的时候每况愈下丧失活力，也有的企业在老化期却克服重重困难起死回生，延长其生命周期。因此，企业的演化可以理解为一个循环往复的动态过程，探寻在企业演化的各个生命周期所能激发脆性风险的原因及防范措施是推动企业演化的关键所在。

2.2 企业脆性的界定

2.2.1 复杂系统脆性

“脆性”最早来源于材料力学，指“物体在受到拉力或冲击时容易破碎的性质”及“材料在断裂前未被觉察的塑性变形的性质”，引申到复杂系统则用于表征系统的一个新的属性。复杂系统具有非线性、开放性、层次性等特点，但在外界某种条件作用下系统会突然发生崩溃，随着系统规模越来越大，子系统之间关系越来越复杂，这种性质就越来越突出。为界定复杂系统的这一属性，引入材料力学里面脆性这一概念，复杂系统脆性是指，复杂系统由于受到内、外部干扰因素的作用时，原本的有序状态会被破坏，使得某一部分（子系统）崩溃而形成一种相对有序的新的状态，这种崩溃会影响到其他子系统，并通过子系统之间的物质和能量的交换进而扩散传播，使崩溃的子系统数目增多、层次扩大从而引发了连锁崩溃，最终导致整个复杂系统的崩溃，这种属性称之为复杂系统脆性。复杂系统在运行过程中由于遭受外力打击而突然崩溃的风险，称为脆性风险。脆性风险被激发使复杂系统出现熵增，其根源在于子系统之间的非合作博弈。当系统正常运行时，脆性是潜藏和隐性的，一旦条件变化受到激发便呈显性，脆性风险被激活。子系统之间为获得有限的负熵流来降低自身熵值，它们之间便出现非合作博弈。

哈尔滨工程大学李琦等通过对复杂系统的内部结构及环境的分析，建立了由外部环境和系统内部结构组成的复杂系统脆性结构模型；复杂系统脆性由脆性因素、脆性事件、脆性结果三要素组成。复杂系统脆性结构模型是建立在以可变性和不确定性作为主要特性基础上的，其脆性结构是由脆性风险（系统崩溃）、系统结构、脆性事件、脆性因子组成的四层结构。复杂系统中的脆性事件是可能导致系统崩溃的、由脆性因子构成的事件，以一定的概率反作用于系统，构成某一时刻系统的外部环境。脆性因子是根据系统内外条件而辨析出来的导致系统脆性的根本因素，因子与因子之间可能具有相互关联性。如图2-1所示，上层结构是内因，下层结构是外因，内因通过外因起作用，并通过内部传导机制，进而导致整个系统的脆性风险。

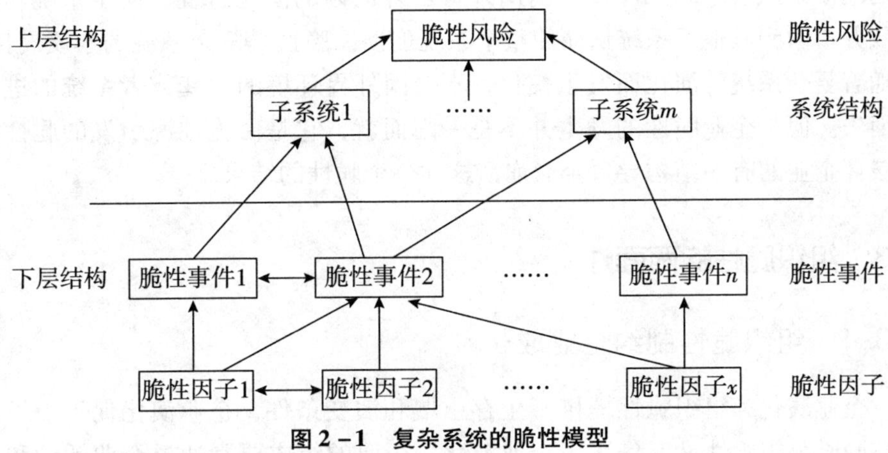

图 2-1 复杂系统的脆性模型

2.2.2 企业脆性的概念及特征

复杂系统脆性理论衍生出企业脆性的研究，企业面临不确定的环境，企业在演化过程中自身存在很多缺陷，这些因素都是不可见的，有些则是不可预测，这样在企业进化过程中，一个微小的因素都可能导致企业的病变，引发连锁反应，导致企业的崩溃。因此，企业脆性是指企业在遭受外界打击时容易崩溃的性质，脆性问题的研究要解决的是：企业在演化和发展过程中如何克服由于自身发展不协调而引发的脆性风险。因此，它描述的是企业面临挑战的机体抵抗力，抵抗力强则脆性度较低，抵抗力弱则脆性度较高。面对危机时的反应能力则可在一定程度上弥补弱抵抗力的不足。脆性的研究可以形成竞争优势，增强企业生命力，实现可持续发展。

脆性作为企业的一个根本属性，无时无刻不伴随企业的进化与发展，存在演化的全过程。它不会随着演化过程中企业的进步或环境的变化而消失，同时，企业脆性具有以下特征：第一，隐藏性，企业正常运营时脆性表征不明显，呈隐性特征，但是在遭受外部经营环境恶化以及内部抵抗不足时就会凸显出来，而且由于不确定性的存在企业脆性随时都有可能被激发。第二，伴随性，无论企业脆性是否被激发，它都作为企业的属性一直伴随企业的成长，只是程度会因为企业自身演化程度而不停变化；延时性，由于企业组织具有开放性和自组织性，当突然受到外力的干扰时，系统内部会自觉地进行调整，从而使脆性风险的产生到系统崩溃有一个过程。第三，表现形式多样性，在复杂多变的外界环境中，脆性影响因素及激发方式多种多样，所以企业受损的程度和产生的后果也不尽相同。第四，作用结果的危害性，企业组织的崩溃是从有序到无序及由内向外再由外向内的演化过程，使子系统功能失效并扩散到其他子系统从而使整个系统崩溃。脆性是复杂系统的本质属性，伴随着复杂系统的演化而发生变化，不会因外界环境的改变或者系统的进化而消失。但是企业脆性的发生并不是一蹴而就，它是由脆性源引发的脆性事件破坏企业的有序结构导致企业崩溃这样一个脆性的结果。

2.3　组织脆性的两面性

2.3.1　组织脆性制约企业成长

企业演化为组织脆性提供了生存土壤和演变条件，企业演化促生组织脆性，同时组织脆性又反作用于企业演化。企业的组成要素通过企业活动和经营策略促使组织脆性发生变化，有限理性意味着企业往往不会一开始就能找到最优策略，而是在市场竞争中通过学习和试错来寻找较好的策略。在企业演化的各个阶段都会面临组织脆性所带来的威胁，然而组织脆性的发生其实并不是一蹴而就，有些是潜在影响的，脆性风险不会立即爆发，有些是危险因素长期集聚而得不到解决从而激发脆性风险的突然爆发。企业在演化过程中自身也会存在很多缺陷，这些因素大多是不可见的，有些则是不可预测的，这样在企业演化过程中，一个微小的因素都可能导致企业的病变，引发连锁反应，打破企业的常规和惯例，从而阻碍企业演化的路径，影响企业的可持续发展乃至寿命。

2.3.2　组织脆性是企业演化的内在驱动力

环境对企业的自然选择使适应性企业在有限资源的竞争中得以生存和繁衍，那些对环境不敏感的企业暴露出的脆性风险使企业逐渐被淘汰，演化的动力产生于风险压力，机体的抵抗力则是企业演化的根本保障。脆性风险的存在，一方面使企业防范生存危机和成长陷阱，另一方面会刺激并迫使企业采取变革措施推动企业进化。脆性对企业演化的推动性作用还体现在内部系统的调节能力，当企业内部某一子系统受到外部的打击而引发其他子系统的连锁反应使整个系统趋向于崩溃时，企业内部系统会对受到干扰的系统进行约束和调节。所以，我们可以认为该系统对这类的打击具有一定的抵抗力和约束调节，从这个角度可以认为脆性风险推动了企业演化。

2.4 企业脆性与相关概念关系辨析

2.4.1 企业脆性、企业危机、企业风险的概念辨析

企业脆性和企业危机是一对因果关系的客观事物，由于企业脆性的客观存在促使企业危机发生在一定的概率范围。企业危机引发结果的传导过程多数是由外部引发导致内部系统崩溃，当然有个别情况也存在内部不和谐导致的企业危机，而脆性是迫使企业从内部着手来防范外部危机的过程。危机可以清除而脆性则是在企业演化过程中一种客观存在，是不会消失的；危机是企业组织脆弱性集聚到一定程度所产生的后果，当企业没有识别自身脆弱性而进行战略决策时，脆弱性的结果就是企业出现危机，一般而言危机事件的发生将直接给企业带来严重影响和不良后果，当然存在一些具有良好文化内涵和危机应对能力的企业以危机的有效化解为契机而大力擢升企业的演化和进步。因此，企业脆性程度越高，企业抵御危机侵袭的能力就越低；相反危机事件的爆发同时促使企业脆性水平的增高，体现着两者之间的一种关联。但是企业脆性并不是企业危机事件的诱发因素，他们是危机爆发过程链条上的两个节点，互相存在影响。

企业风险是指当事件、活动或项目有损失或收益与之相联系，涉及某种偶然性或不确定性和涉及某种选择时，由于环境的不确定性，客体的复杂性，主体的能力与实力的有限性，而导致某一事项或活动偏离预期目标的可能性威胁。企业风险与企业脆性的本质区别在于，风险可能引发企业的危机事件，是一种不确定性，可能导致严重后果也可能不会；而脆性则是可能使企业风险发生概率提高的一种属性。风险来源于企业经营时面临外界环境的不确定性，并在一定条件下转化为危机事件；企业脆性来源于企业组织自身的不协调、不和谐。脆性和风险都对企业有负面影响，但企业风险常常与收益同向变化，风险越大，其风险规避成功后获得的收益也就越大。同样，当风险发生后，风险越大，其可能遭受的损失也就越大，而企业脆性却是引起收益减小的原因。此外，企业风险可以根据自身状况和环境的变化来预测，由于企业资源的稀缺和决策的有限理性，企业风险和企业脆性又是客观的和普遍存在的。

2.4.2 企业脆性与企业健康

企业脆性和企业健康的研究内容是相辅相成的。本质区别在于企业脆性

描述的是企业负面的一种属性或缺陷，而企业健康指的是企业正面的一种属性或状态。企业脆性的研究是为了使企业健康，或者说将企业脆性度控制在一定范围内，企业是健康的。企业健康是保证企业正常运作、长久不衰的前提条件，它是更倾向于描述企业成长状态的一种属性，囊括内容广泛，包括健康的企业文化、合理的组织结构、富有竞争力的核心技术以及适合的领导者。然而企业健康的分析角度都是从如何增加企业健康角度来探讨的；企业健康程度越高，企业就能够获得可持续发展的积极条件。而脆性作为企业的一个基本属性是从负面的角度来描述企业的发展状况。企业脆性程度越高，企业发生损失的可能性就越大，企业脆性的研究角度主要关注如何降低企业的脆弱性。因此，企业健康提升了企业成长的稳定性，而脆性增加了企业危机发生的可能性。

2.5 本章小结

本章主要研究了组织环境不确定性的表现之一——组织脆性问题，通过脆性问题的提出，研究了脆性的界定，分析了复杂系统的脆性，企业的脆性问题，指出脆性是组织本身固有的一种基本属性，其伴随组织成长的所有生命阶段，在脆性基本特征研究的基础上，提出企业脆性是一把双刃剑，即制约企业成长，又是企业演化的内在驱动力。本章最后对企业脆性、企业危机、企业风险和企业健康等概念进行了辨析，指出企业危机是一种表象、一种结果，企业脆性是一种内因，一种企业成长负面状态的表述，企业风险是一种与收益高度相关的概念，而企业健康则是企业成长正面状态的一种表述。

3 基因视角的企业脆性生成机理分析

3.1 企业脆性的成因分析

3.1.1 企业基因的提出

组织生态学和演化经济学关于企业演化研究争论的焦点在于演化过程中环境和企业何者为第一性的问题，而无论从哪个角度来考虑，环境和企业谁作为第一主体，在综合考虑演化的物质基础、演化的路径以及环境与企业的相互关系，我们都似乎可以为这两种学派找到一个完美的交叉点。在生物体演化过程中，起决定作用的是生物基因，基因对生物体的结构和功能有先天的影响，基因微小差别决定了物种之间的类别。先天基因的缺陷会导致生物体某些方面特别脆弱、严重影响生物体进化的速度与质量，以及制约生物体抵御外界侵害的能力，进而影响生物体的寿命。与生物体相似，企业作为社会有机体的一种特殊形态，同时具有生物体的出生到死亡，伴随健康和疾病的表现，这其中起决定作用的最基本和核心的单位就是企业的基因。

实际上，企业的基因就是在企业演化和成长过程中起到决定性的类似生物体的特殊因子，这个特殊因子决定着企业根本性质、生存状态、演化过程及寿命。纳尔逊和温特在演化经济学的奠基之作《经济变迁的演化理论》一书中，用惯例来表示企业组织演化中所形成的生产性知识和能力，它具有传递组织记忆和信息的功能，它决定了企业本身在协调个人知识和组织合作方面比市场具有更高的效率，同时也产生了企业成长中的路径依赖特征。而企业演化过程的惯例解释了企业之间的差异和持续存在的原因，企业的惯例来源于创立之初，并在演化的过程中得到不断强化，具有惰性特征和路径依赖。管理者思维及行为方式、企业制度、技术创新、企业文化都因为具有独特的惯例连续性而区别于其他企业，并且惯例具有类似生物体基因的复制遗传性、变异性和选择性等的特征。

从影响因素来看，企业的演化是以内部因素，推动外部因素决定演化的过程。这里内部因素是作为企业基因的惯例，外部因素就是企业的环境。企业惯例形成于复杂的环境，又是环境自然选择的结果，两者相辅相成。企业的演化依赖基因对环境的反应能力，这种反应能力是针对企业演化过程的基因作用机制产生的内部隐藏的脆性问题。一方面，基因由于本身缺陷产生的脆性制约企业的演化；另一方面，基因在演化过程中由于作用机制的偏差、企业经营活动的失误所带来的不确定性，而受环境影响制约企业演化。因此，企业的脆性来源于基因，通过基因产生作用，并存在于企业演化机制的全过程。我们研究基因在企业演化过程中的作用机制，即如何作用企业演化过程，以及分析、解决基因在作用的过程机制中产生的脆性风险是破解企业成长密码的关键。

3.1.2 企业基因的内涵及特征

1. 企业基因的内涵

基因在生物体演化的过程中起到至关重要的作用，生物基因直接影响到生物体的健康，对生物体的功能、结构及寿命都存在可不替代的制约作用。与生物体类似，企业作为社会有机体的一种形态，也具有类似生物体健康和疾病的表现。所以为了清楚地理解企业基因的概念，先从生物学基因的概念入手。

我们知道，一个生物体的主要成分是蛋白质和核酸。蛋白质由氨基酸和酶构成，蛋白质的酶作用是催化和调控生物体功能；核酸则是起着携带和遗传信息传递的功能。脱氧核糖核酸即 DNA，作为核酸其中一种是生物体遗传的物质基础；核酸的另外一种核糖核酸即 RNA，和蛋白质共同起到基因表达及过程的调控，从而使生命体维持生活和繁殖下去。DNA 中携带遗传信息功能的片段就是基因，通过复制将其遗传子代，转录和翻译保证支持生命活动的各种蛋白质在细胞内有序合成。DNA 作为生命遗传繁殖的物质基础以及个体活动的基础，通过复制将基因信息传递下去，复制的过程中基因发生了变异，从而使物种得到进化。那么企业作为一个类生命体，必然也存在决定企业根本性质、演化过程、生存状态、规模大小以及寿命长短的特殊因子。企业能否健康成长以及繁荣兴盛将由这个特殊因子“企业基因”所决定。作为企业基因，还应满足以下生物学基因特征：①决定生物体基本性状；②与生俱来；③可复制遗传；④异质性；⑤突变性。

什么是企业基因呢？企业基因理论最早是由美国密西根大学商学院教授 Noel Tichy（1993）提出，企业与生物体一样有自己的遗传基因，正是基因决定了企业的异质性及企业成长过程；他还提出企业基因的两个基本构成元素：

决策架构（哪些决策被制定？如何制定？）和社交架构（组织成员间的关系，如何交流、相处和尊重等）。演化经济学认为企业的“惯例”在企业进化过程中所起的作用类似生物进化过程中基因的功能，并且认为企业演化过程的惯例就是类似生物体的基因，这一研究影响范围很广，但限于说明经济的演化与变迁，没有具体说明惯例是“如何惯例”的作用机制以及是如何直接影响企业演化的过程。Hawel 和 Prahalad 在《竞争大未来》一书中这样阐释基因的概念：每位领导者头脑里，对于行业结构、盈利方式、顾客细分及需求、技术能力等，具有固定的个人想法、假设或设想，这就是企业基因。这只是从领导者的角度来阐述企业基因的含义，不同的行业以及同行业不同的企业看似发展路径和盈利模式不尽相同，究其原因是每个企业的领导者管理的能力、方法以至性格的差异；特定人文情境下的企业制度存在的差异；体现企业灵魂的核心文化的差异；代表核心竞争力的企业技术的差异。这些企业之间的差异和持续存在则是源于企业之间不同的惯例，企业的惯例具有惰性特征和路径依赖，并在演化的过程中得到不断强化。领导者思维及行为方式、企业管理制度、技术创新以及企业文化都因为具有独特的惯例连续性而区别于其他企业，并且惯例具有类似生物体基因的复制遗传性、变异性和选择性等特征。基于上述描述，结合生物学基因特性，我们将企业基因定义为：企业特定情境和模式下演化而成的企业惯例，它在企业成长中起决定作用。这是基因的狭义层面的含义，而广义的企业基因则还包含企业环境：市场及资源环境、技术及产业环境和政治法律环境等，环境对制约和调节基因起着重要的作用。从影响因素来看，企业的演化是以内部因素推动外部因素决定的过程。这里内部因素是基因，外部因素就是企业的环境。由于这两个因素都是在我们基因概念体系之内，所以说，脆性作用企业的媒介就是我们说的广义的企业基因。

作为企业基因的惯例还有引申意义：惯例是组织中默认的知识积累和经验聚集的结果；惯例的选择是学习和适应的结果，所以惯例具有环境依赖性和路径依赖性；惯例内嵌于组织行为和个人行动中，具有一定的缄默性，组织一定程度上无法觉察到惯例的存在。Becker 认为企业惯例具有协调与控制、促成休战、节约认知资源、降低不确定性、保持稳定性、存储知识等功能。这都从不同的角度说明了惯例在企业发展过程中起到的不可替代的重要作用。

2. 企业基因的特征

（1）与生俱来

企业基因与生俱来，企业成立初期就奠定了强弱不同的基因，也就是说，企业的惯例形成于企业建立之初、但是此时企业的惯例往往是模糊和不被广泛接受的，随着企业演化的不断深入，企业的这些惯例逐渐清晰和完善并被广发接受和遵从。因此，企业惯例的形成是一个长期过程，无论企业创立之初时是模糊的还是明确的，它都在企业以后的经营发展中起决定性作用。

（2）复制和遗传性

企业在不断成长和壮大的过程中，首先被复制的就是企业的惯例，这种惯例被复制到每一个部门和企业员工之中，并被广泛接受和认可。例如，在公司扩张时建立子公司，首先被复制的就是企业惯例，包括领导者的想法、风格和习惯、体现企业软实力的企业文化、企业的制度和企业核心的技术，这种惯例的复制和遗传就是传统意义上的内部学习。

（3）反映企业根本性状

惯例表现组织的记忆功能，组织惯例的不同导致企业能力的多样性进而决定不同企业的异质性能力，因此区别于其他企业。也就是说没有两个企业的惯例是完全相同的，此外，企业在成长过程中自身惯例不断得到强化和复制，使得自身成功的惯例难以模仿的同时，也让自身的企业特色同其他企业形成鲜明对比。

（4）突变性

企业基因的突变指以下几种情况：惯例在企业内部及员工之间复制和遗传过程中出现了偏差，从而导致企业出现惯例的偏移情况；企业在创新过程中由于打破原有的惯例和模式强制变异，就是企业的主动变异；企业在外界环境变化或内部危机出现时，惯例也将自然地发生变化使企业的行为与环境更加匹配。

此外，企业基因还有难以识别性、相互关联性、历史依存性、知识积累性、不可还原性等隐性特征。

3.2 基因层面的企业脆弱性构成及表征

3.2.1 企业脆性构成

企业基因作为特殊的遗传物质，被复制和遗传在企业各组成要素当中，并通过企业活动以及基本构成单位——企业员工影响企业的发展。然而企业活动是人员的活动，企业这一基本元素既是感性因素的又是理性因素的综合体，既包含物质层面的又涵盖精神层面；因此，我们将企业基因也分为理性因素和感性因素，具体分为领导者基因、企业制度基因、企业文化基因和企业技术基因四个。企业的感性基因和理性基因就像生物体 DNA 的双螺旋结构两侧的碱基，携带生物体的遗传物质，并通过重组换位相互影响。

企业基因中的理性因素是刚性的，包括企业制度基因和企业技术基因。企业制度基因的内容有组织结构、激励机制、决策机制与信息传导机制，企业技术基因则包括企业的核心技术和技术创新以及科研能力。而企业基因的感性成分则是柔性的，是通过员工在企业组织中不断得以感知的，包括企业文化基因和领导者基因。其中，企业文化基因主要包括以核心价值观、企业精神和伦理规范三大要素，而领导者基因则细分为领导者能力和角色功能，具体包括企业家的技术能力、人际能力、概念技能和扮演角色。

因此，企业基因层面的企业脆性构成包含：企业制度基因、企业技术基因、企业文化基因以及领导者基因，通过这四个因素分析企业脆性构成的具体含义。

1. 企业制度基因

企业制度基因由组织结构、激励机制、决策机制与信息传导机制几大要素构成，这一说法最早由加里 · L. 尼尔森和布鲁斯 · A. 帕斯特纳克提出。企业制度基因的构成要素形成于企业创立之初，并在演化过程中得以不断完善和加固。企业制度虽然常常以简单文字或规定的形式呈现在企业成员面前，但是其在企业演化的过程中也会因为自身的不完善而导致企业脆性问题。

（1）组织结构

企业的组织结构是指对完成组织目标的人员、工作、技术和信息所做的制度性安排。它明确了企业各部门的职能和职权。组织结构设计需要完成以下几项工作：职务与职能的分析与设计、部门设计、层级设计；组织结构的设计原则包括：专业化分工的原则、统一指挥的原则、控制幅度原则、权责对等原则和柔性经济原则。组织结构的任务和设计都体现惯例的原则，然而组织结构并不是唯一或者有公允模式的，尤其在企业面对复杂环境的变化时，企业组织结构的设计是否灵活和柔性化，也将制约企业内部的信息传递和团队合作。而当企业进入衰退期，组织结构变的臃肿涣散，管理幅度和层级越来越大，组织效率极其低下。组织结构作为企业资源和权力分配的载体，能否正确协调并引导企业经营活动是企业健康发展的重要方面。

（2）激励机制

激励机制是对企业员工采用激励和惩罚措施来提高员工积极性和规范员工行为的一种手段。激励的出发点是激发人们未满足的需要，并通过某些手段让员工对未满足的需要产生某种期望值。有效的激励措施对企业员工具有积极的导向作用：一方面能够规范员工的行为，另一方面可以提高员工工作的积极性。激励机制的最终目标是要把员工的需要和企业的需要结合起来，实现目标的统一，通过积极引导员工最终实现优质的激励效果。然而激励首先要明白员工的心理期望，否则会造成激励不足达不到激励的效果，而过度激励则超越激励目标也失去了激励的最终意义。

(3) 决策机制

决策机制反映了企业的整体决策过程。决策是管理的一个重要职能，决策结果的好坏往往对企业的影响是巨大的，因此企业要把握准时机、掌握科学的决策方法，从而提高决策的有效性。从决策的原则来看，决策遵循的是满意原则，而不是最优原则，这是因为使决策达到最优的条件往往得不到满足，例如企业决策时难以全面搜索到和决策相关的全部信息、真实了解所有信息的价值并拟定所有可能的方案以及准确预测每个方案在未来执行的结果。由于现实中人的认知能力有限，所以对于决策的预测可能存在偏差从而导致企业脆弱性风险的发生。

(4) 信息传导机制

信息传导机制是企业信息沟通和交流的桥梁，同时加强部门之间工作上的沟通使工作效率变得更高，良好的信息传导机制是提高企业竞争力的有力保障，也为企业进行整体活动提供了条件。相反企业信息传导不畅将阻碍员工之间的沟通亦会影响工作氛围和环境。信息传导机制不畅不但影响企业信息横向的传递还会约束企业上下级之间的信息交流，使企业领导者不清楚企业基层的情况，难以在复杂变化的环境中集中企业全体员工的智慧，把握时机作出正确决策，制约企业的成长和发展。

2. 企业技术基因

企业技术基因包括企业的核心技术、技术创新以及研发能力，企业的核心技术是企业生存的坚实基础，体现企业的核心竞争力，为企业在市场竞争中长期立足提供了条件。企业的技术创新给企业的成长源源不断地注入新鲜的血液，是维持企业长期发展、促进企业更好发展的有利保证。研发能力是企业核心技术和技术创新的保障，是体现企业实力的重要方面。因此，由核心技术、技术创新以及研发能力构成的企业技术基因，不断促进和推动着企业的发展与成长。因此，企业技术能力及保障机制的强弱将直接影响企业的业绩，以至关系企业面临脆性风险时的抵抗力强弱。

(1) 核心技术

企业核心能力理论认为，一个企业的竞争优势来源于其核心能力。核心技术是企业核心能力的一个重要指标，是企业生存的根本，它使企业在市场竞争中具有竞争力，是和其他企业抗衡的法宝。由于企业基因具有极强的私密性，使得每个企业的核心技术难以模仿或模仿的成本极高，所以由于企业核心技术私密性的保护不力而造成泄露，很容易危急其所处行业的地位以致带来毁灭性的打击。例如，百事可乐和可口可乐的配方，在核心技术的保护上极其严格，因为核心技术的泄露将直接关系企业的存亡。企业通过核心技术还能提高行业进入门槛，在一定程度上减少外在竞争带来的利润空间上的压力。

（2）技术创新

技术创新是企业进步的手段，技术创新带来了企业产品的差异化实现技术先发优势的同时，通过获得产品的优势地位也提高了企业的竞争能力。然而技术创新在为企业赢得良好声誉的同时还存在风险性，企业在获得技术竞争优势引领行业的同时，由于一些企业技术创新的方向和方法与行业选择标准存在偏差，或者与企业自身惯例不相融合而得不到企业内部的支持，最后致使企业的技术创新不被市场所认可，使得企业的发展陷入困境。能否被行业所选择则在一定程度上取决于“企业技术惯例”和“行业技术惯例”之间的融合度，因此，企业技术创新是在突破企业原有惯例进行的基因变异行为，企业技术创新既要参考行业选择标准和方向还要符合自身的特殊惯例。否则，企业的技术创新只能是闭门造车，过度创新和模仿创新只能使企业创新与行业惯例背道而驰，从而导致技术创新的失败。

（3）研发能力

企业研发能力是保障企业核心竞争力从而获得长期利润的源泉，企业只有走自主创新的道路，改进现有的生产技术、人文理念和管理模式等，才能为企业注入确保其不断前进、长盛不衰的新鲜血液，它更多体现的是企业的人才观念以及企业实力的象征。企业要走出以往的惯例范式，由于企业经营理念、市场营销、管理水平的落后是我国企业的普遍状况，而不只是产品的研发，当我们完全照搬照抄西方的管理经验之后却是无功而返时，急需我们开创中国模式。

3. 企业文化基因

企业文化是指企业在长期的实践中逐步形成及培育起来的，并且为全体员工所认同、遵守的、带有本企业特色的企业精神、价值观念、经营准则、基本信念和行为规范的总和。企业文化基因对企业的成长具有导向功能，同时对员工的行为具有约束性，起到凝聚力以及激励性的作用。企业文化的核心为企业核心价值观，并延伸到企业员工的行为上。因为企业文化最终要落实和体现在企业综合实力上，企业文化不仅对企业的成长具有正向影响，而且是企业在市场竞争中软实力的表现。所以，企业文化基因包括企业核心价值观、企业学习能力与应变能力三大要素，其中核心价值观是基础也是精神层面的，企业学习能力和应变能力是具体的行为层面的。因此，企业文化的强弱对于企业的健康成长有重要关系。

（1）核心价值观

企业发展的灵魂是企业文化，而企业文化最为核心的内容是核心价值观。核心价值观是企业在经营管理过程中形成的系统的世界观和方法论。企业核心价值观由企业员工全体认同，并随着企业的发展而日益深化，成为推动企业发展的精神源泉。纵观国内外的长寿企业，一个共同的特点是具有良好的、适应环境的企业核心价值观，这种价值观是指导企业上下共同行为模式的精神元素。企业核心价值观的制定过程往往是至上而下，再从下向上反馈的一个过程。所以，企业高层制定时尤其要考虑企业内部具体的人文环境及适应性，并且通过制定长期战略来强化，否则企业的核心价值观将流于形式，即便每个人都认同企业的核心价值观，但是由于企业内部员工之间由于风格习惯的差异，也不能完全将其融入到工作氛围中以致影响团结程度，这也违背了企业精神的宗旨。目前，国内外大多数企业不可否认的将企业的核心价值观与效益和利润紧密集合在一起。企业盲目追求利润的同时必然忽视企业应该承担的社会责任，企业的声誉和品牌形象会大大折损，由于过度追求利润控制成本也会引发企业内部的人才流失，也会使企业的脆性风险大大增加。

（2）学习能力

企业文化是企业有别于其他企业的一个重要的标志，是企业的一个形象标志。它能使得企业员工的价值观、行为规范和思想观念在企业需要的层面上得到统一，从而解决员工的观念和思想问题，指引员工的行为，提高员工的生产劳动的积极性。学习能力是企业构建学习型组织的根本要求，是企业向前发展的强大支持、也是企业员工个体能力能否向组织能力转化并协同形成核心能力的关键所在。知识的共享、经验技能和失败教训的共享，是企业组织学习的重要内容，通过知识共享可以使个人的能力、知识转化为企业集体的组织能力和知识。因此，一个组织学习能力的强弱对于企业成长过程至关重要。

（3）应变能力

应变能力是一种面对复杂环境时企业更广泛的适应性能力，使企业能够有效的面对风险和危机，是抵抗风险危机的能力体现。如果企业应变能力低下，未能够针对环境的变化及时地作出响应的改变，会使企业在面临危机时受到损失的可能性大大增加。而应变能力强的企业，则能够使得企业在面对危机的时候，从容应对，把握危机的问题本质所在，制定有效的危机应对措施，最终摆脱危机甚至变危机为发展的良机。有的时候危机难以预料，而企业脆性时刻存在，企业的应变能力可以有效地降低企业脆弱性风险的同时，在危机面前保持时刻的警惕，及时地化险为夷，也可以在危机发生时迅速作出改变，为企业的成长扫清障碍，最终使企业得以可持续发展。

4. 领导者基因

可以说领导者对企业的成长有着不可磨灭、决定性的作用，一个优秀的领导者可以使一个名不见经传的企业飞黄腾达，也能让一个濒临灭亡的企业起死回生，作用不言而喻。一个领导者的性格、习惯、身体状况、家庭因素甚至个人喜好都将对企业的某一方面产生重大影响。印度学者在本国企业多年研究的基础上发现，那些经营业绩好的企业都不约而同地具有一个优秀的领导者。熊彼特早年曾提出了享有盛名的领导者“创新理论”，认为创新主要来自于有创造性的企业领导者，可以说企业领导者是推动企业发展的首要因素。企业家基因又集中体现在领导者能力上，领导者能力包括技术能力，人际能力，概念技能以及扮演角色，这构成了领导者基因的四个要素。

（1）技术能力

技术能力类似于管理者的技术技能，指领导者要掌握和熟悉特定专业领域的过程、惯例、技术和工具的能力，这个能力分别指向企业高层领导者、中层领导者和基层领导者。对于企业的高层管理者，不仅要求具备企业所属行业的相关知识，还应具备企业管理的必要知识，例如，管理和财务方面的，对于有关企业领导者到底是外行管内行还是内行管内行的讨论，实际上还是说的企业领导者应该具备综合素质，这样的领导者才是尖端的、稀缺的，否则只能是找个懂管理的不懂技术难于指导企业发展方向和制定战略的领导者，或者是只懂技术不懂管理难于开拓局面的领导者，无论哪一种对企业的发展都是冒险的。中层领导者相对高层领导者和基层领导者则要均衡一些，需要掌握必备的管理知识和专业技能，基层领导者主要掌握技术技能。

（2）人际能力

我们知道人际能力指成功地与别人打交道并与人沟通的能力，这无论对于企业高层领导者或者底层领导者都同样的重要。现今社会信任危机在社会中肆意蔓延，这也是企业组织中不可回避的尖锐问题，领导者对下属不信任，员工也不信任企业的领导，这样的现象屡见不鲜；这种现象的存在考验着领导者的人际能力，然而光有较强的人际能力现实中往往不够，还和领导者管理风格以及沟通方式有关，具体什么样的风格或沟通方式能够有效化解企业的信任危机、人与人之间的隔阂，这将是所有企业领导者必须思考的问题。

（3）概念技能

概念技能指产生新想法并加以处理以及将关系抽象化的能力，类似于领导者的全局观。有概念技能的领导者往往把组织视为整体，并且了解组织各个部分的相互关系。企业在演化过程中，必然经历出生、成长、成熟、衰亡的过程，与生物体不同的是，企业在演化过程中具有主观能动性和自然选择的权力。这个权力则主要由企业领导者来掌控和分配，因此领导者的观念和想法将直接参与权力的使用，过分集权、放权以及错误地将管理艺术理解为玩弄权术则难免使企业内部混乱，激发脆性风险，而我国企业组织的权力及权利问题正是组织脆性研究解决的一个重要方面。

（4）扮演角色

大多数领导者不愿意承担管理过程中“教练”的角色，更不愿意花大部分时间去辅导或者关心下属，因为领导的时间往往是宝贵的，又或者由于是否能收到预期的效果是未知的，领导者应该兼有心理学家和教育学家的素质。比如学校的教师，应该兼备专业技能和心理辅导技能，有句话说的好，师傅领进门，修行在个人。老师教学本领强，但是不注重方法和辅导，学生可能接受的就不好。

3.2.2　企业脆性的表征

基于上述脆性构成因素的存在，企业经营过程中会因此表现出一些不利于企业组织持续发展的情况，从而导致企业脆性风险的发生。而脆性风险被激发将直接关系企业的经营业绩好坏、甚至企业寿命的长短。当企业经营状况正常的时候，企业脆性往往是潜藏和不易发觉的，企业由于自身因素发展不好时脆弱性会有以下表征：分别代表企业物质基础和精神基础的经营业绩和员工满意度持续下降、支撑企业前进的执行力消失殆尽，这些表征意味企业潜藏的脆性风险已经被激发。

1. 经营业绩下降

企业就像一部机器，运转久了就需要不断地调试，如果在运转过程中不注意出现的一些小毛病，就可能为以后的正常发展带来隐患。研发能力不足带来技术的落后，核心技术不再具有竞争力；企业制度制约企业，组织效率低下；企业文化只是口号，应变能力低下；领导者的决策失误；都将使企业的经营效益受损，优质客户的流失也将给企业的发展带来长远的影响。

2. 员工满意度下降

企业员工工作消极、人心涣散，对领导者和企业现状不满，在自身需求得不到满足时对领导者的管理水平、企业发展前景失去信心，企业精神荡然无存。这时企业也难以重视人才的培养及开发，企业还会因为那些优秀人才以及掌握企业重要无形资本的员工的迅速流失而再度遭受重创。

3. 执行力差

组织机构臃肿使决策效率低下，执行起来也会由于层级过多而指挥起来困难极大，需要部门之间配合的工作也往往由于缺乏沟通和交流而难于完成。权力也将缺乏约束力，这样的企业惯例一旦形成，企业执行力将越来越差。象征企业灵魂的文化也不具有积极作用，企业核心价值观的缺失，使对员工的行为不再具有导向作用，企业内部消极涣散，领导者也往往碍于情面使企业改革困难重重，最后流于形式，做一些不痛不痒治标不治本的劳民伤财的面子工程企图转移视线。

4. 官僚作风盛行

企业官僚作风往往体现在企业的老化阶段，具体体现在两个层面：领导者和企业员工。领导者过于集权而使下属难于开展工作，使企业灵活性大大降低，组织内墨守成规，不敢突破企业默认的惯例和规则，企业内部看不到积极向上的风气，工作的重点由内容转为方式，组织氛围较为沉闷。这时企业内非正式组织的发展也达到高峰，每个企业都不可避免地存在各种类型和规模的“小团体”，是因为一方面受企业文化内在影响而难于控制，另一方面小团体一定条件下可以起到积极的作用。然而企业官僚作风盛行的惯例已经根深蒂固，员工工作没有成果导向的概念、也没有团队协作的观念，企业领导者或者没有改变的意向或者变革起来困难重重，甚至威胁到领导者的自身利益和裙带关系。

3.3 基因视角的企业脆性生成路径

企业演化同生物演化同样是建立在遗传、变异和选择三种机制的基础之上，企业演化理论认为：企业演化过程的实质是“变异—选择—保留与传衍的循环过程”。如果说生物演化的实质是关于基因的变异、选择和保留的连续过程，那么企业演化在基因的作用机制下则是企业基因的复制、变异和重组的连续过程，而脆性依托的载体或者脆性演变的基础则是企业演化的过程机制，企业演化过程的脆性风险也是通过基因作用机制的缺口来体现的。

3.3.1 脆性缺口下的基因复制

企业通过基因的复制解决了创建之初的生存问题，初创者往往会复制一些成功企业管理者的管理方法和经验、模仿其先进的核心技术、吸收优良的企业文化以及学习成熟的企业制度。企业有选择性的复制基因促进企业内部学习和共享成功经验，并在演化过程中不断磨合形成以及强化其基因特征以延续它的种群繁衍。企业通过复制和模仿形成的先天基因，它的优良与否决定着企业今后演化发展面临脆性风险时的抵抗能力的强弱。然而真正健康的企业不在于一开始复制的规模大小与发展速度，而在于从孕育之初就奠定了强弱不同的基因，有的企业一开始就注定了失败，归根结底为忽视企业基因复制的缺口所引发的先天不足，这个缺口正是企业生存机会识别与发展机会识别所引发的脆性问题。

企业通过学习和借鉴其他企业成功的经验或模式来识别生存机会，然而这些惯例背后蕴含的是大量具有记忆性的默会知识，它依赖独特背景而形成的自有模式解释了企业与企业之间的差异，因此没有经过论证的模仿风险很大。一个优秀的企业惯例能否在新企业落地生根，取决于它能否真正本土化，这正是新惯例的适应性问题。没有经受生存考验的企业大多因为没有对惯例进行有效的识别，包括管理方法、企业制度和文化能否融会贯通，企业是否为复制的惯例制定长期的演化战略并对其进行有效管控。由于企业文化和员工观念也大相径庭，企业惯例的复制不仅涉及到个人的特殊技巧，还包括个性化人际互动模式以及组织内部各成员之间的合作关系。此外，每个企业的基因都具有一定私密性，不易模仿或成本极高，由于复制的不够精确，企业惯例便很难在企业内部形成传递或复制。

发展机会识别脆性的缺口表现在企业过度依赖基于惯例的组织记忆上。企业在经营过程中存在正反馈机制，企业往往习惯遵循自己过去成功的惯例或者那些成功企业的经营模式，企业的演化一旦进入某一轨道，一旦不适应复杂环境的变化，由于原有路径难以逆转的自我强化趋向，以致陷入认知陷阱，经不住脆性风险集聚的冲击而崩溃。以连锁企业为例，企业经过生存考验获取一定的成功之后，企业急切过度的扩张与自身生产能力、管理能力、综合运营能力极度不协调，以致缺陷的基因在传衍过程中通过复制被放大。由于惯例在企业演化过程具有较强的路径依赖，不成熟的惯例往往会在自复制的过程中会像病毒的繁衍极具传播性和危害性。因此，盲目扩张也增加了企业的脆性风险，那些由于管理不善导致的资金链断裂、主营业务受损最后倒闭的企业比比皆是。

3.3.2 脆性缺口下的基因变异

生物体在自然环境的选择进化过程中，总是最先改变自己的习惯和行为，然后才会改变自己的性状和功能，从而完成进化的变异。企业在自身演化过程中，随着内外部环境的改变，企业主动或者被动改变原有惯例并形成新的企业模式，因而它是惯例本质上发生了改变。随着自身能力提高，企业为不断获取有限资源而主动寻求创新，而企业创新的成败则在于惯例与内外环境的不断博弈是否达到一种稳定均衡的状态；由于监控机制的缺失，企业惯例被动的突变会使企业与环境不协调的程度恶化，激发脆性风险影响企业的可持续发展。

企业完成生存的考验不断趋于成熟和强大时，就会面临方向性选择的问题，在这种目的性和方向性都不确定的前提下，企业往往通过差异化战略来实现竞争优势，然而企业仅仅从有形产品和市场行为来看待，超越企业主营业务和跨领域的多元化发展战略，只注重管理、制度、文化、技术某一方面形式上的独创，而忽略极具惰性的惯例发生改变之后，缺少动力和能力系统做支持而引发企业内部不协调，造成小马拉大车的情况，使变异失败影响企业发展。企业主动变异造成短暂的困惑和损失是难免的，一方面要认识它给企业带来的长期效益，另一方面要考虑缺少支撑的创新所带来的脆性风险。企业惯例的创新来源于组织学习，组织学习程度的高低决定了惯例被认知的可能性，也是实现变异的有效手段。

另外，由于初创期基因复制的偏差产生的缺陷基因在发展中逐渐呈显性并潜移默化地发生变异，因此这种惯例的变异则是随机的、不确定的，也是阻碍企业发展的，类似人体的基因变异，往往是具有危害性的，也是不易监控的。然而，当企业利润开始下滑，人力资源开始流失，核心价值观淡薄，制度执行越来越困难时……这些现象则极有可能是企业基因负向变异的征兆，企业有必要针对企业惯例载体建立有效的监控机制来预防脆性风险的发生。

3.3.3 脆性缺口的基因重组

温特和纳尔逊认为：“在长期内，竞争会促进那些作出了很好选择的企业发展，并会淘汰始终犯错误的企业，或者强迫它们进行变革。”基因重组是通过对原有基因载体进行分拆和替换从而实现组合方式及其效能的优化，是基于老化期变革的企业再造行为。一方面，企业进入老化期，核心技术落后、管理混乱、制度执行缺失以及世风日下表象明显，企业原有惯例的载体组合方式不再具有优势，竞争压力带来的紧迫性使企业面临生存危机不得不作出变革；另一方面，由于企业老化期的惯例过于强化已经根深蒂固，牵一发而动全身，企业变革的阻碍也会使改革困难重重，企业基因重组更要预防由此引发的脆性风险。

基因重组主要由内部重组和外部合作两种形式来实现的。印度学者在研究本土企业的成长背景之后认为：任何经济体的成功最终依靠的是做经济决策的领袖们的头脑，同时，在企业发展过程中，由于领导者的决策失误和经营管理不善造成企业倒闭的现象也是屡见不鲜。因此，基因重组往往是从领导者的改变来引领企业的变革。一方面，企业老化期，企业官僚作风盛行，原有的领导者碍于情面无形中增加自身改革的阻力，领导者作为推动变革的主体没有能力也没有信心实施改革；另一方面，基因重组又必须是企业领导者来推进企业变革，员工作为企业的细胞，蕴藏企业基本的惯例信息，企业的一切经营活动也必须通过人来实现的，企业的变革往往是从人事变革来开始的。

企业内部重组的脆性缺口在于领导者的适应性和政策性负担两个问题，企业要想改革成功和避免脆性风险，“制度、文化、技术”这些好看的外衣必不可少，但是没有合适的人穿同样不行，只有找到合适企业的领导者才能有效地对阻碍企业发展的基因载体实施变革，才能从根本上使企业摆脱困境，而不是昙花一现地复苏。而所谓合适，就是领导者的行为、思想和性格等惯例能否适应和驾驭企业，能否将个人能力转化为组织团队能力。由于信息不对称，企业往往一开始找不到适合企业改革的领导者，或者新来的领导者不能胜任企业改革的重任。而政策性负担则是阻碍变革成功的一个主要原因，由于所有权与经营权的分离，这时严格意义来讲承担企业变革的就是管理者，企业所有者因顾及所承担的道德风险而扩大对管理者的约束机制、限制性权力，以及迫切的成果导向等政策性负担则会使企业改革畏首畏尾，最后以失败告终。企业外部合作的脆性缺口是指，企业在面对危机时以出让股权和管理失位为代价寻求外部合作而带来的风险。由于资金周转紧张和供应链断裂导致的内外环境恶化，迫使企业通过外部合作获取生存资源来打开局面。利润是企业生存源源不断的动力，然而生存盈利的前提则是主权的完整，在外部合作中出售股权和被介入内部管理的企业，实际这个企业赖以生存的所有惯例已经发生改变，企业的脆性风险已经转嫁为另外一个企业。

3.4 本章小结

本章从基因的视角研究了企业脆性的生成机理，通过三个层次的内容论述了企业脆性的成因，企业脆性的构成及表征，企业脆性的生成路径。首先我们在借鉴他人研究成果的前提下提出了企业基因的优劣是企业脆性生成和集聚的最本质和深层次原因，指出企业基因主要由领导者基因、文化基因、制度基因和技术基因等构成，并得出前面两个基因是感性基因，后面两个为理性基因，理性基因具有刚性，而感性基因具有柔性，在企业脆性形成、集聚和发生情况时，感性基因是关键，理性基因是根本。在此基础上，我们给出了企业脆性被激发的主要表征，即：经营业绩和员工满意度持续下降、支撑企业前进的执行力消失殆尽。最后在基因视角下，研究了企业脆性的生成路径。

4 组织环境不确定性的表现——网络化

4.1 网络化的内涵及发展历程

4.1.1 网络化的内涵

网络化是指利用通信技术和计算机技术，把分布在不同地点的计算机及各类电子终端设备互联起来，按照一定的网络协议相互通信，以达到所有用户都可以共享软件、硬件和数据资源的目的。现在，计算机网络在交通、金融、企业管理、教育、邮电、商业等各行各业中，甚至是我们的家庭生活中都得到广泛的应用。目前各国都在致力于三网合一的开发与建设，即将计算机网、通信网、有线电视网合为一体。将来通过网络能更好地传送数据、文本资料、声音、图形和图像，用户可随时随地的在全世界范围拨打可视电话或收看任意国家的电视和电影。近几年计算机联网形成了巨大的浪潮，它使计算机的实际效用得到很大的提高。

4.1.2 网络化发展历程

电脑起源于第二次世界大战，而网络则不折不扣地起源于冷战。1957 年苏联第一颗人造地球卫星上天，这个消息把因为成功销售宝洁（P&G）公司的肥皂而刚刚当上美国国防部长的内尔·麦克尔罗伊吓了一大跳，连忙招集人马成立了一个直接由国防部长领导的战略研究机构——高级研究计划署（Advanced Research Project Agency，ARPA）。1966 年，ARPA 信息技术处处长（IPTO）鲍勃·泰勒申请到 100 万美元经费实施联网计划，特地上门邀请麻省理工林肯实验室的拉里·罗伯茨做技术负责人，而罗伯茨对五角大楼没有好感，不愿“高就”。泰勒在恼怒之下，表示要削减林肯实验室的经费。拉里·罗伯茨无奈之下，只好走马上任，他果然不负重望，1967 年提出联网的构想，并正确选择“分组交换”通信方式；1968 年在美国西海岸选择四个节点进行试验，它们是：加州大学洛杉矶分校的网络测试中心（UCLA）、斯坦福研究院（SRI）、加州大学桑塔芭芭拉分校（UCSB）和犹他大学（UTAH）。罗伯茨领导诸多大学和研究机构协同攻关。1969 年，这 4 个节点首先联网成功，这个网就称为阿帕网。阿帕网的成功，标志着人类社会正式进入了网络时代。罗伯茨本人也成了无可争议的“阿帕网”之父。

1972 年 10 月，首届国际电脑通信大会（ICCC）成立国际网络工作组，计划以阿帕网为基础连接全球大大小小的网络，天生听力不好的文顿·瑟夫当选为工作组主席。他与 ARPA 的鲍伯·卡恩不约而同地想出一个“协议”(Protocol)。这个由瑟夫和卡恩首先提出并逐渐完善的网络规则就是 TCP/IP 协议。

1982 年美国国防部把 TCP/IP 协议作为网络标准。出于安全性的考虑，1983 年阿帕网被分成两部分，一部分专用于国防的 Milnet，余下的仍以阿帕网相称。以这个阿帕网为主体与其他的网络互联而成的新网络称为互联网(Internet，又称为因特网)。由此，Internet 正式诞生。从 1969 年阿帕网诞生到 1983 年 Internet 形成是 Internet 发展的第一阶段，也是研究试验阶段，当时接在 Internet 的计算机约 235 台。

从 1983 年到 1994 年是 Internet 发展的第二阶段，这是 Internet 开始在教育和科研领域广泛使用的实用阶段。1986 年美国国家科学基金委员会 NSF 制定了一个使用超级计算机的计划，在全美设置若干个超级计算机中心，并建设一个高速主干网，把这些中心的计算机连接起来，形成 NSFNET，并成为 Internet 的主体部分。

天下英雄大抵所见略同，其他国家也恰恰在此时相继建立本国的主干网，并接入了 Internet，成为 Internet 的组成部分，如加拿大的 Canet、欧洲的 EBONE 和 NORDUNET、英国的 PIPEX 和 JANET 以及日本的 WIDE 等；1994 年 4 月 20 日，中国 NCFC 网络工程也在经过多方努力和争取下正式接入 Internet。此时 Internet 用户数达到 2000 多万以上，覆盖范围遍及全球主要的经济发达和相对发达的国家和地区。

1995 年之后，NSF 不再向 Internet 提供资金，为了解决网络维持费用问题，Internet 的经营全面商业化，同时向社会开放商业应用。这样，Internet 进入了第三个发展阶段，商业应用阶段。商业用户的介入，为网络的发展带来了巨大的机遇。

1993 年，23 岁超级“网虫”安德李森深感网络上信息量浩如烟海，资料查找非常麻烦，于是开发了“马赛克”（Mosaic，又称为“万花筒”）的软件，通过它可以作定向导航。这就是早期的网络浏览器。1994 年 4 月风险投资家克拉克与安德李森一起创办网景公司，把“马赛克”改名为“网景航海家”

(NetScape Navigator)。1995 年网景公司股票在华尔街上市，一夜之间，总资产不足 1700 万美元的小公司变为 20 亿美元的电脑业巨人。微软的比尔·盖茨赶紧推出了微软自己的“导航员”——“因特网探险家”(Internet Explorer)。这就是大家熟悉的“IE”。而这个“IE”在后来还引发了美国司法部与微软之间的一场惊天动地的大官司，不过，这是后话。由于有了“NetScape”和“IE”，网络的使用变得非常简单，网络从此就成了普通百姓家的玩物。从 1995 年至今，短短的十几年间，Internet 进入了全速发展时期，它已经成为我们生活中不可缺少的重要一环了。

4.2 网络时代外部环境的变化

4.2.1 网络改变着人们的工作方式和消费需求

1. 人们的生活和消费与网络息息相关

随着网路时代的到来，人们的消费习惯、工作方式也发生了剧烈的变化，这进而改变了人们的生活方式，人们的生活与网络息息相关。目前，越来越多的人们偏好于网络购物。人们总是在寻找着各种可用网络，便利自我消费。人们的购物习惯是首先通过网络搜寻各种商品的信息，进而对于每家网络商店所提供的物品、质地、价格、服务等进行对比，在此基础上结合信用评价来作出消费决策。除此之外，精明的商家也越来越偏好于通过网络来实现销售也就是网络营销，这也使得以网络交易为特征的电子商务迅速发展。不仅局限于此，疑难杂症的网上咨询和救助，网上预约等方便了普通民众就医，让更多的生命得以延续。同时，越来越多的网络休闲娱乐方式也日益走进了人们的生活。总之，网络时代人们的生活和消费与网络密不可分。

2. 网络改变了传统的合作方式，改变着人们的工作方式

如今，所有的企业都能够做到将分布在各处的部门、分支机构通过网络联结在一起，同时也连通着企业各部门、分支机构的成员，使他们能够通过网络实现资源共享，在共同的远景引导下朝着企业共同的目标前进。甚至更多的企业将遍布全球的分支机构通过网络紧密地联合在一起，实现集中采购、集中配送、集中定价以及管理模式的规范化。更有甚者，站在网络时代的前沿，通过网络实现企业分项职能，将不同企业的不同职能有效结合，实现不同企业间的良好运作，以此来适应市场需求的变化，导致越来越多的虚拟企业的出现。同时，网络时代也改变着人们的工作方式，远程办公就是一个很好的例证。人们通过线上线下的资源共享，通过网络下达指令并沟通，甚至

对于员工的监督和管理也可以依靠网络来实现，这一切都需要借助良好的网络软硬件设施，同时也颠覆了传统的工作模式。

4.2.2 网络促进了经济全球化的发展

网络以及信息技术的推广，使存在于不同国家、不同地区的人、财、物以及资本、技术等生产要素等信息在全球实现自由流动，也使得生产实现了全球化。企业不再依赖于传统资源即可获得发展，只要资源的比较优势存在，资本的国际流动性就存在，而这一切都需要网路技术以及信息技术的推广和应用。反之，网络技术以及信息技术在近几十年间的高速发展也为这种全球化提供了技术支持。

4.2.3 经济发展动力转向依赖知识与技术资源

传统经济时代，一个国家或一个企业只要占据了物质资源优势，就能够依靠这种物质资源优势而获得发展，传统经济比较发达的国家，尤其是以石油资源为代表的欧佩克的发展就能证明这一点。但是，由于网络时代到来，物质资源在全球实现高速流动，仅仅依赖传统物质资源求得发展已经不再适应经济发展需求，这样的企业也失去了发展优势。另外，即使依赖于信息技术发展的企业也发现，只要技术研发获得成功，就会迅速被其他企业模仿，因而，企业只有不断创新，走在信息技术发展的前沿才能获得长远发展优势。总之，企业必须将信息及技术资源作为企业发展的动力，将自己拥有的信息与技术资源迅速转化为生产力，不断推陈出新产品，才能在竞争中立于不败之地。

4.2.4 竞争范围扩大化

传统经济形势下，企业主要参与国内竞争，但是随着网络技术的发展，竞争早已突破国家甚至地区的限制，逐步实现竞争一体化。随着网络经济时代的到来，越来越多的行业和企业走向成熟，为了延长整个行业以及企业的生命周期，越来越多的企业走向了国际化经营，也有更多的经营成功的企业转向了国际竞争，这也使得国际竞争日益激烈化，竞争范围日益扩大化。对于我们国家的企业尤其如此，在我国加入 WTO 后，国家经济日益开放，使得我们国家的企业不得不面临跨国企业的竞争。因此，所有的本国企业都要做好进入国际市场进行竞争的准备。也就是要意识到，竞争已经突破了国界、跨地区、甚至是全球竞争。

4.2.5 竞争要素多样化

传统条件下企业的竞争主要体现在价格和质量两个方面的竞争，但是当企业组织进入到网络时代后，这些传统的要素虽然依然重要，但是仅仅这两个要素是远远不够的，竞争取胜关键可能千差万别，从款式、样式、售后服务、良好的口碑宣传、环境保护主义、良好公众形象到产品性能卓著，到网上销售怪招等都可能是赢得受众偏好的关键所在。因此，企业面对这样的形势就不得不思考企业竞争取胜的新思路，从以上各种各样的新要素出发赢得竞争，同时也要求企业不断创造和变更产品及服务吸引力，不断推陈出新，并不断变化价值关注点，标新立异不失为一种竞争新举措。

4.2.6 竞争区间的持续性

传统的企业竞争由于工作日与工作时间的限制，使得竞争呈现时间上的间断性，企业应对之策也受上述限制。但是到了网络时代，人们的工作与消费都呈现出工作日与工作时间的模糊性，这就使得竞争无时不在、无刻不在，呈现出时间上的连续性，也呈现出显性工作时间与隐性工作时间，显性工作日与隐性工作日的差别。人们已经下班回家了，但是仍然可以通过网络发布某些指令、甚至在工作时间之外加班加点，可以说企业之间的竞争从来都没有间断过。

4.2.7 竞争取胜因素转向——速度

传统企业的竞争主要依靠物美价廉这四个字，所谓物美也就是质量，所谓价廉也就是价格，所以传统的竞争取胜因素是产品或价格，更可能是在产品和价格之间的某种平衡。但是到了网络时代，传统的产品与价格优势越来越弱，甚至消失。与之相对应的产品的生命周期越来越短，传统情况下企业研发了某款技术领先的产品，就可能会在某一地域获得长达几年、十几年甚至是几十年的竞争优势。但是网络时代，这种竞争优势的时间区间就是一种奢望，企业产品的生命周期从几十年、十几年、几年已经缩短至年际、甚至是月，企业欲想在这样的竞争中取胜，唯有一条路可走，那就是不断突发创意、将创意迅速转变为设计、将设计迅速投产，以最快的速度满足顾客需求。因而速度成为决定企业成败的关键，哪个企业能在速度竞争上取胜，那个企业才能获得长远的竞争优势。在这种创意萌发与速度决定的时代，企业只有不断创新才能立于不败之地。

4.2.8 既竞争又合作取代了纯粹对抗

传统时代，企业的竞争是纯粹的，竞争是第一位的，这也就导致企业之间往往通过你死我活的价格战、研发战、商业机密的保护战而取胜，企业的经营思路亦是不战即亡，所有的企业竞争都是纯对抗性的。但是到了网络时代，企业的竞争对手不计其数，竞争对手亦呈现出前所未有的数量相乘与模糊性，企业欲想在竞争中取胜唯一可做的就是增强企业自身实力。而增强企业自身实力如果完全依赖企业本身就可能是不自量力的，因而企业都在寻找新的竞争思路，出现了供应商与购买商、上下游企业甚至是传统竞争环境下纯对抗的竞争对手间也出现了合作，这就使得传统意义上的企业竞争向联合对抗，甚至是更转化为供应链条之间的竞争，这就使得传统的纯对抗关系转向了即竞争又合作。在合作中竞争、在竞争中合作，竞争与合作融为一体，即竞合取代了纯粹对抗。综上所述，网路时代企业要想在竞争中取胜，必须学会和其他竞争主体合作，才能在激烈竞争的市场中通过与他人的合作取得一席之地。

4.3 本章小结

本章主要研究了组织环境不确定性的另一种表现——网络化。我们先界定了所谓网络化，回顾了网络时代的发展历程，并在此基础上指出网络时代的到来使我们所处的环境发生了翻天覆地的变化，增加了太多的不确定性，如：我们的生活方式、消费方式和工作方式发生了深刻的变化，企业的发展已经从传统的主要依赖物质资源，逐渐向主要依赖知识和技术资源转变，企业竞争范围越来越大，竞争要素越来越多样化，竞争区间体现持续性，竞争取胜要素不再是产品和价格而是速度，企业从纯粹对抗的竞争转向合作竞争，从一地区、一国家、一地域的竞争转向全球化竞争。这些变化都对企业经营与管理提出了新的挑战和课题。要求企业必须以变应变，才能基业常青，持续健康发展。

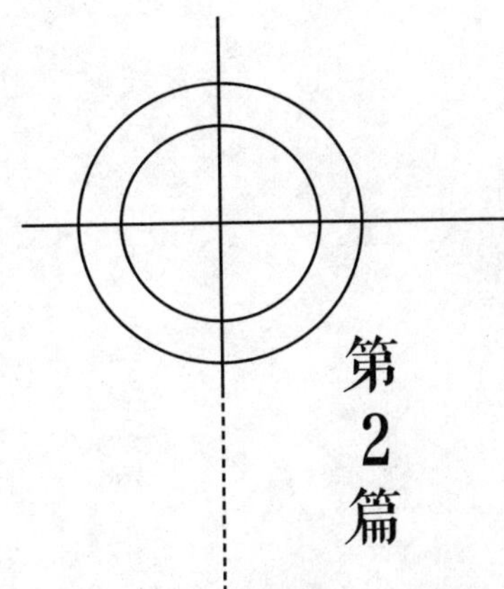

第2篇

基于权力—权利系统的企业组织变革研究

5　企业组织变革理论综述

5.1　组织理论

从管理学的意义上来说，所谓组织是为有效地配置内部有效资源的活动和机构，为了实现一定共同目标而按照一定的规则和程序所构成的一种责权结构安排和人事安排，其目的是在于确保以最高的效率实现组织目标。

从历史渊源上看，组织理论大致分成三个阶段。第一阶段的主要特征是强调“正式组织”的作用，其主要代表人物有泰勒、法约尔、韦伯等，他们在这一阶段的学说可称为古典组织理论；第二阶段的主要特征是强调“非正式组织”的作用，其主要代表人物有梅奥、麦格雷戈、马斯洛、卢因和布莱克、穆顿等，这一阶段的学说可称为新古典组织理论和行为科学组织理论；第三阶段的组织理论既强调正式组织的作用，又强调非正式组织的作用，这一阶段试图对第一阶段和第二阶段的理论加以综合。在这方面作出突出贡献的代表人物是德鲁克和西蒙，他们的组织理论被称为现代组织理论或超越官僚机构的组织理论。

5.1.1　古典组织理论

古典管理理论即传统的组织理论，主要特点是强调正式组织的重要性，并设计出各种正式的组织结构。提出的主要观点有：①劳动分工；②组织等级和职能程序；③组织结构；④控制幅度；⑤从组织管理过程的角度，提出了管理的五个基本职能。综合起来，古典组织理论最大的贡献在于：第一次运用科学的方法把组织管理问题系统化、理论化，并总结和抽象出一套比较完整的管理原则和方法，用于指导管理实践，有效地促进组织效率的提高。

5.1.2　新古典组织理论

以科层结构为基础，同时吸收了心理学、社会学关于“群体”的观点，重点研究人际关系和非正式组织，希望通过人际关系的改善提高企业正式组织的效率，弥补了古典组织理论对个人行为和非正式组织的忽视。其主要特点是：在集权与分权的关系上主张分权；在组织形式上倾向于扁平化的组织，主张部门化；在组织结构方面，提出了“非正式组织”概念，承认并重视与非正式组织同存的组织结构。新古典组织理论虽然有许多不完善不成熟的地方，但把人的因素引进组织理论，相对古典组织理论是质的飞跃。新古典组织理论的主要贡献之一，是将行为科学融进了组织理论，并且从心理学和行为科学的角度来分析组织中的人际关系和非正式群体对正式组织的影响。相对于正式组织这种由企业规定的可以说是“自上面建立”的组织来说，非正式组织是作为“来自下级”的自然发生的同时，新古典组织理论明确指出，正式组织的存在有赖于群体成员之间有稳定持续的关系，并且非正式组织一般对变革持反对态度，因此，要成功实施组织变革，必须充分考虑客户非正式组织的这种安于现状的态度。

5.1.3 行为科学组织理论

代表人物是梅奥、马斯洛、赫茨伯格、麦格雷戈等人。梅奥等人的最主要的贡献是通过霍桑实验，提出了与传统的组织理论不同的观点，成为人际关系学派的理论代表。马斯洛需求五层次论、赫茨伯格的双因素理论，麦克莱兰的激励需求理论，麦格雷戈 X、Y 理论以及舒恩的四种人性假设理论，波特—劳勒模式等都对行为学派作出过重要的贡献。这些理论都是对人的需求的不同理解而提出不同的激励理论。这个学派的理论对于我们进行组织变革研究给予很好的启示。

5.1.4 现代组织理论

现代组织理论是在古典和新古典组织理论的基础上，结合自然科学中的有关理论而对组织管理提出的一些崭新的思想、规律的系统阐释。主要包括：系统组织理论、现代决策理论和新制度组织理论。

1. 系统组织理论

系统学派最早的先驱是切斯特·巴纳德，其在冯·贝塔朗菲的一般系统论思想影响下 20 世纪 60 年代开始形成。该理论一反传统组织理论的观点，将组织看作一个系统。系统组织理论的主要观点可归结为：①把组织看作为一个有机、开放的社会技术系统；②研究组织必须采用系统论的方法，强调组织的整体系统观点；③基调是灵活性而不是正规性，是过程而不是形式。

随着人们对组织系统认识的不断完善，在原先一般系统论的基础上又分化出权变理论、种群生态学理论和资源依赖理论三大流派。这三者构成了当今系统学派的主流。

(1) 权变理论

权变理论学派形成于20世纪70年代，该理论认为企业管理重要的是根据企业所处的内外条件随机应变，没有一成不变、普遍适用的管理理论和方法。权变组织理论中，伯恩斯的理论影响较大。它认为各种具有不同结构特点的组织系统，形成了一个连续统一体，这个统一体的一个极端是机械式的组织，另一个极端是有机式的组织。权变组织理论要求企业在组织实践中组织结构既要有稳定性，又要有随内外环境而变化的适应性，两者缺一不可。然而，权变理论的真正诞生还要从加尔布雷斯开始，他提出的“信息加工模型”，将组织看成一个加工器，对决策信息进行加工，以此来适应基本任务环境。组织的高效运作来源于组织的各个分支间的协调配合。任务环境的改变则要求更多地用来加工信息的协调性机制，以将组织和它的环境联系起来。权变理论是以社会学、管理学、领导论为基础发展而成的，它告诉人们的是：组织管理实践并不存在最好的方法，衡量组织管理的唯一尺度，是看其是否很好的适应了环境变化。

(2) 种群生态学

种群生态学是由阿尔瑞契与普费弗于1976年提出来的，其代表人物是米切尔·汉南和弗里曼。该理论借用生态学“适者生存”的自然选择原理，利用竞争理论及生态位理论等研究组织群体与环境更好匹配的演化趋势。主要观点是组织在环境中生存与否和生物的适者生存规律一样，环境依据组织结构的特点及其与环境的适应性来选择一些组织或淘汰一些组织。种群生态理论强调的是环境选择作用而弱化了组织行动者在决定组织命运中的作用。同时，运用种群生态学的方法，我们可以得出以下结论：组织类型对环境的适应性决定了组织的存亡。汉南和弗里曼将生物进化的三个过程，即：变异、选择和存留用到组织分析中。随着种群生态学理论的发展，研究的范围扩展到许多新的领域，如组织生命周期的形成，发展阶段理论及模型，以及技术发展和组织环境的关系等方面。总体来说，种群生态理论突破了以往以组织为中心的理论研究模式，从群体性研究的视角，发现了许多新的问题，如在组织变迁的分析中指出变迁的结果是适应性的产物，而非简单的组织更替现象。种群生态理论着重于组织的过程分析，是一个仍在继续发展的理论。

(3) 资源依赖理论

资源依赖理论，顾名思义是将组织赖以生存的资源作为变量，通过对组织和外界环境间的资源交换及能量流动进行分析，研究组织的运作行为。该理论的前提假设是：组织必须与环境进行交换才可以生存。在交换中，环境为组织提供关键性的资源，这是组织得以运作的前提。因此，组织对环境的依附程度取决于资源的稀缺性与重要性。能否获得必要的资源及这种资源在组织间的分配状况是组织生存的一个重要条件。与种群生态学理论不同，资源依赖理论从组织出发强调组织对外部环境的适应，组织的能动性表现得更为主动。但资源依赖理论又不同于权变理论，区别在于前者将组织视为一个有机的整体，将其放到社会大系统中考虑其适应与发展的问题；而后者则较多地考虑组织内部的问题，从内部研究组织管理的模式。资源依赖理论则利用政治学的权力分析工具来分析组织与环境之间的关系，强调由于组织对不确定性，变化着的环境的依赖，一个组织的行为也许可以看作是由外部控制的。因此，组织从环境中获取资源是组织生存和发展的关键功能。该理论的重要意义在于使人们认识到组织可采用多种战略改变自己以适应环境，其缺点在于仅从资源的单一角度分析复杂的组织行为缺乏充分的解释力。

以上从权变理论，种群生态学理论和资源依赖理论三个角度阐述了系统学派的观点。可以看出权变理论的出发点是组织与环境之间，环境的不确定性；种群生态学理论的出发点是环境对组织的“选择”过程；资源依赖理论则从组织自身角度出发，研究组织对于环境的”适应”过程。三者均为系统的观点，只是分析角度不同而已。总的来说，系统学派的理论仍在不断的发展中。

2. 现代决策理论

以西蒙为代表的现代决策理论是在对新古典的微观经济学厂商理论的批评气氛中产生的。他认为，组织就是一个决策系统，组织的管理活动就是决策活动，并把组织中决策的合理性作为管理理论的中心。他所提出的“有限理性”的观点把西方社会的价值观和膨胀的资本主义理性思潮引入到一个现实的视野中。在有限理性的基础上，西蒙提出的决策过程理论可以被视为是从管理学组织理论到社会学组织理论的过渡。西蒙指出厂商理论中的两个缺陷的根源在于它的完全理性假定。在对传统的完全理性批评的基础上，西蒙建立了现代决策理论的基础——有限理性学说。与一般管理过程相比，西蒙的独特之处在于，他遵从康芒斯的方法，把“交易”视作分析的基本行为单位，他得出的著名结论是管理过程即决策过程，在有限理性的基础上他建立了现代决策理论，确切地说是决策过程理论。西蒙对组织理论的贡献体现在三个方面：其一是组织决策。组织活动主要有两项内容，一是决策；二是日常工作。西蒙再次强调了决策，所提出的决策过程理论的影响最大。其二是组织平衡论。其三是组织影响。所谓组织影响是指为了克服对个人理性决策的制约，同时把个人决策统一起来，从而给个人决策以影响的组织机能。简言之，组织影响就是靠组织的决策来改变个人的行动。他指出生活在现实世界中的人不是一个完全理智的“经济人”，而是具有有限理性的“管理人”。前者总是试图从一切被选方案中选择最优者，但在实际的操作中却存在着“低限满足”问题，即：决策者不可能找出所有的方案，并选出一个最优的方案。通常，方案的选择一般只能满足最低标准。

3. 新制度组织理论

制度学派把组织看成是自然和有机的系统，认为要从整体角度分析组织的特征。制度学派分析了组织的变异性，这种变异是组织复杂系统的潜在功能和非预期性表现；同时指出了组织在运行过程中，即使脱离了管理者的控制，也存在一种内在的运作逻辑和趋势，而这并非组织控制的结果。随着研究的深入，从制度学派中分化出了一派新的理论，人们称之为新制度主义理论。新、旧制度学派的差异主要反映在对组织结构的理解上。旧制度学派强调“非正式组织主动的影响”，包括影响的模式、联盟等主要因素，同时展示了非正式结构如何偏离和制约了正式结构，论述了组织意图，理性的使命如何被利益所扭曲、破坏。相反，新制度学派注重的是正式结构本身非理性的一面，将组织内部各部门之间的混乱归因于组织之间的相互影响。旧制度学派把组织作为制度化的单位以及制度化发生的主要场所，从而将组织看作是有机整体进行研究。而新制度主义则认为制度化是社会层次上发生的，是在组织间进行的。被制度化的是组织的形式结构和规则，而并非组织的特殊性。新制度学派不仅强调组织的同质性，也强调制度化的稳定性。下面进行概述：

种群生态学派较为强调技术发展和环境的关系，资源依赖学派则较为重视环境是如何为组织提供其生存所必需的资源，以及组织又是如何为争夺资源而彼此竞争的。相形之下，以麦耶尔、罗文、迪马奇奥和鲍维尔等人为代表的新制度主义学派却主要通过对当今美国社会非盈利组织的经验研究，对环境以及组织与环境的互动关系提出了独辟蹊径的看法，其中与当前分析最有相关性的，就是“制度的形同质异”（InstitutionalIs Omorphism）这一概念的提出和重新界定。组织不仅为了资源和客户而竞争，而且还为了政治权力和制度合法性、为了社会和经济的契合性而竞争。制度主义者强调组织环境是制度化的环境，其迫使单个的组织按照其要求来变更和调适自身的结构；而每个组织也为获得这种合法性而争斗不已，这就造成现代社会组织生活中的一个显而易见的悖论：组织的结构与其日常活动的背离：一方面，组织为了取得并证实自身的合法性，不得不建立那些被“理性化神话”确立为必不可少的部门并设法应付无穷无尽的礼仪活动，而这些部门和活动多半与组织的绩效无关；另一方面，组织在实践上又必须处理各种日常事务并勉励追求绩效，而这些事务和绩效却又与上述“神话”无关。由此导致了新制度主义所谓的现实生活中的“经验异常现象”；“行政管理人员和政客们”拥护已经确立但从未执行的纲领；经理们辛勤地收集数据却失于分析。组织分析的新制度主义者曾经强调他们的理论主要是针对“后工业社会”的组织结构与生存环境的。但是，经过奥鲁等人的发展，这一理论早已被成功地运用于西方社会以外的社会和经济组织的分析之中。

5.2 组织变革理论

5.2.1 个体角度组织变革理论

该学派认为可以通过影响个人来取得管理变革的成功，支持该学派的有两个阵营：行为主义者。他们把行为看作是个人和环境作用的结果，人们的行为可以由他们所期望的结果来调节。为了管理人们的行为，必须改变引起行为的环境，并因此获得企业的成功变革。格式塔心理主义学者认为个人的行为是环境和他们自己推理综合的结果。帮助企业内部成员改变他们对自己以及相关的环境的理解，从而就会导致行为的改变。

5.2.2 组织动态机理理论

该学派强调通过工作团队而不是个人来完成组织变革。这是因为个人的行为可以根据团队原来的信条及规则来改变。该学派是变革理论的一个重要组成部分。卢因推测组织行为是一个相互作用和力量的集合，它不仅影响组织结构，也改变个人的行为。该学派认为组织的压力限制单个的个人遵守组织的规则，因此变革的焦点应该在团队，而且应该集中于影响和改变团队的规则、角色和价值观。

5.2.3 开放系统理论

该学派的代表伯恩斯、斯托克、伍德沃德、劳伦斯和洛尔斯，他们把变革重点放在组织层次上，采取整体系统的观点。他们认为组织是由一些相互联系的子系统组成的。对系统一部分的变革会导致开放系统的其他部分的影响，随后会影响组织的业绩。方法是基于一种描述和评价这些子系统的方法，其目的是他们需要怎样被变革以便改进整个组织的运作。组织是开放的系统，和外在环境相关，并且和环境相互作用，内部是开放的，各种各样的子系统也在相互作用。通过清晰的界定业务之间相互协调和依赖的方式，共同完成整体的目标。重点是得到整体的协调效应，而不是通过仅仅优化单个业务的业绩得到。

变革方法的代表学派主要有：计划方法变革，紧急方法变革等。变革的引领者可以使企业经理、外部专家或两者的结合。

5.3　现代企业理论

5.3.1　契约理论

科斯的理论主要回答两个问题：企业为什么会出现，企业边界是如何确定的。科斯认为，在新古典经济学所描述的世界里，交易是没有摩擦的（即零交易费用），信息可以无成本获得，从而任何交易都可以在市场上达成，根本不需要一个企业来协调各要素之间的交易，从而得出结论：企业要想出现，交易费用必须大于零，即市场上交易成本高的业务会转到企业内部完成，而企业通过“权威”配置资源可以降低交易费用，但是这种低成本是有限度的，即企业的边界。其分析的方法是边际分析法，企业将倾向于扩展直到在企业内部组织一笔交易的成本等于通过在公开市场上完成同一笔交易的成本或在另一个企业组织同样交易的成本为止。科斯将企业视为一个契约，企业是用一个长期契约替代市场上的一系列短期契约。

5.3.2　资产专用性理论

威廉姆森用资产专用性来分析企业的纵向一体化，即企业的边界问题。威廉姆森认为由于某些投资只有用到某些地方才能产生最大的价值，既具有资产专用性，由于投资具有“拴住”效应，所以投资方为了免受他人机会主义侵害，可以通过纵向一体化来防止市场交易中的机会主义，从而减少交易费用。威廉姆森的纵向一体化可以节约交易费用，但没有说明以下两个问题：什么时候发生一体化？发生一体化时，谁一体化谁？格罗斯曼和哈特对此作了回答。他们先将企业的所有权定义为“剩余控制权”他们认为纵向一体化虽然可以节约交易费用，但由于被一体化的一方失去对原有企业的剩余控制权，也就损失了激励，进而会有效率损失，这是一体化带来的合并费用，纵向一体化到底是否发生取决于节约交易费用和合并费用的比较，当前者大于后者时，纵向一体化发生，至于谁一体化谁的问题，取决于哪种方案可以节约更多的市场交易费用或者带来更少的合并费用，并且得出结论：投资最重要的一方应该一体化其他方。

5.3.3 间接定价理论与代理理论

张五常认为，市场和企业都是一种契约，企业这种契约是生产要素所有者签署的，而市场上的契约则是中间产品商签署的，市场上的产品是直接定价，而在企业内部则是用企业的剩余权利来代替直接定价，是一种间接定价，只有间接定价的费用小于直接定价的费用企业才会出现，企业的边界也是两种费用的边际比较的结果。杨小凯和黄有光进一步发展了张五常的理论，构建了一个分工与专业化的模型，说明自给自足、企业、市场之间的关系，同时也可以说明企业内部的产权分配问题。以阿尔钦和德姆塞茨为代表的团队理论进一步研究了企业内部的产权分配问题，通过将企业的所有权定义为剩余索取权，引入监督者，说明资本和雇员中，资本所有者应该拥有剩余索取权。而张维迎更进一步认为企业的所有权应该赋予团队生产中作用最需要、边际贡献最难测度的要素所有者，即企业家和资本所有者。

代理理论。代表人物詹森和麦克林利用监督成本和保证成本重点分析企业中物质资本所有者与经理之间的委托—代理关系，法马、哈特和沙夫斯坦进一步论证了经理人市场和业绩对经理人的约束问题。

5.3.4 利益相关者理论

主张企业内的产权安排应该“将所有权的权利和责任赋予企业中控制关键资产的人，并且它们将为那些投资于这些处于风险中的资产的集团提供某种保护”，“凡是能给企业带来损益，或其利益受企业行为直接影响的行为人均可以参与或影响企业所有权的分配”这种理论的核心思想在于利益和企业的相关主体是多元的，这些主体的利益与企业的绩效休戚相关，都在一定程度上承受风险，理应给予他们所有权，这样“责、权、利”才一致，即“剩余控制权和剩余索取权”对等。

5.3.5 现代企业理论的评析

在现代企业理论中涉及企业本质问题的主要有科斯、威廉姆森、张五常、杨小凯、黄有光和阿尔钦、德姆塞茨等人，首先科斯、威廉姆森和张五常等片面地将企业仅仅作为一个交易组织来处理，忽视其生产性的一面，认为企业起源是“企业作为市场的替代物出现的，”企业的规模也是取决于企业内交易与市场交易费用的比较，实际上企业不仅仅是交易单位，还是一个生产单位，且生产性更是企业的基本特征，企业中人与物的关系更多体现生产性，人与人的关系更多体现交易性。其次企业是有发展史的，是在历史上由一系列的生产组织演进而来的，企业的前身是在奴隶社会末期就出现的手工作坊、畜牧业专区等，随着时间的推移，这些生产组织越来越专业化，商品经济变得发达起来，这些组织也就成了企业的初级形式。再次企业的规模决定因素不可以简单地归结为节约交易费用一个因素，是多元的。最后对待市场和企业不可以简单地采用两分法，企业和市场也不只是简单的替代关系，企业是市场的构成部分，两者是互动发展壮大的，除了对既定交易量的交替配置关系之外，还有共同扩大交易量的互补关系。科斯等人所说的企业作为市场的替代物的观点更多的是针对现代公司而言，但缺少对企业组织产生历史的研究，对于企业横向或纵向一体化的根本动力分析不足，生产是人类最基本的活动，生产组织也是人类最初的和最基本的社会组织形式，在原始社会、奴隶社会和封建社会里的部落、私有生产者和庄园是人类最初的生产组织，但是这些都不是现代意义的企业，可以视为企业的前身，尤其是奴隶社会末期出现的手工作坊、农业或畜牧业专区等就更接近企业了，因为他们都具有生产性，之所以不将他们视为企业是因为这些生产组织生产的主要目的是为了自己生产，而不是为了进行交换，只有生产力发展到一定程度，这些生产组织可以为盈利而生产，达到直接为别人生产而迂回为自己生产时，企业才诞生了。

关于企业的组织方式。现代企业理论对待这个问题，都持有相同的观点，即认为企业是依靠契约组织起来的，不过他们并不认为契约是企业的组织方式，而认为契约是企业的性质或本质，我们认为企业的性质应该探讨企业是一个交易单位还是一个生产单位，而不是探讨企业资源的组合方式，依赖契约组织的企业有这样一个显著的特点：与企业契约形成前相比，企业契约使得各类要素所有者的状况都得到了改善，因为契约的签署是在自愿的、自由的前提下达成的，这种交易是一种帕雷托改进的过程，这种企业必须为各签约方服务，但对于计划经济中的国有企业，这种依靠行政权威组织起来的企业，其签约和配置资源的过程就不是在自愿的基础上进行的，企业活动也不一定是主要为企业内的当事人服务的，但这并不一定意味着这种企业的效率是必然低下的。

企业内外的产权关系。对企业产权安排问题的分析包括两个层次：第一个层次，企业作为一个独立的经济主体，拥有哪些产权，拥有多少产权，以及在什么时间里拥有这些产权，这个层次实质上就是界定企业与外部经济主体（例如政府、其他企业、顾客等）之间的利益关系。一般而言，企业的法人代表这个企业。第二个层次分析在企业内部，对企业所有权的进一步安排，即企业内部的权利结构或者治理结构。契约理论认为企业是由一系列的要素所有者通过契约组成的，那么这一系列要素所有者就会构成企业内部的众多主体，企业需要将其作为一个整体，所拥有的产权在企业内部众多主体之间进行恰当分配。在较早的文献中，企业的所有权指的是股权，到了最近，所有权逐渐演化成了控制权、剩余控制权或者索取权、剩余索取权。那么到底谁应该成为企业的所有者呢？不同企业流派的一个共性界定是：企业所有者是不可交易要素的所有者。所谓不可交易要素，是私有要素的一种（还包括共有要素），可交易要素可以在要素市场上进行买卖，不可交易要素不可以在要素市场上进行买卖。是否可以买卖关键取决于交易费用的大小，而交易费用的大小又和两个变量有关：要素本身的物理性质和整个社会的技术组织条件。包括要素的可测量性和可运输性，技术组织条件的改善有利于降低某一具体要素的费用，有利于这类要素市场的形成。企业是各种不可交易要素获取租金的方式。

5.4 本章小结

本章主要对相关的理论进行了综述，主要分成三个角度：组织理论、组织变革理论和现代企业理论。组织理论：从历史渊源上看，组织理论大致分成三个阶段。第一阶段是古典组织理论；第二阶段称为新古典组织理论和行为科学组织理论；第三阶段被称为现代组织理论或超越官僚机构的组织理论。组织变革理论：我们分成三个角度研究。个体角度组织变革理论、组织动态机理理论、开放系统理论、现代企业理论。主要阐述了契约理论、资产专用性理论、间接定价理论、代理理论、团队理论、利益相关者理论等，分析了企业组织本质、组织方式和产权安排的有关问题。

6 企业组织的本质

6.1 企业组织本质研究

6.1.1 对组织本质的一般性认识

关于人们对一个“事物是什么”的认识，大体上是从三个方面给出的。一是通过事物之间表象差异的描述提示出事物的性质。二是通过事物之间的联系来揭示事物的关系属性，并以此来规定事物的性质。三是从价值判断的角度给出事物的功能属性，通过事物之间的功能差异来揭示事物的性质。由此可见，人们对于性质的回答，通常是从自己的认识能力出发来揭示出事物某一方面的属性的，然后把事物的性质归结为某种属性。

韦伯认为，人类社会实际上是组织的社会，人们正是通过组织这根纽带以各种方式连接在一起。那么组织是什么，组织有哪几种基本类型，它们之间的相互关系是怎样的，变迁的原因和动因何在？要回答上述问题，我们必须对组织下一个定义。在此，我们将其定义为：“组织是通过权力和权利进行资源配置，促进实现特定利益的人为设置和客观存在。”从这一定义我们至少可以引申组织的两个基本特征：首先，组织是一种资源配置的人为设置；其次，组织是为了实现成员的共同利益。我们对上述三个问题的思考就围绕组织的这两个特征展开。组织是一种人为设置。人类为什么要设置组织？因为组织可以为个体提供高于个体自给自足的福利，组织个体所拥有的权力和权利能在组织中得到更好地实现。即组织的设置是个体所拥有资源的权利和权力寻租的必然结果。而组织为什么可以给参与组织的个体提供更多的福利，原因就在于组织本身由于分工、协调等因素可以形成规模经济，各种物质生产要素由于劳动的拨动产生增值，特殊资源的拥有者可以获取剩余价值，即组织的规模经济性和资源的增值性是组织得以建立的本质原因。人类要设置组织，必须同时具备两个条件：一是个体资源能被动员起来；二是个体资源的集中能产生规模效应。从而使特殊资源拥有者可以获得资源增值。这里的资源含义应作广泛的解释，我们引用罗伯特·达尔提出的资源清单，包括：

个人自己的时间；金钱、信用和财富的享用权；对知识、信息的控制；尊敬或社会地位；拥有的魅力、声望、合法性、守法性；国家和社会道德赋予的权利；团结，即作为社会一部分的成员从他们获得支持的能力等。实际上作为个体如果拥有了资源，实际上就拥有了“发言权”，就拥有了权力，因此，可以说组织是权力的组合体。但是对于组织的本质性质而言，在上述的分析中，我们都是将组织作为一个整体性概念来把握，但组织不仅仅只是一个整体性概念，对于各种组织而言其最终建立的目的是要实现建立者的利益分享。从这个角度讲，组织又是一个权利的组合体。因此我们认为组织就是权力—权利的一个综合体。根据组织中不同的权力—权利取向，我们可以将组织划分成两大类：国家组织和非国家组织，而非国家组织又可分成非营利性组织和营利性组织。其中国家组织实现和保护国家权利（国家权利主要满足人类对安全、公正、秩序的追求等垄断性公共物品及关系到人的尊严的非垄断性公共物品，国家组织主要指中央及各级政府组织），主要体现政治权力，其权力基础是强制性权力；非营利性组织实现和保护社会权利（社会权利主要满足人类对尊严、发展等非垄断性公共物品的追求，非营利性组织主要包括教育、医院、慈善机构等）。主要体现社会权力，其权力基础是互补性权力；营利性组织实现和保护经济权利（经济权利主要满足人类对私人财富的追求，营利性组织主要包括各种以盈利为目的的企业组织）。主要体现企业内部权力的博弈及企业与市场的博弈，其权力基础主要是市场权力。

6.1.2 企业组织的本质研究及评述

一般认为，现代企业理论起始于罗纳德·科斯 1937 年发表的《企业性质》一文。科斯对企业组织的本质性质的把握是以企业与市场的两分法为逻辑起点的，他认为，市场是一种协调机制，是由一系列的交易及其规则所组成的，而企业则被视为一个组织，其内部所实行的是行政协调机制，即以企业家为指挥中心的生产组织系统，从这个意义上说，市场不是企业，而企业也不是市场，但科斯同时又认为市场与企业都属于资源配置的协调机制，它们之间是可以相互替代的。而为什么生产要由企业来协调组织呢？科斯的回答是，市场协调配置资源是有成本的，即交易费用。人们为了节省交易费用而组建企业，但组织企业就没有成本吗？有，组织成本；科斯认为，当两种成本进行比较时，若组织成本小于交易费用则企业得以建立，当两者达到相等时，企业组织的规模最大。因此，科斯的观点是，企业是一个较长期的契约替代了若干个（或一系列）较短期的契约。科斯之后的阿尔奇安和德姆塞茨则竭力将企业内部关系与外部市场关系加以泛化和同质化，即笼统地将它们都说成市交易关系或契约关系。而到了张五常教授那里，这种泛化和同质化就变得更加明显了。其把企业外部市场关系与企业内部关系均视为交易关系，称前者为产品交易，后者为要素交易，他认为，企业并不是科斯所说的那样取代了市场，而只是"一种契约形式取代了另一种契约形式"，即要素市场取代了产品市场。企业内外部均是市场关系（交易关系），企业与市场没有什么区别，因此企业在张五常这里就没有界限了。另外，詹森和麦克林将企业视为"一组契约关系的联结，而契约关系只是一种法律关系"，因此，很自然地它们推出的结论是："企业乃是一种法律虚构"或者说是各种复杂契约形式的合法虚构。以上种种说明契约论者将企业组织的本质视为"一组契约关系的联结"，这种理解源于一个简单的客观现象：在市场经济中，企业的形成体现为一组生产要素的某种方式的集结，而这种集结，正如经济活动主体之间的其他关系一样，都是通过契约关系来实现的。但笔者认为，契约只能说是企业形成的一个方式，或者说是一种载体，企业的本质属性并不在于这种集结以及实现这种集结的要素契约的本身，而在于形成这种集结背后的真正原因——权力寻租和权利的要求，这些体现为企业组织中人与人的关系，人与物的关系，人与社会的关系上。可以说，契约性是企业组织的一个属性，但其绝不是企业组织的本质属性。

企业产权理论对企业性质的理解。企业产权理论从产权关系角度解释企业的性质、企业的界限以及企业的内部结构等问题，其核心在于通过产权的角度分析企业的资源配置效率问题。在产权理论中我们主要分析团队生产理论、所有权与控制权分离理论及所有权配置理论。团队生产理论的代表人物阿尔奇安和德姆塞茨接受了科斯关于企业是一组契约关系的说法，但是他们不同意企业之所以替代市场是因为企业内部采用权威关系，即命令的方式来分配资源节省了交易费用，替代的原因在于团队生产。即企业生产的各种要素集结后，由于要素贡献存在计量难题，所以可能出现偷懒或搭便车行为，所以需要某种制度的设置，形成监督，这种制度的安排就是对剩余索取权的安排，也就是对企业的产权进行安排。在这种产权制度安排下，可以解释资本主义古典企业的产生。或者说，符合这种团队生产的生产组织形式就是资本主义古典企业形式。显然，团队生产理论是从激励的角度分析企业存在的理由。但从要素贡献存在计量难题的角度，或者从企业需要安排监督者防止搭便车或偷懒行为的出现解释企业的产生与存在似乎牵强了一些，实际上从企业组织这种生产性组织的雏形开始出现看，企业组织的构建者决不是因为监督而进行的构建工作，其构建企业组织的源动力是权力的寻租和权利的诉求。

团队生产理论可以解释古典企业组织形式，那么，企业所有权与控制权分离理论则可对现代公司制企业作出解释。比较有代表性的论述当属法马和詹森的论著。法马在《代理问题与企业理论》（1980）一文中，试图解释企业资本的所有权与控制权发生分离条件下，企业何以能有效运转。他分析问题的理论起点仍然是企业是一组契约的联结，在这个出发点下，企业的职能是可以分离的，他将企业的职能分为：管理决策职能与风险承受职能。法马认为，管理决策职能可以独立的原因在于管理者市场的存在，而风险承受职能与管理决策职能分离的依据在于资本所有者优化风险承受配置，即资本所有者将自己拥有的鸡蛋分在很多个篮子里装，从而对某一个具体公司的实际的内部管理决策不再关心，导致资本所有权与决策权的分离。法马认为这种分离非但不会产生所谓的激励问题，反而能够使企业享受到职能分工专门化所带来的好处。之后法马和詹森合著的《所有权与控制权的分离》一文中进一步研究了企业内部产权设置，分析论证了这种分离的内在机理。法马和詹森从管理决策的要素分析认为决策权分为四项：即决策提议权、决策认可权、决策实施权和决策监督权。其中决策提议权和实施权合称决策经营权（亦称“决策管理权”），决策认可权和监督权合称决策控制权。决策经营权和决策控制权又可统称为管理决策权。在此基础上，他们提出了一个命题：在一个大型组织中，剩余索取权的高度分散化导致了它与管理决策权的分离，这种分离不仅必然地导致决策经营权与决策控制权的分离，而且还必然要求决经营权与决策控制权在企业组织的各个层级上分别实现分散化。这是因为，倘若管理决策权集中于个别代理人手中，就会产生信息不对称以及权、责、利之间的不协调而导致严重的代理问题，使得对拥有重权的个别代理人进行监督变得成本十分昂贵。因此，剩余索取权与管理决策权的分离客观上要求管理决策权本身也要进行必要的分割，并在不同的代理人之间实现分离。进一步讲，这种管理决策权的分离还要求这两组权力在企业内部各层级中加以分散化。显然这些机理的阐述实际上是说明在企业组织内部必须进行合理的公司治理结构的设计与安排。但是，这种两权分离的背后根源是什么，法马和詹森是从解决代理问题的角度说明两权以及决策权分散化分离必然性，但是为什么在古典企业这一问题没有被提出来，是代理问题导致的两权分离及决策权分散，还是两权分离和决策权分化导致代理问题，这些问题法马和詹森的论述不能令人信服。

所有权配置结构理论主要探讨的是企业的产权配置效率问题。其代表人物有格罗斯曼（Grossman）、哈特（O. Hart）和穆尔（J. Moore），该派理论以企业合同（契约）的不完备性作为研究的基础。哈特认为，合同不完全性的经济含义在于导致了重新协商过程会产生事后成本和事前成本，正是由于这些协商成本使得产权配置问题变得十分重要。（哈特的产权即所有权，所有权就是在合同对决策权未加以规定时实施剩余控制权的权利，以及在合同履行之后获取剩余收益权的权利。可见所有权包括剩余控制权和剩余收益权（亦称剩余索取权），但其本质在于剩余控制权，因为剩余控制权决定了剩余索取权。因此，所谓产权配置问题，实质上就是剩余控制权的配置问题。哈特认为剩余控制权的配置问题，在很大程度上与关系专用性资产有关。哈特产权配置原则主要包括：第一，在企业组织内部，拥有相对最稀缺资产的所有者应当成为企业的最终所有者，企业内部的权威应属于他（或她）。第二，如果两项资产是相互独立的，那么它们应当被分别所有。资产所有者之间的关系是市场交易关系（即短期或长期契约关系）。第三，如果两项（或更多项）资产是严格互补的话，它们必须被共同拥有或控制。在这种情况下，资产所有者之间的关系就不是市场交易关系，而是企业内部关系了。有人把这些原则称为“哈特定理”，哈特以此解释企业的边界以及产权组织形式。哈特对于企业组织的本质认识对于我们理解现在企业的治理结构等问题有很大的启示，但是，哈特研究的是现代公司制企业，他缺少对企业组织的历史研究，因此，其对企业组织的认识也是有局限性的，至少它的论述只是对现存企业治理形式的一种解释，而对于这一治理形式产生、演化的深层次原因挖掘的不够。

6.2 本研究对企业组织本质的认识

若想真正认识企业组织的本质，笔者认为必须从研究企业与市场的关系，以及企业发展历史来研究。而所谓本质属性，是指该事物的质的规定性，即一事物区别于他事物的根本特征。以下我们从市场的本质与企业本质认识出发研究企业组织的本质问题。

6.2.1 有关市场和企业本质属性的一般认识

关于市场与企业本质属性的认识，我们认为必须联合起来才能认识清楚。以下是我们收集到的有关市场和企业性质的有关论述，从中可以看出现今对市场和企业本质属性认识的一般观点。详见表6－1和表6－2。

表 6-1　市场概念界定

序号 \ 项目	市场概念界定	论述者
1	市场由一切具有特定的欲望和需求并且愿意和能够以交换来满足此欲望和需求的潜在顾客组成	菲利普·科特勒
2	“市场”不是一个“场所”，而是由一组规则（法律、规章、政策），一批组织（交易机构、公司、企业等）和一系列产权所有者的交易活动所构成的一套机制	樊刚
3	市场是“顾客为之而付出的价值”	德鲁克
4	我们把市场定义为一套社会制度，其中大量的特种商品的交换有规律地发生，并在某种程度上受到那些制度的促成和构造。……交换包括契约性的协议和产权的让渡。市场部分地包括构造、组织交换活动并使其合法化的机制。简而言之，市场就是组织化、制度化的交换	霍奇逊
5	狭义市场是指商品交换的场所	经典著作
6	广义市场是指所有交换行为的集合	经典著作
7	市场是商品供求关系的总和	经典著作
8	市场是商品交换和流通的领域	经典著作
9	市场是资源优化配置的方式，是一只看不见的手	经典著作
10	由参与者（包括企业经理层、对象以及竞争者）和市场游戏规则组成的。按照不同市场的不同参与者主要是对象和竞争者不同，从市场的各个维度出发，对于每一个企业、每一个项目都是用其特有的市场定义，从而使得原本抽象笼统的市场概念具体化。市场是经理层以竞争方式赢取与其关键活动相关的购买者资源的活动领域	杰拉尔丁·芬内尔，格雷格·M. 艾伦比

如何定义市场？是按地理定义，还是按竞争定义？是否考虑时间？消费者是否是定义的一部分？从下面我们所列举的有关市场的 10 种定义，如表 6-1 所示。可以发现，对于市场定义的认识充分体现人们对市场本质属性的挖掘。每个人都站在不同的角度对市场进行了定义。关于市场的认识存在场所论，如定义 5；领域论，如：定义 8 和 10；制度、机制论，如：定义 2 和 4；关系论，如：定义 6 和 7；顾客论，如：定义 1 和 3；资源配置方式论，如定义 9。通过这些定义，我们可以清晰地发现人们对于市场认识的不断加深。从市场是一个可以看得见摸得着的场所，到市场是一只看不见的手，资源配

置的有效方式，再到市场是顾客、是一个活动领域，市场是一套社会制度，一套机制，是供求关系、交换行为的总和。那么究竟市场的本质是什么呢。对于市场认识的主体主要存在两类：一类是市场营销专家，另一类是经济学家。市场营销专家更务实，经济学家则更宏观。而我们作为企业理论的研究者，更关注市场与企业的关系，所以，我们站在企业的角度看市场的本质属性。首先，我们要问的问题是，企业是因为有了市场才存在的吗？其次，我们研究的是，市场是为企业而存在的吗？对于企业与市场的本质属性问题，我们认为仅从上面几个角度分析问题，还不能真正认识问题的本质。现今人们对于企业和市场的本质属性的认识主要按上面的思路，进而反过来解释起源问题。我们则认为应该从事物的起源和发展历史来认识事物的本质，而非倒过来。需将两者本质属性的认识联系起来才能真正搞清楚市场和企业的本质问题。

表 6－2　　企业本质属性认识

项目 序号	企业本质属性	论述者
1	企业的本质特性是生产性——追求企业利润最大化，将企业看成生产函数——黑箱	古典经济学
2	企业是一个长期契约代替了一组短期契约，企业是由权威配置资源代替市场配置资源，节省了交易费用，规模由交易费用和生产、组织费用比较决定	科斯
3	企业并非是代替市场，而是一种契约替代另一种契约，即由要素市场代替产品市场	张五常
4	从有限理性和机会主义出发，运用资产专用性、不确定性和频率来回答企业的性质。他认为，用纵向一体化代替现货市场则可以减少或消除机会主义	威廉姆森
5	“团队生产理论”认为企业实质上是一种在团队生产方式下实现激励相容的契约安排	阿尔钦和德姆塞茨等
6	“利益相关者”理论，认为企业是一种“关系契约”的网络	杨瑞龙等
7	企业是一种由人力资本和非人力资本通过特定的合约而形成的生产性组织	经典著作
8	企业能力理论认为，企业本质上是一个能力集合体	哈默等
9	“市场失灵”使得企业的存在成为必要。“市场缺陷论”	阿罗

续 表

项目 序号	企业本质属性	论述者
10	(1) 企业具有中央机构，而中央机构具有任意权力。 (2) 企业是独立于任何其他具有任意权力的一种组织。如企业的经理具有很大的任意权力，他要开除下属人员，是不必引用任何法律条款的	罗伯茨和米尔格罗姆
11	企业为一种组织。这种组织和多数其他组织一样，都是一种法律虚构	詹森和麦克林
12	克雷普斯从企业文化的角度来分析企业的概念，企业是荣誉	克雷普斯
13	现代工商企业产生的内在原因是企业内部的管理协调和决策工作的专业化	钱德勒
14	经济利润是企业存在的主导因素。显然，企业被理解为获取利润的工具	单伟建
15	经济增长必然在生产要素实现新的组合后才能实现，而"企业无非是新组合的实现"。熊彼特将企业看作是社会经济增长的必要条件	熊彼特
16	企业的目的是创造顾客，因而企业的基本职能就是推销和创新。日本人后来接受了这个观点，认为企业是具有创新功能的生产单位	德鲁克
17	企业是一种知识整合的机构	格兰特
18	企业是一投入组织	迈克尔·迪屈奇
19	企业是协作系统。企业作为一种协作系统，应由物理系统、"人"的系统、社会系统和组织系统这四个分系统构成	切斯特·巴纳德
20	企业是价值活动的集合体	波特
21	"企业不仅仅是一个管理单元，而是一个具有不同用途，且随着时间推移由管理决策决定的生产性资源的集合体"	安蒂思·潘罗斯
22	企业是生产力和生产关系在微观层次上的实现形式	马克思
23	企业不是别的东西，而仅仅是一种装置，通过它，企业家自愿承担风险，并保证厌恶风险者得到确定的收入，以换取对后者的支配权力	奈特

关于企业性质的研究相对于市场而言则更充分。如表 6 – 2 所示我们列出了23 种主要论述。现今最为流行，并被多数理论工作者接受的观点当数 1991 年诺贝尔经济学奖得主科斯及其后来继承者所立的“契约论”，关于这一学说有很多学者提出了质疑，如盛宇明、刘海军等。只要研究企业性质的文章基本都在研究契约论，且大多存在质疑。关于这点我们不准备多谈，我们的观点是，契约只是企业存在的载体，是企业组织存在的一种形式，而非本质。另一种比较被认可的观点是分工协作论，认为是内部分工协作及其专业化导致。

企业组织的产生与存在。我们不能否认分工与协作对于企业组织产生的重要影响，但是分工与协作及专业化一定就产生企业组织吗，若是如此，为什么会产生分工与协作及专业化问题呢？再次，比较流行的观点就是，企业是一种组织，即法律的虚构，是人为的“装置”；另外企业是生产性组织也是得到大家普遍认可的说法。对此，我们认为，关于企业是分工协作体的问题，其怎么解释一个人组成的企业，再者，企业组织是一个实实在在的存在体，而非虚构的装置，企业的性质之一是生产性，然而企业就因为生产才存在的吗？没有生产就不叫企业了吗？比如律师事务所、会计师事务所等，它们只是提供服务，这些问题我们怎么给出合理解释呢？

6.2.2 企业与市场的本质属性研究

关于市场和企业的本质属性问题，我们将从起源和历史发展的角度予以研究，以求发现其本源问题。首先我们分析，企业是从什么时候开始有的，按照马克思的观点是生产力发展到一定历史阶段的必然，即只有人们满足了自身需求之后，出现了剩余产出才有了企业。但是在奴隶制社会，农奴们没有一分报酬地为奴隶主干活，产出了多余的物质，并被交换给其他农奴主，包括自身也可能被交换，此时的集体劳动团体是不是企业呢？这时出现的物物交换是不是市场？随着奴隶社会的结束，形成了封建的大家庭和手工业户，此时拥有土地或资本的人使只拥有劳动能力的人聚拢在一起进行生产，产生了投入的多余产出，这些产出被作为商品交换给他人或在某一场所上进行交换。此时的土地、资本和人力的联合体是不是企业？交换的“他人”和“某一场所”是不是“市场”？随着社会的进步及生产力的提高，出现了大规模的手工工场，这之后又出现了机械自动化工厂，并且生产出的产品被大量不能生产此类产品的人所购买。此时实际上出现了许多生产产品的人和工厂、许多购买产品的人和工厂，这些实际上已经成为我们现在普遍认同的“企业”

和“市场”，在奴隶社会奴隶本身没有人身权利，还没有成为独立的生产要素，因此，此时的生产团体不能称为企业，从我们对企业组织本质认识看，多种生产要素结合在一起能够产生资源增值的组织就是企业，而物物交换的场所也是市场。企业和市场的产生和进化就是这样逐渐地交织在一起。随着企业的增多和市场的变化，企业与市场间的关系也越来越复杂，企业与市场的本质问题也就越来越难以厘清。

以上我们对企业和市场发展的过程进行了简单描述，我们现在要回答的问题是：究竟是什么力量促使形成了企业，形成了市场，企业和市场意味着什么，即其本质是什么？

上述文献对企业的本质问题的研究基本上是从效率，功能，文化，存在形态，产权制度，企业性质等方面进行。从科技哲学的角度讲，成功的理论和概念应具备的必要条件为：①对过去、现在、未来具有成功的解释力；②根据对例外事件的解释发展已有的理论视野；③对历史的猜测和对未来的预测要有一定的确证度，或者要有被确证的可能性；④在尊重“科学事实 2”的同时，更要尊重“科学事实 1”，并以“科学事实 1”为最终的判断标准；⑤概括的应是事物最本质的内容，而非某一方面的内涵或规定性。因此，我们从中可以推论，对于企业和市场本质属性的认识也一定要满足上述 5 条，特别是对第一条的满足是检验科学概念的最重要标准。基于此，江水法对上述的有关企业定义作了比较详细的分析，说明这些定义都是对企业某种重要属性的认识，但并非本质认识，其对企业的本质认识为：企业是产品或服务的销售或生产——销售法人实体。但笔者认为，这也只是从现象和形式上说明了企业的存在理由，而分工、协作的重要特性并没有体现出来，那么作为既具有生产性，又具有交易性，同时又是一种契约，并且现在需要具有法人资格的企业的本质究竟是什么？作为与其密切相关的市场，从开始的场所，到看不见的手，资源配置的方式，交换关系和行为的总和，其本质属性又是什么呢？前已述及，我们还是要从过去、现在和未来三个时间面来探讨企业和市场的本质属性。首先我们分析一下奴隶社会的生产体，其只有生产性。在奴隶制社会，劳动力实际上并没有人身自由，其作为奴隶主的资产为奴隶主创造了多余的产出，多余的产出（包括奴隶本身）作为礼物被交换出去，而对于奴隶主制的生产团体，我们认为其还不是企业，此时只是体现出企业最重要的特征——生产性，其中的奴隶是被剥夺了人身权利的劳动，奴隶主本身拥有土地甚至资本等资源。封建社会（也包括欧洲产业革命之后的 20 世纪六七十年代）出现了手工作坊式的企业，此时的企业和市场关系发生了一些重要的变化，首先从企业内部看，企业中的劳动成为了具有独立人身权利的个体，其在满足自身生存需要的前提下，具有了获取剩余产出的需求，同时企业主不仅进行物物交换，还会因为自身产能的增大，应市场的需求生产产品。此时我们看到企业和市场的关系有了非常大的变化，市场增强了对企业的约束，劳动也增加了对企业的要求。此时企业的组织形式从家庭作坊到手工工场，进而形成大规模的机械化、自动化生产。但企业的主要特征仍然是生产性，企业的组织结构由于受到人力资源独立、技术的进步和市场的约束，逐渐发展出直线制、职能制、直线职能制等形式。到了20世纪，特别是21世纪的今天，企业和市场的关系则发生了翻天覆地的变化，特别是随着信息技术的出现、人力资源的进一步独立（尤其是知识的发展和内在要求的提升）、市场对企业约束的进一步扩大（包括政府的影响），企业的组织形式和结构出现了更大的变化，出现了矩阵制、事业部制、委员会制、动态联盟、网络组织、虚拟组织等形式。企业出现了公有制企业、私有制企业，企业内部也增加了董事会、监事会、股东大会、职业经理阶层，企业要经过国家的认可，进行注册登记，企业的结构从只有按单一的职能分工为基础，到按流程进行构造，从只在企业内部考虑企业的构造，到走出单一企业考虑多个单一企业的联合，从只是由资本组合劳动，到资本组合劳动、政府组合资本和劳动、劳动组合资本、市场组合劳动和资本等情况并存，所有这些现象都说明，企业和市场的关系变得越来越复杂，企业和市场的本质属性越来越难以认识。

通过我们对企业和市场演化的历史的简单描述，我们能不能发现企业和市场的本质到底是什么呢？回顾一下企业和市场的形成过程。我们是不是可以认为，所有这些现象背后起根本作用的因素是权力—权利关系。无论是奴隶社会的生产体，还是封建社会、资本主义社会、社会主义社会中“大家认同”的企业，其组织形式和结构的变化都源于“权力—权利”关系的变化，从资本主导，到政府主导，到市场主导，到知识主导。所有这一切，我们都可以认为是由权力（资本权力、政府权力、市场权力、知识权力）决定的。而权力的背后是权利。因此，我们认为，企业的本质特征不是别的什么，正是权力—权利的综合体。企业的这一本质特征将决定，企业的组织形式和结构将由单一的组织体，变成多个单一组织体的结合体，或小型化组织。最终决定企业组织结构和形式的就是权力—权利，特别是知识和市场的权力—权利。进而，我们认为市场的本质乃是市场交换的主体和客体间形成的交换场所、关系、行为和所形成的机制的综合体。

6.3 本章小结

本章首先通过对组织的一般性认识，将其定义为：“组织是通过权力和权利进行资源配置，促进实现特定利益的人为设置和客观实在”。并将组织划分成国家组织和非国家组织两类，其中国家组织又分成营利性组织和非营利性组织，企业组织属于营利性组织。其次，我们通过历史上各种学派对市场和企业组织研究的评述，提出本研究对市场本质的认识：市场是市场交换的主体和客体间形成的交换场所、关系、行为和所形成的机制的综合体；企业组织本质的认识：企业是权力—权利的综合体。

7 企业组织变革基点与内容

7.1 企业组织变革的基点

7.1.1 企业组织的定义与性质

20世纪70年代中期排名世界500强的企业，到20世纪80年代中后期后有近三分之一衰落。因此，进入20世纪90年代后，世界众多企业开始兼并、重组、再造，这里便涉及了一个组织变革与重新设计的问题。然而并不是所有进行组织变革的企业都取得了成功。这里面的原因很多，可能是变革的时机掌握得不好，可能是变革与设计两者之间脱节，可能是变革的速度未能赶得上环境变化的速度，可能是领导的才能欠缺，可能是企业的发展战略和企业的组织结构不协调，还有很多可能……。笔者认为，不恰当的组织变革与设计的基点选择可能是组织变革与设计失败的重要原因，因此，我们认为，进行组织变革首要的问题是研究变革基点选择问题。

前已述及，企业组织的本质属性是权力—权利的综合体，因此，我们给企业组织下的定义是：企业组织是通过权力和权利进行资源配置，促进实现参与各方的权益（更多的是经济利益）的人为设置与客观存在。从我们给企业组织下的定义中可以看出，企业组织具有这样的一些特征：①企业组织是一个追求参与各方特定权益的复杂系统。作为一个系统，当然就具有系统的所有特性。如目的性、相关性、集合性、阶层性、整体性、环境适应性、脆性、复杂性、刚性或柔性等；作为一个系统，就应具备将所有的输入通过“系统转换器”变成组织所需输出的功能，而且这一系统是由多个权利主体构成的，主要是劳动所有者、资本所有者、规则所有者、市场所有者和竞争合作者。②企业组织具有明确的目标，且有为实现这一目标而构建的精良结构。企业组织的最主要目标就是满足组织各个主体权利的要求和权力的寻租。显然，作为一个协调运转的系统，其目标、结构以及功能之间应该是匹配的。组织结构和功能的支撑是权力—权利结构。③由于企业组织与环境之间有着密不可分的关系，因此企业组织与环境之间存在一个相互适应的问题。企业组织与环境之间存在物质流、能量流、信息流、关系流，这说明企业组织是一个开放的动态系统。既然将企业组织作为一个开放的动态系统来考虑，那么就应该用系统思维方式去研究这一实体。④企业组织是一种资源配置的人为设置和客观存在，这一特征说明企业组织既是人为构造的组织，又是经过事物发展，适者生存的产物。通过这一定义我们可以归纳一下企业组织的性质。

1. 权力—权利性

前已述及，企业是权力—权利的综合体。这是企业组织的本质属性。

2. 系统性

企业不断地和环境之间进行着物质、能量、信息（包括知识）和关系的交换。这说明企业组织是一个开放的系统，特别是现代大型企业是一个开放的复杂大系统，其产生、成长和演化有人为因素的作用，更有自然法则的功效。因此，企业组织具有复杂系统的所有性质，如自组织性、耗散结构性、复杂性、脆性等。

3. 契约性

作为一个企业组织的生存与运作必不可少的要素支持包括投资人、经理人、职员、各种硬件设施、市场（包括顾客、供应商、竞争者）、政府（包括社区）等要素，这些要素对于现代企业组织而言均为不可或缺的要素，可能有些要素是内生或者叫内层，有些是外生或外层的，这种内生和外生要素会随着人们对问题认识的加深而出现变化。我们认为企业凭借要素间的契约才得以联结与运作，契约是企业存在的链接剂，所以契约性是企业的基本属性之一。

4. 规模性

根据经济学的原理，当一定的生产要素集中在一起，由于存在专业化的分工与协调，可能带来要素集合体的规模效应和范围效应，而企业则恰是这样一个能够产生规模效应和范围效应的组织。所以规模性是企业组织的基本属性之一。

5. 盈利性

根据我们对企业的界定，企业作为各权利主体寻求权利实现和权力寻租的一个组织，权利主体最大的目标就是经济性目标，企业最核心的目标也是实现各权利主体价值的最大化，因此，可以断定，企业组织是一个以盈利为目的的组织，因而盈利性是企业组织的基本属性之一。

6. 资源配置性

我们说企业和市场是共生的，市场是配置资源的一只无形之手，而企业则是一支配置资源的有形之手，市场通过无形之力配置资源，而企业是通过组织之力配置资源。所以资源配置性是企业基本属性之一。

7. 学习性和自适应性

企业组织是人为设置，也是自然选择的产物，因此，企业组织具有一定的智商，是社会活动的结果，表现出很强的学习能力和自适应能力，企业组织在自身演化的过程中，新型组织形式的出现是和组织自身自我调整密切相关的。

8. 生产性与交易性

对于企业组织而言，其从产生开始首先体现出的一个性质就是生产性，从而满足人们对物质产品的需求，随着市场的不断发展与成熟，企业表现出明显的交易性，若从满足市场需求的角度看，企业的最终目的是使企业的价值最大化，因此，生产性只是企业满足市场的一个工具性性质。若从企业产生和演进的角度分析，企业的生产性相对于交易性而言是本源性的性质，而交易性属衍生性的性质。

7.1.2 企业组织变革的基点选择分析及评述

所谓企业组织变革的基点，即企业在进行组织变革与设计时所选择的基础、理念、原则、平台。目前，组织学学者对于组织设计与变革基点的选择多种多样，如有基于流程的，有基于网络的，有基于先进技术的，有基于电子商务的，有基于专业化的，有基于项目的等。这些研究者们都没有明确提出研究的基点，特别是没有对基点的选择进行科学的论证。那么这些基点的选择有什么区别，究竟选择何种基点去研究组织变革与设计更能抓住组织的本质，使组织变革顺利、有效进行。下面我们分析一下目前所出现的几种典型组织形态的设计基点，这里没有考虑有关公司治理结构的问题，我们只是从宏观上分析组织变革与设计的基点问题。（实际上，组织变革与设计核心的问题就是组织结构的变革与设计，治理结构只是其中最重要的一个内容，就治理结构的变革与设计问题，我们将在研究权力—权利关系时予以分析）

职能型组织。在职能型组织中，组织设计的理念是将某一方面的专业人才和任务设计在一个部门中，整个组织进行了比较严格的纵向分割，各部门各司其职，相互合作较少，专业性强。若组织的规模较大，在总经理下可设几个分管各部门的副总经理。我们可以看到，这种组织的层级较多，跨度较大。有比较好的规模效益。企业中的决策权的分配是由上向下递减。企业的决策权主要集中于企业高层。而中层的决策权不大，并因部门重要性和部门领导的个人才能而不同。因此，这种组织结构的设计原则是专业化和规模性。其基点的选择基于确定的环境和大规模生产。这种组织的缺点是，组织指挥链较长，缺少灵活性，较难协调，不利于激发员工积极性，适应性较差。一般在这种组织中员工对决策权的需求不大，即使较大，也很难满足要求。显然，对于员工而言，除了决策权以外，还有包括财产所有权、收益共享权、发展权、知情权等未能体现。而对于其他利害相关者的权利和权力就更没什么保障了。

矩阵型组织。这种矩阵型的组织，在职能型组织部门专业化的基础上，横向设计出一个跨部门的临时性或永久性组织——项目管理部，该部门主要负责临时重大项目的管理，或者解决需要充分沟通和协调的问题。可以看到，这种组织形式实际上缩短了组织指挥链，增强了组织各部门间的沟通和协调，组织趋向扁平化。其设计的基点仍是面向职能和专业化，只是为了增加组织的灵活性、协调性、沟通性、适应性，专门成立一种有利于这种思想的横向组织。在这种组织形式中，组织的决策权变化不大，仍然主要集中于最高管理层。企业中员工对权力的需求增加，同时此种组织类型确也能部分满足员工部分要求。企业中其他权利和权力体现不明显，如收益分配权等。

以特定对象为基点的组织形式。如以产品、项目、地区为基础进行的组织设计，另外也可建立面向某种特定服务、某些顾客的组织，我们可以统称为面向对象的组织变革与设计。在这种组织结构中，企业将传统的科层制，专业化部门打破，代之以产品、项目、地区。此时企业的决策权向下移动，产品经理、项目经理和地区经理拥有了较大的决策权。并对其决策后果负责。显然组织的灵活性、适应性增强。但规模经济性下降。企业中员工更接近权力中心，开始影响企业的决策。员工获得了较大的决策权。企业员工的发展权、利益共享权、财产分配权、知情权有所增长。组织利益相关者的相应权利也有所考虑，权力分配向合理方向发展。

以某种技术或者流程为基点的组织变革与设计。如以信息技术、先进制造技术或流程作为组织变革与设计的基点。对于以某种技术为基点进行组织重构的研究着眼于这种技术对于传统组织的影响，并将这种技术的影响内化为组织的岗位设计、职能部门设计、运行机制设计（包括激励约束机制）、发展战略重构、组织模式的变迁等。流程型组织的设计则主要针对职能型组织在复杂及不确定性环境下所表现出的刚性、不适应性等提出来的。应该说，流程型组织的出现使我们对组织结构的认识有了一个崭新角度，这也为我们设计新的组织范式提供了非常好的启示。但是仅就一种技术进行组织变革与设计显然显得比较单薄，而流程型组织目前还不成熟，对于流程型组织的认识有三种对立的观点：一是彻底放弃职能部门完全以流程建构组织；二是以职能部门为基础进行流程型组织的设计；三是以流程为基础，职能部门为辅设计流程型。综观这两种类型的组织变革实际上都是抓住外部环境的重大变化而对组织模式所做的调整性举措。

横向组织。横向型组织是一个混合型的组织，但又不同于矩阵型组织，这种组织的设计是以流程为基点，特别是在整个组织中通过筛选，找到核心流程。此时我们再来研究组织中决策权的分配发现，决策权进一步地下移。甚至可能移出有边界的组织实体。这种组织的适应性进一步增强，适应能力更强，更容易激发员工的积极性，组织中和组织外的所有利害相关者的权利得到进一步的考虑。权力分配更加趋于合理。

网络型组织。这种网络型的组织设计是基于信息技术，但其仍然是按照企业生产的流程来组织的。网络组织中的每个实体组织都将自身的非核心流程外推，而和这方面有核心竞争力的组织组成网络型组织。我们可以看到，这种组织的决策权和科层制的企业相比其决策权进一步下移，并移出自己组织。和其他组织形成联盟。此时组织的权力分配更趋合理。企业利害相关者的权利进一步得到保证。

虚拟组织。可以说虚拟组织是网络型组织的一种特殊形式，目前，虚拟组织的组织设计主要围绕信息的收集、整理、产生、传播与利用等，研究相关各方的利益分配问题，这种虚拟组织的产生主要是应瞬息万变的市场和自身核心能力构建的需要。该类型组织中权力更佳的分散化，权利主体对于权利的要求更加强烈，从该类型组织的产生和发展的过程看，充分体现市场经济和知识经济、信息经济发展到一定阶段所呈现的合作竞争关系，原有的以职能和流程为研究基点的组织设计与变革出现了一些不适应。

通过以上的研究，我们发现各种研究基点都是从一个侧面或者一个角度对企业组织的变革进行研究，这些研究基点的选择原则基本都是以企业组织的某种属性或者某种环境因素作为依托而形成的，正如我们在前面论述的，研究企业组织变革问题一定要以企业的本质属性作为研究的基点，这样所研究得出的结论更具有普遍性。下面我们就企业的权力—权利系统进行深入的研究，以此引领我们进行卓有成效的企业组织变革与设计。对于企业组织变革与设计基点的选择，我们从两个角度进行研究，企业中的人性假设和权力—权利形成与分配状况。

7.1.3 企业中的人性假设研究

因为从企业组织的产生、演进到整个的运营过程，虽然表现为企业中人与人之间的关系，人与物之间的关系，人与社会之间的关系，当然包括组织与环境之间的关系等，但说到底，企业组织的产生、发展与运营等过程始终表现的是人与人之间的关系。所以，为了研究企业组织的变革基点问题，我们首先要研究关于企业中的人性假设问题。道格拉斯·麦格雷戈说："在每个管理决策或每一项管理措施的背后，都必须有某些关于人性本质或人性行为的假定"，实际上，不仅企业的管理问题涉及人性假设问题，企业组织本身的产生、演进和运营等无不与人性假设息息相关，历史上有关人性假设的理论主要有以下几种。第一，工具人假设。这是西方最早的人性假设理论，产生于古代中世纪奴隶社会的管理实践之中。在奴隶社会，奴隶主把奴隶看成会说话的工具和他们的私人财产。在以大机器生产为特征的资本主义初级阶段，资本家则把雇用工人看成活的机器或机器的一个组成部分。总之，这些劳动者就像工具一样，任由管理者使唤，自身价值根本就不可能得到体现，他们是在暴力、强迫之下劳动着的。第二，政治人假设。两千多年前，古希腊思想家亚里士多德首先认识到"人是政治的动物"，后来人则将政治权力的攫取作为人的最大欲望。第三，理性经济人的假设。亚当·斯密则认为人的一切活动都受"利己心"支配，社会利益是在个人追求私人利益的过程中实现的，因此，人是理性经济人。第四，社会人假设。以梅奥为首的行为科学学派则作出人是"社会人"的假设，该学派认为，人是独特的社会动物，不仅仅追求金钱的满足，更重要的是追求情感等社会和心理的欲望满足。第五，复杂人的假设。沙因则提出人是"复杂人"的假设，他指出每个人都有不同的工作动机、不同的需要和不同的能力，而且人的需要也在随情境的不同而不断发生变化，因此，没有永恒不变的适用于任何时代、任何人的管理方式，一切视具体情境而定。第六，"自我实现人"假设。马斯洛的人类基本需要层次论的最高层次需要是自我实现的需要。阿吉里斯的"不成熟—成熟"理论中的具有成熟个性的人也是自我实现的人。麦克利兰的 Y 理论中的人也类似于自我实现的人。"自我实现人"假设认为，人的需要有由低级到高级的区别，工作的目的是达到自我实现的需要，人们力求在工作上有所成就，并能够自我激励和自我控制，个人的自我实现与组织目标的实现并不冲突，适当调节，能够使二者达到一致。第七，"文化人"的假设。20 世纪 80 年代，美国加州大学的日裔美籍学者威廉·大内在他的《Z 理论——美国怎样迎接日本的挑战》一书中，从社会和组织文化的角度来考察、分析日美两国企业的不同和利弊，强调要重视人的问题，对员工要信任、亲密，以及一致的组织目标和共同的价值观念，才能使企业获得成功。文中虽未直接提出“文化人”这一名词，但其文化、价值观决定人的行为的观点，就蕴涵了这个名词的实质性内容。此外，还有“理性人”、“有限理性经济人”、“情感人”、“决策人”、“管理人”等人性假设，这些人性假设理论，在西方管理学史上都具有重要的地位。另外，现代人性假设又有了新的研究进展，如“利己利他”本性假设、“创新人”假设、“理性生态人”假设等。

对于企业组织的变革与设计影响最大的当然是和其有利害关系的人。因此，所有的组织变革与设计实际是以某种人性假设为前提的。在早期的企业组织中，组织设计和变革的人性假设是工具人。企业组织设计者认为，企业的工人和其他的生产资源如：资本、土地等是一样的。甚至不如这些资源重要，只要付给他们最少的生活工资就可以从他们身上获取超值的利润。此时的企业组织结构以单一的职能制为特点，企业主要体现出生产性。此时资本和土地成为企业的最重要资源。而随着经济的发展和大规模生产时代的到来，土地和资本虽仍然很重要，但是管理才能的重要性日益显现，因此出现了职业经理人，出现了公司治理结构问题，出现了人力资源部等新的职能部门。职业经理人的薪金明显高于其他人员。此时，组织设计与变革者注意到，组织中人不仅是工具人，而且是经济人。此时企业组织的结构中首次出现了所谓的公司治理结构，出现了两权分离的现象，公司从单一的直线制，出现了直线职能制，出现了多层次化的官僚行政组织模式。随着技术的进步和生产自动化程度的大力提高，不仅高层人员的收入大幅度增长，企业员工的收入也有显著的提高。此时，企业中人又显现出明显的社会人特征。他们不仅在企业中扮演着自己的角色，而且他们有更多的时间和精力去做其他的事情，其他的社会角色更能够吸引他们的注意力。社会人对企业寄予更高的期望，更想参与企业和社会的各种活动。企业边界外的人不再只是被动地接受企业的产品和服务，他们更希望能影响和参与其中的运作，接着出现复杂人、管理人等假设。随着网络经济、知识经济和大规模定制及CIMS时代的到来，企业中人和企业外人明显显现网络人和知识人的特征。他们不再满足于听命生产、机械劳动或被动接受，他们希望成为企业的主人，有权知晓、参与企业的任何活动，有权决定自己的命运。此时他们通过自己的努力确也具备了这种能力。这种能力的形成要求对权力进行合理分配，并实现权利要求的目标化。此时企业的组织范式又有了新的发展，先后出现了矩阵式、事业部式、模拟分权式、委员会制、动态联盟式，甚至出现了网络式虚拟企业组织范式。

通过以上对人性假设的探讨，我们可以发现，人性假设与企业的管理模式、与组织范式之间有着某种必然的联系，随着人们对人性本质认识的加深，我们在变革和设计企业组织范式时，会根据对组织中人性的不同认识进行不同的组织范式设计。但有一个问题是非常值得我们思考的，那就是为什么在当下我们已经对组织中人性的问题有了如此之深的认识，但世间仍然是多种组织范式并存，目前有两种解释，一是企业的生命周期理论，认为企业处在不同的生命周期，其将采取与企业发展阶段相适应的组织范式；二是企业组织范式的多样化源于企业采取组织范式与企业环境的多样性有关，特别是企业外部环境中相对于某一企业而言具有的主导影响因素，而这些主导的影响因素对于不同的企业而言是不同的，且会随着环境的变化而改变，所以出现了组织范式的多样化。管理学作为一门软学科，对于一个问题或者现象的解释从不同的角度会有各自合理的解释，但我们究竟应该怎样将这些理论统一起来运用于管理实践呢？或者说能不能有一种更加本质性的分析框架或理论可以对组织范式的变革与设计提供更加科学合理的解释，使管理者可以以此作为基本的分析依据，而把企业组织的发展阶段和环境作为影响因素来对待？通过对人性假设的研究，我们认为，以某种人性假设为前提进行组织变革与设计实际上对组织最大的影响是组织运行机制的设计。这也是组织变革与设计的重要内容。另外我们认为，所有的理论研究最终都应该落到个人的层面上来操作，这样才能真正使所建立的观点、理论能够体现出人本管理，体现出所研究问题的实质。关于组织变革的问题恰恰是这样一个问题，因此，我们从变革基点的选择开始深入分析这一问题。变革的基点选择一般是要以某种人性假设为基础展开，通过上面的分析，我们认为知识经济时代的人性应该是以自利性为基础的能力人。

7.2 企业的权力—权利系统

为了研究清楚企业中权力—权利系统，我们首先不失一般性，研究权力、权利的基本内涵、分类及有关理论，然后深入研究企业中权力结构和权利结构，最后研究企业的权力—权利系统。

7.2.1 权力及企业中权力、权力结构

本小节我们主要沿着这样的思路展开，首先分析在中外历史上专家学者

对权力概念的认识、分类，然后介绍几种重要的权力理论；接着我们主要研究一下企业中存在的权力现象，界定企业中权力的概念，分析企业中权力结构。

1. 关于权力概念的理解

（1）中外对权力概念的阐释

"权力"一直是政治学研究的重要范畴，最初出现的权力形式也表现为政治权力。

在中国，"权力"自古被解作权势与威力，或者权位与势力。秦汉前多用单字词"权"表权力，譬如《庄子·天运》："亲权者不能与人柄"。《荀子·议兵》："权出一者强，权出二者弱。"《战国策·齐策》："恐田忌欲以楚权复于齐。"《谷梁传·襄公三年》："故鸡泽之会，诸侯始失正矣，大夫执国权。"（这种用法至今亦然，譬如鲁迅《而已集·魏晋风度及文章与药及酒之关系》："董卓之后，曹操专权。"）秦汉后多用双字词"权力"，譬如《汉书·贾谊传·陈政事疏》："况莫大诸候，权力且十此者乎？"《后汉书·南匈奴传》："各以权力优劣，部众多少为高下次第焉。"唐代柳宗元《柳州司马孟公墓志铭》："法制明具，权力无能移。"清代俞樾《茶香室续钞·祝月英》："卢孝妻祝氏月英。孝聘其姊，为权力者夺去，父母以英续盟。"现代，"权力"更被明确为，职责范围内的领导和支配力量，或者政治上的强制力量。譬如《中华人民共和国宪法》第二条："中华人民共和国的一切权力属于人民。人民行使国家权力的机关，是全国人民代表大会和地方各级人民代表大会。"现代汉语词典中对权力的界定有两个概念：权力的概念 1，政治上的强制力量；权力的概念 2，职责范围内的支配力量。

与中国不同，西方尽管也曾有过类似于我们"圣人为王"的"哲学王"的主张。不过一般而言，他们在这个问题上走的完全是另一条路，简单地讲，就是以权力制约权力，即实施权力分立及其相互制衡的原则。

罗素在 1939 年出版的《权力论》中，将权力定义为"有意努力的产物"。陶奈说权力可以被定义为一个人（或一群人）按照他所愿意的方式去改变他人或群体的行为以及防止他自己的行为按照一种它所不愿意的方式被改变的能力。

奈格尔对权力的定义，权力关系，不论是现实或潜在的，乃是行动者对结构的偏爱与结构本身之间的一种现实的或潜在的因果关系。

波朗查斯认为，权力标志着一个社会阶级实现其特殊的客观利益的能力。

古典的权力观，将权力理解为一种支配人们行为的强制性力量。例如，霍布斯在《利维坦》中所描述的现象充分说明这种权力观。

韦伯的权力观。韦伯认为，权力是“一个人或一些人在某一社会行动中，甚至是在不顾抵制而实现其个人意志的可能性”。

彼得·布劳认为，“权力是个人或群体将其意志强加于其他人的能力”。

丹尼斯·朗指出“权力是某些人对于产生预期效果的能力”。

《不列颠百科全书》把权力定义为“一个人或许多人的行为使另一个人或其他许多人的行为发生改变的一种关系”。

严家其指出，在人们的互动中间有三种关系：命令服从关系，协商合作关系和冲突关系，在这三种关系中只有命令服从关系才是权力关系。这是因为权力关系具有特殊的规定性，即权力关系的相对性（依赖性）、有意性、单向性和有效性。所以，权力不仅仅是权力主体实现自己意志的能力，而且反映了权力客体对权力主体的依赖与服从关系。

达尔的权力观。罗伯特·达尔在《现代政治分析》一书中解释说，权力概念是政治分析的中心，而权力、控制、影响力、权威、说服、强制等又是模棱两可的，因此我们不妨称这些词为“影响力”，达尔将权力归结为影响力。

丁蕖博士将权力定义为：权力是权力主体通过强制性或是非强制性的方式和手段使权力客体的行为符合权力主体目的的一种支配力量。

赵国华博士认为，从本质上说，权力是一种影响力，可以说，权力是权力主体（权力拥有者）根据自己的目的去影响他人（权力客体或权力服从者）行为的能力。这说明，权力是权力主、客体之间的一种社会关系，权力的目的是获取利益，行使权力的方式可以是强制、诱导或劝说或契约性的，权力作用的方向可以是单向也可以是双向的。权力格局是变化的。从经济学的角度看，权力的存在是权力主客体博弈的结果。一个人或群体拥有权力而不行使权力意味着权力的实际不存在，而是否行使权力则取决于行使权力的预期收益与预期成本的比较。

通过有关权力定义的研究，我们可以发现权力具有以下一些重要的特性：相对性（被接受性或者依赖性）、不平等性、动态衍生性、工具性、是一种社会关系、权力的实现依赖于某种力量、权力是一种能力、是为实现一定的利益服务的。

（2）有关权力的分类

弗伦奇（French）和瑞文（Rawen）的五范畴分类法，即把组织中的权力分为强制性、奖赏性、法定性、专家性以及参照性权力。强制性权力是受动者由于害怕不服从施动者所可能产生的消极后果（如处罚、解雇等），而采取不得不服从的行为所体现的一种权力；奖赏性权力是由于服从施动者的愿望和指示能给受动者带来好处（如奖金、晋升等）所体现出施动者的权力；专家性权力是拥有某一方面的专长和技能，使人形成依赖关系而形成的权力；参照性权力是由于对施动者所拥有的某种特质的崇拜，实际上形成的具有某一特质的人的权力。可以从影响方式、权力基础和权力性质三方面对这五种类型权力进行比较，如表 7－1 所示。

表 7－1　　五种权力的比较

项目 / 权力类型	影响方式	权力基础	影响性质
强制性权力	命令、要胁	惧怕后果	完全被动
奖赏性权力	合作、认可	需求报偿	被动
法定性权力	接受、服从	法定权威	主动/被动
专家性权力	接纳、确信	技能专长	主动
参照性权力	崇拜、模仿	个人魅力	完全主动

（3）几种重要的权力理论

在权力理论中，存在若干相互之间对立的理论，如权力意志论和权力结构论，前者认为，权力是意向性的，源于个体的行动，而后者则把权力看作一种结构性关系，权力是群体而非个体的一个面相。权力意志论支持者较多，如罗素、韦伯、丹尼斯·朗等，这种理论更多体现出权力主体和客体之间的"命令—服从"关系，但实际上有许多现象，我们常常感受到权力的实际存在，但又看不清谁是这种权力的真正行使者，谁是纯粹的被支配者，如市场经济中所产生的权力就是一种"看不见"的无形权力。一方面，它无所不在，似乎约束着一切；另一方面，又没有任何一个单个的人类代理人控制着这种权力。对此，权力结构论者认为，谁拥有权力、谁不拥有权力、权力如何得以运行，都不是个人根据自我的意志、通过自我的努力就可以决定的。在现实千变万化、层出不穷的权力关系背后，起决定作用的是某种特殊的、非人格化的社会结构，这就是权力结构论者的基本主张。

另外，还存在权力关系说和力量说。关系说的基本观点是：权力是人际之间的一种关系，在这种关系中，权力主体能推动权力对象作出其本不愿意的行为，如罗伯特·达尔就是这种观点的支持、倡导者。而力量说的观点则把权力理解为一种实体性的力量，如能力、暴力、强制力、影响力等。

除此之外，还存在权力潜在说和权力合法说。前者的观点是，在某种意义上，权力可以被看作一种潜在的能力，而实际行使的权力则只是权力的一种特殊表现。后者的主要观点在于，权力的行使必须在一个合法的范围内进行，强制性不是权力主要的或唯一的、最终的属性，在实际的社会关系中，权力是合法性与强制性相互作用而形成的混合体。这里所谓的强制性指的是：只要权力主体的意志对于权力对象的意志产生某种不可抗拒的制约力，从而限制了权力对象的选择自由，对于权力对象而言都可以说是存在一种外在的强制。权力的活动方式非常多，如控制、统治、命令、影响、支配、强制、智慧、操纵、领导、指导、威胁、说服、诱导（奖赏）、禁止、维持、支持、创设、变更、取消、安排或分配等。权力显然存在显性和隐性两种方式，权力主体获得权力的来源包括人格、财产、组织（美国加尔布雷斯），或者功利性资源、强制性资源和规范性资源等（美国莱曼），权力本身是一个中性的概念。从权力的构成看，权力既表现为权力主体自我发展的行动权，也表现为权力主体束缚权力对象的控制权。

2. 企业中权力、权威与权力结构

（1）企业中权力和权威

关于企业中权力问题的研究早已有之，其中从古典管理理论先驱的研究中就有明确的表述。泰勒将企业管理中的权力看成监督权、奖惩权，并将计划职能与执行职能分开，明确了企业中的权力与责任。法约尔将权力定义为“下命令的权力和强迫别人服从的职权，并提出权责对等的原则”。法约尔将企业权力区分为制度权力和个人权力。所谓制度权力源于正式职位，个人权力源于个人的特质，这些特质包括个人财富、道德品质、学识、个性和经验等。马克斯·韦伯则对权力的来源作了深入的研究，即法理型权力、传统型权力和魅力型权力。行为科学学派的代表人物梅奥则提出了非正式组织的权力理论，认为非正式组织中也存在权力，且其来源于个人影响力。之后的福莱特试图以“共享的权力”代替“统治的权力”，而巴纳德提出，传统的观点认为权威（权力）建立在某种等级系列或组织地位上，而实际上权威是“正式组织传达命令以支配组织成员行动并具有被组织成员接受的性格的力量”。而我国学者丁蕖将企业权力理解为由围绕企业目标而设立的职位所赋予管理主体的，为了实现企业利益在经营过程中借助于强制或非强制的手段对管理客体的支配能力。

在理查德·L. 达夫特所著《组织理论与设计》一书中，作者认为，在流行的文学作品中，权力总是被描述为一种个人特征，即一个人如何影响或支配他人。主要有5项权力的来源：法定权力、奖励权力、专家权力、惩罚或建议别人的权力为强制权力、源于个人的对象权力，然而组织中的权力通常是结构性特征的结果。组织是系统，有正式的层级，在层级制中总有一些任务较之其他更为重要，而不管这任务由谁来执行。另外，总有一些职位拥有较多的资源，或者对组织有着更重要的作用。于是，组织中重要的权力过程反映着更深层次上的组织关系，无论是纵向关系还是横向关系。组织中的权力通常从属于职位，而不属于个体。达夫特对权力的定义：权力是一个组织中的个人或部门影响他人以达到预期结果的能力。权力是影响组织中其他成员的潜在力，但其目标是达到权力拥有者的预期结果。权力仅仅存在于两个或多个人之间的关系中，它在纵向或横向方向都能发挥作用。权力的来源通常源于交换关系，在这种交换关系中，某一职位或部门能给其他职位或部门提供其缺乏的或贵重的资源。

哈特（Hart，1995）认为，对于企业来说，权力的来源在于契约的不完备性，而契约的不完备性正说明权力需要不断地重新界定。在经济活动中，谁能够占有扣除成本后更多的经济剩余，谁就拥有更多的权力。一般认为，个体可以通过三种方法来增加自己的谈判能力从而增加自己的权力。第一，个体成为一个有技巧的谈判者。但是出于谈判能力的大小因人而异，这对于我们理解制度问题毫无帮助。第二，谈判能力可能来源于谈判规则的制定。制定谈判规则的一方必然拥有一定的优势，但考虑到组织内的谈判是一个重复博弈的过程，谈判的一方不可能在谈判中永远充当规则制定者的角色，所以，这也不是权力的根本来源。第三，谈判能力的大小取决于个体所拥有的资源的稀缺状况，谁的资源更为稀缺，谁拥有更有价值的资源，谁就拥有更大的谈判能力。这种谈判能力的来源才是个体拥有权力的根本原因。当个体拥有较大权力时，往往会提高自己的积极性，获得更多的剩余。但是当个体拥有的权力和权利不对等时，权力主体则可能消极工作，甚至离职。所以随着组织权力格局的变化，人们的权利格局也要产生相应的变化，组织变革必须充分考虑这一点做好组织重构工作。

就权力和组织的关系而言，首先，在人类群体中产生相对稳定的权力关系起源于群体中的“组织”，因为非组织的社会群体中人与人的关系是不稳固的，因此权力关系就是不稳定的，但组织的产生确使人与人之间的关系稳定下来，并且组织成为最重要的权力来源，组织中的结构和职位就是人们为了实现组织目标、并因权力关系稳定化的需要而产生的。其次，随着组织的形成、权力关系的稳定和强化又可以反过来促使组织的秩序得到维持，权力是促使组织稳固的“黏合剂”，因为没有权力协调组织将乱作一团，组织设计的实质就是进行正式权力的分配。最后，权力寻租和权利的诉求是组织稳定的“本源力”。科斯认为，组织是以权威协调替代市场协调的产物，其从另一个角度说明了组织本质属性的一个方面，所以可以说没有权力寻租和权利诉求就不会有组织的存在。

在上面的论述中使用了权力和权威两个概念。实际上权威概念的使用早已有之，在使用权威概念的专家、学者中间，其对权威的定义一般等同于权力，例如科斯（1937）指出，企业是使用权威（权力）机制来配置资源，而市场是使用价格机制来配置资源。科斯认为企业的根本特性在于企业的权威性。西蒙（1951）把权威定义为员工允许雇主选择行动方式，是员工的行动空间，权威即确定员工行动空间的大小。西蒙在40年后的文献中又指出，“组织中的权威主要用在对特定的行动进行指挥”（Simon 1991），委托人更喜欢作出结果导向型的命令，而不考虑具体执行任务的方法，这是因为雇主掌握的知识并不一定比员工多。威廉姆森在谈到资产专用性带来准租金的掠夺问题时涉及了权威问题。威廉姆森认为，权威直接与资源的依附性有关。在比较权威与交易成本理论时，威廉姆森指出，“在假设交易双方以自愿的、相对有远见的和远视的方式进行缔约时，交易成本是洞悉制度本质的最佳工具，而当交易者以非自愿、缺少信息进行缔约时，就应当用权威作为分析工具（Williamson，1996）”。达夫特认为，正式权威的概念与权力有关。但其范围要窄。权威亦是达到预期结果的力量，但只有依照正是的层级制度和报告关系所规定的那样去做时才能奏效。权威有三项属性：权威是组织中的职位所固有的；权威是被属下所接受的；权威随纵向层级递减。在组织中，组织权力可以向上、向下或横向使用。正式权威却只是沿着层级制向下延伸，与纵向权力和法定权力相似。本研究所提到的权力和权威涵义视做等同。

上面关于企业中权力分类的论述，我们更赞成法约尔对于权力的分类，即首先分成两类：制度性权力和个体权力，在此框架下再细分。但是从我们对企业组织本质认识的角度出发，可以看出以上对企业权力的认识只是对企业内部的个体、职位或制度等赋予或包含的权力给予了说明，实质上权力在企业组织未形成之前就存在，只是生产要素所有者权力大小有不同，权力大的生产要素组合了其他生产要素才形成了企业组织，此时通过权力和权利博弈形成了企业中比较稳定的权力和权利关系。但是这并不能说明，企业中只存在这些权力，换句话说，现在所谈及的企业中权力在企业组织建立时是必要的并且是重要的构成要素，但并不是充分的构成要素，因为对于企业的构成而言，除了所有的生产要素要有效地组合在一起外，还需要得到政府的认可（或者法律的认可）和市场的认可，现代公司制企业这一点更加明显。所以我们认为企业中除了存在上述两种类型的权力以外，还至少存在市场的权力和政府的权力。可能有人会说，这些权力实际上是企业外部权力，和企业的权力构成无关，但是我们认为这两种权力是企业存在的必备要素，不能将其认为是外生变量。因此我们对企业中权力下的定义是：企业利益相关者主体利用自身拥有的有价值资源对企业组织结构和运行机制所产生的影响力及因此而具备的能力，这种权力实际上包含了企业中正式职位权力和非职位权力。

在一般经济学家眼里，权力是一个政治学的概念，而企业组织作为一个经济实体，在分析其组织变革问题时，权力问题只应作为一般问题来考虑。实际上，在个体加入企业组织时，会有个体与组织的谈判博弈，最终和企业组织签订契约，但是权力对于个体而言是动态变化的；另外，由于组织各方在签订契约时不可能穷尽所有问题，即人是有限理性的经济人，契约存在不完备性，因此契约本身不可能也不会完全决定契约各方的收入分配，而权力是决定收入分配的重要因素。另外对于企业本身而言，其是权力和权利构成的综合体，而所涉及利益相关者的权力和权利都在变化，所以在进行组织变革时应该将权力问题作为核心问题考虑。

对于企业中分权的问题，经济理论有很多解释，如委托人出于机会成本的考虑、委托人通过授权提高激励、委托人激励代理人创新等。比较合理的解释是利用企业内的具体知识（Jinsen and Meckling，1992）。但是授权也会带来一些成本，如代理成本（道德风险）、协调成本等。对于授权的程度，詹森和麦克林（Jensen and Meckling，1992）认为是对于知识成本和代理成本作出一种权衡。但是西蒙认为，为了规避授权所带来的成本，权力必须具备一种特性，即在员工接受域内限制员工活动的自由，另外最高管理者应该拥有最终决策权，即可以否决下级所作出的决策。本研究认为，企业中的分权与授权实际上深层次的原因不能仅仅停留在节约成本或提高激励上，而是应该从组织本身的本质属性分析这一问题，尤其要考虑的是市场权力和员工权力的动态增加是企业分权与授权的实质原因所在。

（2）企业中的权力结构

下面我们分析一下企业中的权力结构。现代汉语字典中，结构指的是各个组成部分的搭配和排列。布劳指出，“结构”通常被定义为由一些相互依赖的要素和部分所组成的事物。具体说，“权力结构”就是由下述这些基本要素所确定的：不同的权力位置、权力位置占据者的数量以及位置分化对权力关系的作用。根据这一定义，一个权力结构既是由不同部分组成的，这些不同部分又是相互关联的，即一方面是权力的分化，分层，另一方面又是权力的整合。权力结构的一个根本特征就是各种形式的不平等和异质性相交叉的程度或者各个方面的权力差异发生关联的范围。“权力结构”不同于企业管理学常常讨论的“决策权分配”。前者指现实中的影响力，不论发挥影响力的人是否掌握着决策权力。后者则可以是事前规定的决策程序，不论规定的决策者是否能够发挥相应的影响力（北京大学教授汪丁丁）。本文认为上述对于权力结构的定义只是说明了组织中正式权力的结构，或者说是在已有对权力定义的基础上所得出的结论，没有考虑到企业中其他权力主体的权力问题，特别是未能体现非正式权力的构成。因此，我们认为所谓企业中的权力结构，是指企业利益相关者所拥有的权力在企业组织中的配置及关系。因此是正式权力和非正式权力在组织中分布的统称。至于正式权力的设置实际上也是人们在一定阶段对组织问题的认识，而随着人们认识水平的提高，非正式权力有向正式权力转化的要求和趋势。

众所周知，在现代企业制度中，至少存在四个权力位置，即股东会、董事会、监事会和经理阶层，只要存在现代企业制度，就必然存在这四个权力要素。流行的现代企业制度权力结构理论认为，企业权力结构就是所有制结构，所有制结构由所有权、占有权、支配权和使用权所组成，因而企业权力结构就是这四权的有机统一。作为该理论的派生物，有些学者进一步将所有权、占有权、支配权和使用权区分为所有权和经营权，并将其作为全部企业制度的权力基础。实际上还包括控制权和收益权，这些既是权力更是权利。那么到底怎样看待现代企业制度权力结构的特点呢？笔者认为，现代企业制度从本质上讲，是一个包括财产所有权、公司控制权、公司治理权、公司剩余索取权和公司经营权在内的权力系统，这几种权力要素既彼此独立，又相互制约，共同决定着企业的运营和绩效，要正确认识现代企业制度的本质特征，必须从揭示这些权力要素的特性入手，深入探讨它们之间的内在联系及运作机制。需要指出的是，财产所有权实际包括公司法人财产权和股权，显然股权归股东所有，而公司财产权归公司集体所有。公司控制权本质上包括决定公司董事会成员任免的权力和实际控制权，所以该权力属于股东和经理阶层。公司治理权实质上是对经理行为进行监督和控制的权力，该权力属于董事会。公司经营权是经理人员行使的权力，它主要涉及公司的日常经营性决策，而不包括战略性决策，战略性决策已不属于公司经营的范畴，而是属于公司治理的范畴，由董事会来决定。

可以看出，以往专家学者所研究的“权力”更多的是正式权力，虽然也有很多学者将权力定义为影响力或能力，但是在研究权力结构的文献中，基本上还都是以企业组织中正式权力的分配为研究对象。另外，对于组织中权力的研究缺少层次性分析，我们认为，对于企业中权力的研究至少应该分成三个层次，一个是个体层面的权力，一个是群体层面的权力，一个是组织层面的权力。在达夫特教授的著作中，主要体现的是组织和群体层面的研究。而对个体层面的研究不够深入。我们认为，无论是群体层面还是组织层面权力的研究，都是以个体层面为基础的，所以个体层面权力来源、变化的研究就显得非常重要。本书所研究的“权力结构”正是沿着这一思路展开的。对于个体层面的权力有些在企业组织的正式权力结构中有所体现，但是有些权力则没有能够体现，原因就在于企业组织中的正式权力结构是人们通过事前的博弈进而设计形成的，而权力大小本身是动态变化的，所以正式权力结构未能体现组织的全部权力，上述现代企业制度中所体现的五种权力实际只是正式权力。而非正式权力体现其价值的渠道有两个，一是将其转化为正式权力，二是通过权利补偿得以体现。所以我们所说的企业权力结构除了指正式权力形成的权力结构外，还包括非正式权力。非正式权力实际上主要指的是个体权力。正式权力结构实际上主要体现为企业的治理结构和组织结构，而非正式权力镶嵌在这种结构之中。另外，上述的权力结构更多的是从公司治理的层面研究权力分布，实际上我们认为企业的权力结构还应该包括企业经营管理权和决策权的再分配，而这两种权力的不同分配原则恰恰导致了不同的组织运行范式的形成与存在，目前，主要存在集权与分权及权力共享两种情况。

7.2.2 权利及企业中权利、权利结构

本小节我们依然沿着这样的思路展开，首先分析在中外历史上专家学者对权利概念的认识、分类，然后介绍几种重要的权利理论；接着我们主要研究企业中存在的权利现象，界定企业中权利的概念，分析企业中权利结构。

1. 权利内涵及有关理论

汉语“权利”，自古被解作“权势及货财”，譬如《荀子·君道》：“接之以声色、权利、忿怒、患险而观其能无离守也”。《史记·魏其武安侯传》：“家累数千金，食客日数十百人，陂池田园，宗族宾客为权利，横于颍川。”

《后汉书·董卓传》："稍争权利，更相杀害。"明代方孝孺《崔浩》："弃三万户而不受，辞权利而不居，可谓无欲矣。"间或，"权利"也被用来指有钱有势的人，譬如《旧唐书·崔从传》："从少以贞晦恭让自处，不交权利，忠厚方严，正人多所推仰"。或者指谓权衡利害，譬如《商君书·算地》："夫民之情，朴则生劳而易力，穷则生知而权利。易力则轻死乐用，权利则畏法而易苦。"以上"权势"，尤其是"权衡"皆来自"权"之本义，即"称锤"义。至于西语 right 或 Recht 等意义上的"权利"，即大约指公民依法律规定，所应享有的不可剥夺的权力与利益，它们应当足以保障独立的个体作为人的基本尊严（这自然远没有表达出西语 right 或 Recht 等的全部意义），在中国的使用，距今不超出一百年。譬如胡适《国语文法概论》："二十年来，教育变成了人人的权利，变成了人人的义务。"老舍《四世同堂》十四："他觉得他既没有辜负过任何人，他就应当享有这点平安与快乐的权利。"也有以单音字"权"表"权利"的，譬如李大钊《亚细亚青年的光明运动》："我们相信人类都有劳动权"。鲁迅《且介亭杂文末编·关于太炎先生二三事》："近闻日报，有保护版权的广告。"等等。在中国，最早以"权利"对译西人 right 的，是国内第一个真正了解西方文化的思想家严复先生。他因此也是第一个将西方 right 观念引入中国的人，从而结束了中国有史以来"权利"或"民权"观念阙如的状态。

现代汉语词典中，权利指的是公民或法人依法行使的权力和享受的利益（跟"义务"相对）。

与中国相比，西方关于"权利"的认识却历史悠长。首先，"权利"一词在西文中语义繁多，像 dikaion（古希腊文），jus（拉丁文）、Recht（德文）、droit（法文），diritto（意大利文），derecho（西班牙文），以及 right（英文）等都不仅表指权利，而且还意为公正、正义、正当、公理等，除英文 right 外，一般都还具有法制、法、法律、法学之义。近代以来，正义成为了优先于善的观念。近代意义的正义观就是承认并尽可能实际地让人人都拥有属于自己的权利，这就是所谓"天赋权利"。

众所周知，权利现象即使不如权力现象那样普遍广泛，它的现实形态仍然是多种多样的，而且，不同的权利形态又滋生了不同的权利意识、权利观念和权利概念。这些意识、观念和概念虽然具有这样那样的局限性和不足之处，但也多多少少触及了权利现象的一般性质、基本特点和基本功能等，有助于我们建构权利现象的一般模型，确定权利概念的基本含义。大致来说，前人关于权利的概念主要有以下几种：

（1）权利正义论，即把权利的本质和来源归结为自然正义或社会正义的权利理论，其最广为人知的观点可以概括为“天赋人权”。

（2）权利资格论，即把权利的本质看作能够做某事或不做某事的资格。

（3）权利自由论，即把权利看作法律允许并保证人们享有的种种能作为或不能作为的自由，这里所谓自由其实是意志的自由，即认为权利就是人们做或不做某事的自由意志或自主性。

（4）权利利益论，即把权利看作受到法律保护或社会舆论支持的利益，该观点认为，当人们的某种利益被法律认为有责任保护和促进其发展时，该利益就成了人们的所谓权利。

（5）权利约定论，即把权利看作人类自觉努力的结果，是人类社会中的各个成员通过一定的契约或法律建立起来的社会关系，它的主要观点可以概括为“人赋人权”。张师伟认为，权利就是社会共同体内由社会习俗、公共舆论、道德原则、法律等认定为合理、正当的利益、资格和自由，它具有社会性、普遍性、公共性、严肃性、利益性、历史性和发展性等。这个定义包含的内容有：第一，权利现象必然也必须发生在一定的社会共同体中，脱离了一定的社会共同体，权利就不存在。第二，权利现象具有普遍性，一方面，它普遍存在于人类社会生活的各个领域、各个阶段；另一方面，它对于共同体内部的同类成员具有普遍适用性。第三，权利现象具有体现人类尊严的严肃性，任何权利一旦确立起来，就不能随便被取消或改变，即权利都具有某种神圣不可侵犯的性质。第四，权利现象说到底是一种利益现象，利益性是它的根本属性。如公民的生命权、财产权及人格尊严不受侵犯的权利等如劳动权、报酬权及投资权等具体利益的分享权，如安全、荣誉、信誉等。第五，权利现象的历史性意味着，权利并不是从来就有的，它是社会发展到一定历史阶段的产物，而且，权利现象也绝非一成不变，它具有随时变异的历史特点。第六，权利的发展性表现在三个方面：人类社会中出现的权利的种类和数量不断增长，权利现象经历了从无到有、从少到多的历史发展过程，这个过程迄今仍然没有结束的征兆，人类能够享受到的权利种类和数量还将会有更进一步的增长。

当代美国社会学法学家庞德于20世纪40年代总结了法律史上的权利概念，一般在六种意义上使用权利一词，即利益、利益加上保障这些利益的法律工具、狭义的法律权利、权力、自由权、特权等。

赵国华博士认为，权利是一种观念，也是一种制度。权利的三个基本属性：第一，权利的基础是资格；第二，权利的核心是利益和意志；第三，权利的代价是承担义务。

一般来说，权利可以根据以下标准进行见仁见智的类型划分。以社会个体能否作为自足的权利主体为标准，我们可以把权利划分为个人权利和集体权利。以享受权利的人与社会成员全体的相对数量比，权利可以分为特权和非特权两类。以权利带给其主体的利益类别，权利可以分为政治权利、经济权利、文化权利等。以权利的获得方式和途径为标准，权利可以分为习俗权利和法律权利。

权利的重要社会功能主要有如下几点：第一，权利的出现平衡了个人对于社会的输出和输入系统，有助于激发社会成员积极性、主动性和创造性，并有助于培育普通社会成员的公共精神。第二，权利确定了不同人群、不同个人之间在利益分配方面的权威定位，确立了追求利益、分配利益的基本规则，不仅有力地维护了社会稳定，而且还把不同的人群、不同的个人真正熔铸成了一个不可分割的有机整体。第三，权利神圣不可侵犯的原则使得权利主体彻底走出了任由外在权威宰割的旧时代，确立了作为社会共同体主人的尊崇地位，激发了他们蓬勃的主人翁精神，为”以权利制约权力”的新时代奠定了坚实的社会基础和理论基础，并有利于形成权利与权力之间良好的互动机制。权利神圣不可侵犯的原则体现了权利的人本属性，权力必须也必然建立在权利的基础上，服从并服务于权利，权利是权力的基础和目的，权力是权利的工具和手段。权利和权力之间存在着一种公共契约，具有相互的制约性，任何一方的存在都必然以另一方的服从和服务为基本依据，任何一方的变动都必须以另一方的同意为基本前提。权利既然不是产生于权力的授予，当然也不能任由权力随意摆布，权利主体为了维护自己已经获得的神圣不可侵犯的自由、资格和利益，必然会竭力抵制权力职能、界限和力度等方面的变更，从而对权力形成有效的制约。权利主体从神圣不可侵犯的权利中获得的不仅是具体的自由、资格和利益，而且还获得了社会主人的主人翁意识，该意识进一步激发了权利主体以权利为基本依据制约权力的崇高责任感和积极性主动性。权利主体从维护自己的切身权利发展到维护权利本身，权利的收益不论属于谁，你都有义务尽力维护它。人们的权利意识推动了权利主体的大联合，并最终形成了权力、权威不可小觑的社会势力，权力、权威必须在行为之前与权利主体进行对话和沟通，从而有利于形成权力和权利之间互动的良好社会机制。

2. 企业中权利及权利结构

(1) 企业中的权利

企业中的权利可以按组织制度性权利和法律个体性权利予以划分。所谓组织制度性权利指的是由企业的权利主体，根据国家的法律、政府的政策规定和企业实际状况所拥有的利益，这种权利是针对群体或组织而言的。目前在企业中这部分权利主要体现为：财产所有权（公司制企业表现为股权和法人财产权）、公司治理权、公司控制权（主要是指经营决策权）、公司经营管理权、公司收益权（特别是包括剩余索取权）等，这部分权利将由企业的所有利益相关者按规定分享。而法律个体性权利则是企业组织中的个体根据国家法律之规定应该享有的权利。其中主要包括：发展权、知情权、劳动权、受益权等。

（2）企业中权利结构

权利结构实际上存在广义和狭义两种界定，广义上是指构成权利体的各种权利、权利分布及其相互关系，狭义上是指权利构成要素及所形成的关系。为了研究清楚这一问题，我们先分析一下狭义的权利结构。通常认为一项权利由三项权能或要素组成，缺乏其中某一项要素的权利便为不完备的权利。①行为的可能性，某权利即意味着容许权利人行为，这里的行为包括作为和不作为两方面的内容。②请求履行与权利相关的义务的能力。权利必与一定义务相联系，权利的实现有赖于义务之履行，当义务人不履行义务时权利即无法实现，所以权利的第二个要素就是有权要求义务人履行义务。例如，一项权利人自我作为的权利要求一般人承担不妨碍权利人作为义务，如妨碍则权利人有权请求排除妨碍；当一项要求他人作为的权利因他人不履行"作为"义务时，权利人有权请求他人作为。这里的请求或要求可以向义务人提出，当义务人经请求仍不履行时，权利人可请求司法裁判。③权利受到侵犯时，请求追究法律责任的能力。这是权利与正当强制力的联结点，没有此，权利即为不完善的权利。

现代意义上的"权利"有两种截然相反的内涵表述，一是自然权利说，权利被视为个人与生俱来的道德品质，具有不可剥夺的性质，其正当要求发端于自然法，并要获得国家实在法律制度的保护。个人之所以拥有权利，是为了尊重和保障个人的价值。人所享有的自然权利先于和独立于政府的承认，具有不依赖法律存在的道德性质。即"天赋人权"。权利的个体性和社会性应当构成权利的正当性基础。二是权利是先于和独立于政府的承认就存在，还是政府承认它们是权利之后它们才成为权利，实际上就是"人赋人权"说，在具体一点讲就是权利来源于权力，而天赋人权说说明的是权力来源于权利。对于这两种观点我们认为都有一定的道理，因为这两种观点实际立说的出发点是不同的。天赋人权说是对理想的一种追求，而人赋人权说则是从现实出发得出的经验结论。我们认为，理想是要追求的，但也不能完全脱离现实。并且，在现实生活中权力决定权利的情况比比皆是。

就企业内权利和权力配置，从政府的角度看，政府具有构造权利的权力，但是政府构造的权利必须得到法律的认可；政府权力与市场权力是分立的；从企业角度看，企业的维系和发展依赖于权利和权力配置的契约网络，企业的激励、信息和决策的有效性皆取决于合理的契约网络规则；契约网络的有效性在于现代法律对于违约有一套完整的补救或赔偿制度；我们认为企业运营的基本规则是权力决定权利，权利赋予正式权力，权力保护和争取权利，而企业中的权利又是法律或政府权力赋予的。权利和权力配置对企业效率具有决定作用。企业权利和权力配置主要包括：企业财产所有者与企业经营者之间的配置，企业内部各层次之间的配置。实际上主要涉及产权、控制权、经营管理权、索取权等。

从法律的观点看，产权是关于财产的一组权能，这些权能描述一个人对其所有的资源可以做什么，不可以做什么。贝勒斯将财产的权能划分为 11 种，占有请求权，使用的自由，管理的权力，收益请求权，更改、消费、毁损的自由，转让的权力，“征用”的豁免权（指非公共目的不得解除法定所有权），无期限限制（指所有者只要或者或未将其财产出售或转送他人，其所有权就永远有效），无害使用的义务，执行的责任，复归性（指所有者将其财产上的一项权利转让予他人，当此项权利结束时，它便归原所有者）。

企业中权利的配置进而形成的权利结构有一个历史的发展变化过程，而且理论和实践中研究讨论最多的还是关于投资人的权利配置问题。从古典独资企业到合伙企业，再到公司，每种企业形态对其投资者都有利和弊的两面，赋予权利则同时设定义务，可获利益则必须背负风险，不同企业形态中投资者权利和利益的差异，恰为其义务和风险所抵，从而体现了企业立法苦心设计所欲达到的公平正义。在企业中，成员权利和对企业的控制或管理权，可谓企业成员所享有的，仅次于受益权的最重要的权利或利益，在公司则为股东权中的共益权；成员责任则是企业成员最重要的义务，也是其所承受的最重要的风险。

以下我们从企业范式发展演变的角度来分析企业权利结构的变化。在古典独资企业中，企业主作为唯一的所有者和管理者拥有控制一切的权利和权力，它可以自己经营管理企业，也可以雇用他人管理企业，但却不能丧失其法定的原始的管理权，而对于其控制下的企业的债务，亦自然承担无限责任；此时企业不存在股权和法人财产权的问题，财产所有权完全归投资人个人所有，企业的经营、管理、收益及所背负的风险均由企业主自己承担。在合伙企业中，合伙人有相当大的权利，如全体合伙人均有执行业务的权利，而由其中一人或数人执行业务时，其他成员则有监视权，可以调查企业业务，阅览公司账簿及有关文件等；此时的情况和古典独资公司基本相同，但是出现了监督权问题，收益权是合伙人共享。而在公司的典型形态有限责任公司和股份公司中，出现了股权和法人财产权问题，出现了公司治理权、公司控制权（主要是指经营决策权）、公司经营管理权、公司收益权（特别是包括剩余索取权）等的权利设置问题。此时股东的管理权大为缩小，股份公司股东参与管理的主要形式是股东（大）会，各股东所能直接行使的只是对公司重要事项的表决权。股东一般不能直接参与公司的经营管理，只能通过股东（大）会对公司事务施加间接影响，公司的控制权掌握在专门的执行机构——董事会手中，有限责任公司股东权利与股份公司股东权利相差无几，只是由于人数少，兼具人资两合性，才使某些公司股东实际处于管理者的地位。由于有限公司和股份公司股东对自己出资形成的公司财产不享有控制权，公司债务的产生在客观上并非股东个人的行为所致。在主观上股东对经营的失败没有过错，故不应使其对公司的债务负无限责任，而仅以其出资为限负有限责任，从而体现了利益与风险的统一关系。这一关系在两合公司中表现尤为明显。两合公司的管理者，法律常明文规定其负无限责任，因为公司债务的产生与其管理权有着直接的联系。但正因两合公司、无限公司与其股东在责任上不完全独立，法人人格不完全，故我国公司法并未规定，而拟以合伙企业法、有限合伙法等非法人企业形式取代之，即不承认其法人人格。可见，对于公司股东而言，要在获得投资收益的同时，谋求投资的安全，避免团体责任对个人财产的威胁，就必然要与公司在财产上分离，在人格上分立，使公司成为独立的法人，并依自己责任原则，对公司债务独立承担责任，同时，股东对相对人格的公司法人的控制权也就必须削弱，彻底放弃公司财产所有者的法律身份。于是，股权与法人财产权便构成了财产所有权的内容。这两种权利的区分导致公司治理中其他权利的制度设计。（Fama and Jensen，1983）。在公司制的企业中，所设立的公司治理权、公司控制权、公司经营管理权、公司的收益权（特别是剩余索取权）其产生原因除了上述所论是资本所有者风险和利益对等均衡的诉求外，我们认为还有一个更加重要的原因是企业组织所涉及的利益相关者权力的增加所导致的权利配置诉求。现在分析一下，公司制企业的资本所有者为什么将经营权、控制权，甚至是剩余索取权都从古典式独资企业的一人独揽变为多方共治。除了风险和收益对等的考虑以外，实际上是利益相关者各方权力增加和权利诉求的体现和落实，因此，这种权利配置所形成的结构并不是企业资本所有者心甘情愿的。同时我们还可以发现，在公司制企业中，这种权利的配置及所构成的结构仍然在进一步的发展和变化，因为企业已经明显体现出不是资本所有者的企业的特征，而是利益相关者共同的企业。在我们上述所提到的五种权利中实际上包含着五种相应的权力，这些权利和权力通过一定法律、组织设计和运行机制予以实现，可以说这些权利和权力都是群体或者组织层面的，而个体层面的涉及不多。另外上述分析中更多的是从公司治理的角度说明治理结构的问题，没有涉及公司经营管理权和控制权的分配问题（这实际也是权力的分配）。也就是说，对于企业的权利和权力结构而言，从宏观与微观的角度，至少应该划分为公司治理层面和企业经营层面；从组织行为学的角度，应该分成个体和组织层面或者称为非正式与正式结构。

通过以上关于企业组织权利结构的论述，多是从企业组织层面进行的，主要涉及投资者和经营管理者，缺少对企业员工的分析，缺少对其他利益相关者的分析，如政府的权利（包括社区）、顾客、供应商的权利。可能有人会说，政府和顾客是企业组织之外的权利体，不能放到企业组织的权利结构来分析，笔者不能同意这样的看法，原因如下：首先，我们对企业组织的本质认识为，企业组织是以权力和权利进行资源配置，促进实现特定利益的人为设置和客观实在。因此，企业组织的界限不能因地域划定。其次，企业作为制度的载体，不仅仅是投资者、管理者构成的，而且包括生产者、供应商、政府和顾客。如果说企业是一个契约网络的话，那么其权利结构就应该包括契约的各方。再次，从企业组织的历史演进看，现在作为企业组织利益相关者的供应商和顾客已经或者正在变成“传统企业组织”的一部分。比如，现在出现的供应商管理库存（VMI），客户关系管理（CRM）等实际上已经将供应商和顾客放在企业组织非常重要的位置来考虑，而从企业组织结构变革的发展历程来看，顾客对于企业组织生存、发展的重要性显得越来越重要，从基于职能、专业化分工为企业组织设计基点，变成基于流程设计企业组织结构，到现在的虚拟组织、网络组织的出现，其最终的变化原因主要有三个：市场的变化、员工（包括管理者和其他劳动者）权利诉求，权力寻租的变化和顾客需求的变化。所有这些影响因素中，最重要的影响因素专家学者们最一致的看法就是顾客需求的变化，所以，现在有些企业组织已经开始考虑或正在实施在企业进行重大决策或者企业的日常经营中将顾客请到企业参与经营决策。所以，我们的观点是，供应商和顾客就是企业组织中的一员，这种认识对于我们做好企业管理工作至关重要。而将政府也作为企业权利结构分析的一员的主要原因在于，政府的宏观政策是对企业影响最大的外部因素，无论是公司法，还是政府制定的其他政策法规都是影响企业组织决策与经营的最重要制度因素。我们说企业组织是一种人为设置有很大一部分原因在于此。因此，我们认为，企业组织的权利结构中除了要体现投资人（股东）、经营者（经理阶层）、法人的权利以外，还要体现员工的权利、顾客的权利、供应商的权利和政府的权利。目前，大股东权利通过对企业的剩余索取权体现，小股东的权利通过红利的分配来体现，经营者的权利通过薪酬体现，员工的权利主要通过工资体现，顾客的权利主要通过获得满意的服务体现，政府的权利则主要通过企业遵守政府的各种政策法规，按章办事获得，如：获取税收、充分就业、社会稳定。

7.2.3 企业权力—权利系统

1. 权力和权利关系

从本质上说，权力和权利都产生于秩序的保持和维护，而秩序存在于组织性的社会生活中，因此，大约在人类开始了稍具组织性的社会生活起，权力和权利就诞生了。然而权力和权利的渊源毕竟不同。首先来看权力的渊源包括两个方面，以示惩罚的威胁所产生的依赖性，二是能够被扣留的经常性基本报酬，前者是间接来源，后者是直接渊源。而权利的渊源，米尔恩认为，任何人都不能仅凭某个人身份而享有一项权利，一个人的权利源自规则和原则，而规则和原则是包含于法律、习俗（或习惯）和道德中的，因此，归根结底权利源于法律、习俗和道德，于是也就有了法定权利、习惯权利和道德权利之分。经济学家意识到，交易就是权利（不再限于物的所有权）的交易，权利的交易必须限定在法律和制度的范围内，权利交易必然伴随着权利博弈。

就权力和权利的内在结构看，“权力者的……能力可视为一种权利，即在特定地位上的权利”。而“权利人有权要求他人作出一定行为或抑止一定行为来说，实际上也是一种权力”。（郭道晖 1990.4《法学研究》），孙国华认为，权力是指在一定的社会关系中，权力主体促使权力对象服从前者意志的能力。而权利则是被认为正当的权力。也就是说，权力表征的是一种有效的约束力，而权利则融合了正当性和有效性的双重属性。

权利是与权力相对而言的，前者是社会或组织成员通过要求管理权威做什么或不做什么而获得的具体收益，后者则是社会或组织用来调剂、协调、管理、服务于公众而要求服从的权威化力量。但是，权利现象却远不如权力现象那样普遍广泛，不仅权利现象的历史没有权力现象悠久，而且，权利现象并不如权力现象那样普遍存在于不同类型的人类社会中。权力普遍出现于人类社会的各个阶段和各种形态中，而权利则仅仅存在于出现了社会分化并尊重社会分化主体的人类社会中。

权利关系依赖于权力关系，权力对于权利具有塑造作用。权利的现实形态须以权力因素为必要条件：一方面，权利多有着必须具备一定的权力手段、资源才能自主地决定自己的行为，实现自己的目标。另一方面，权利的实现往往需要许多人的配合才能完成，这也促使权利主体必须拥有一定的权力手段，以使合作得到保证。如果脱离权力因素来谈权利，权利就不具有真实的意义，而只是空洞的概念。而权力关系对权利关系的塑造作用主要表现在以下几个方面：第一，用来判断何种权利具有正当性的社会价值观念本身会受到现实存在的各种权力关系的影响与制约，甚至会成为维护现存的权力关系的工具。第二，人类社会往往要通过权力的博弈才能形成权利的确定和分配。马克思早就批驳“天赋人权”论，权利的产生不是天赋的、自动的、无代价的，相反，它是人类在一定的社会物质生活条件下进行权力竞争的产物。比如，在原始社会，需要靠群体生存，所以群体的权利是正当的，因此，群体成为权利的主体；随着权力斗争出现了非均衡，某些人个人财产的增多，奴隶主占有了奴隶，形成了奴隶主控制奴隶的权力结构，奴隶主具有完全的权利，奴隶基本没有权利。而随着不可再生资源——土地越来越珍贵，土地成为权力的重要来源，控制奴隶已经不能带来更多的利益，此时产生了封建社会，封建地主具有绝对的权力，农民获得了一定的自由和权力资源。随着社会的进步，资本成为更加珍贵和稀缺的资源（可以扩大再生产，产生规模效应，更快、更多、更好地获得利益），社会过渡到资本主义社会，个人获得和拥有的资源越来越广泛，个人逐渐摆脱他人的束缚，个体获得更多的自由和发展空间。通过这些分析，我们可以看到，当权力资源不能被少数人垄断时，那种一部分人对其他人行使权力的单向度、不可逆转的强制关系就难以为继了。随着社会的发展，越来越多的情况是，某一权力关系中的权力对象往往是另一权力关系中权力主体，而另一权力关系中的权力对象往往又是另一权力关系中的权力对象。总之，如果社会成员能够比较普遍地、经常地获得行使权力的机会，那么单向的、不平等的强制关系就会转变为个体与个体之间的一种“普遍的相互强制的关系”权力资源的分散、各种力量的竞争与平衡，导致社会成员之间如果要进行长期的社会合作，就需要相互承认彼此处于平等的权利主体地位，具有平等的人格。权利如何分配依赖于社会权力结构的现实状况。

虽说权利的确定与分配需要一个权力博弈的过程，但是权力关系的永久存续必须以合法性或合乎社会规范为前提，即正当的权力才会持久、稳定地存续，换句话说，就是权力关系要向权利关系转化。

2. 企业中权力—权利状况分析

达夫特教授在其所著的《组织理论与设计》著作中认为，企业中的权力主要有横向和纵向的来源。权力的纵向来源有四个：正式的职位、资源、决策前提的控制以及网络中心性。权力的横向来源主要有五个：相互依赖性、财力资源、中心地位、不可替代性、需应对的不确定性。企业中的权利主要有财产所有权，决策权，利益分配权，个人知情权、参与权和发展权等。首先分析一下这些权利的形成和分配。财产所有权的形成和分配主要和生产要素的投入和管理制度有关，在当今时代，生产要素已不仅仅是土地、资本、劳动力和管理才能，企业中的信息和知识也应该成为生产要素。而决策权的形成和分配主要和生产要素投入和组织设计的形式和结构有关。个人的知情权、参与权和发展权的形成主要和个人的成长、社会的发展和组织结构与制度有关。随着知识经济时代的出现，这些权利的使用与分配越来越成为每个企业利害相关者的关注重点。就目前情况看，因政治原因而形成的权力越来越受到人们的质疑，而企业及企业人与日俱增的核心能力的提高更加速了其分享所有上述权利的愿望。这种核心能力的形成可能来源于对行业的垄断，对信息的搜寻、处理与把握，对知识的搜集、管理与创造，对科学技术、经验诀窍的恰当使用与处理等。由于权力的两个来源要求对企业的权力进行重新分配。这实际要求对企业变革与重新设计时要以此为原则进行。

根据钱德勒的研究，企业可分成古典企业和现代企业，我们现在就研究一下这两种企业的权力和权利配置状况。古典企业包括个人业主制和合伙制。从权利和权力配置角度看，个人业主制和合伙制企业的共同特征是：①权利和权力主体分成两个层级，即雇主和雇员。②权利配置是以所有权为核心的集权结构，即所有权与经营权合一。③权利运作的准则是财产保值与增值。就个人业主制这种权利结构而言，具有单一持有者的权利结构，业主拥有全部的产权，包括经营决策权、监督管理权、财产处置权和剩余索取权，雇员的权利主要限于获得一定的收益和人身的安全。权力关系是单一的命令——服从关系，雇主具有绝对的权力，而雇员没有权力。业主拥有完全的、无限的责任。合伙制企业的权利结构，合伙人是全部产权的所有者，合伙人间共担风险和利益，雇员的权利主要限于获得一定的收益和人身的安全。对于经营权来说，合伙人间有单一委托行使和共同行使两种。现代企业的权利和权力配置特征为：①所有权外在化，财产所有者不论是自然人还是法人（包括政府）都脱离于企业之外，不再直接干预其财产所在企业的经营活动。财产所有权已经转化为股权和法人财产权，所有者（股东）以其在企业的股权比例对企业承担有限责任。②企业法人产权独立化，企业法人成为独立的实体，并拥有独立的产权，即享有对企业财产的完全支配权或控制权，财产所有者的任何变动都不再影响企业的经营和发展。③经营管理专家化，经营管理者基本由财产所有者之外的专门管理人才担任，即所有权与经营权分离。④企业内部权力关系层次化，企业内部的权力结构一般包括两个以上的决策层级，高层决策者（战略决策）和中层决策者（经营决策）。⑤财产所有者（股东）对企业经营享有监督权。⑥政府对企业的权力一般限于课税权和间接调控权。现代企业内的权力配置主要体现在决策权的配置，经营决策权出现明显的分散化趋势。从U型结构，到M型结构，到H型结构，到网络型组织。⑦员工的的权力和权利主要体现在劳动与收益、参与经营管理，拥有部分的股权。但是决策权较少，员工的权力和权利在公司的正式结构中体现不明显。

我们现在主要研究一下现在公司制企业权力和权利关系及所形成的权力—权利系统。通过前面的分析我们已经清楚，公司的正式权力结构是通过股东大会、董事会、监事会和经理阶层四个权力位置体现，一般包括财产所有权、公司控制权、公司治理权、公司剩余索取权和公司经营权在内的权力系统，而非正式权力镶嵌在这种结构之中。而企业的正式权利结构和正式的权力结构基本上是重叠的，企业中权力和权利究竟是一种什么关系呢？由于对权利有天赋人权和人赋人权两种认识，我们从企业运行实际的角度更倾向于人赋人权的权利学说，实际上就是权力决定权利，我们分析一下现代企业中权力和权利的关系。企业中的正式权力是源于权力位置，而这些权力位置是法律和政府根据企业各主体权利诉求和权力制衡所进行的制度设计结果，而法律是道德和习俗的升华，也就是企业中存在的权利是一种法律权利，这些法律权利的产生是随着社会的进步逐渐被法律制订机关（政治权力）确定下来的，而政治权力是人民的权利赋予的。但是人民的权利又是谁规定的呢？法律规定了人民的权利，并不是人民所有的权利都会得到权力的认可，必须是法律权利才被认可，更深入地讲，习俗和道德不是所有的习俗和道德，只有法律制订者的习俗和道德才是被认可的习俗和道德。另外就是权利的获得需要一个落实过程，而这一过程中是权力决定权利。所以通过这样的分析，我们得出的结论是：天赋人权和人赋人权都存在问题。我们认为企业中权力和权利是一个博弈的过程，可以分成三个阶段：第一个阶段是企业利益相关者根据自身的权利诉求，确定企业组织中应该具有的权利；第二个阶段是根据这些权利确定组织范式，并赋予各权利主体相应的权力；第三个阶段是权力保护权利的获得，但是权力和权利主体在企业中可能是不一致的，所以目标也可能是不一致的，因此正式被认定的权力和权利之间一定会发生博弈。另外企业中有很多的权力和权利并没有被正式认定，所以正式的权力和权利和未被企业制度认定的权力和权利之间也会发生博弈，这些博弈的目标是获得并实现权利，通常会有两种可能：一是博得权力保证权利的获得和实现；一是权利直接被认可而获得相应的权益补偿。一般在初期后一种可能性较大，随着权利主体本身对于企业价值最大化作用的提升，前一种情况实现的可能性较大。在权利与权力博弈到一定程度时，就会发生组织变革行为。因此，我们认为在企业中是权力决定权利，权利赋予正式权力，权力保护并获取权利。作为一个企业组织，若想保证其价值最大化，必须以所有利益相关者的价值最大化的根本目标，这个目标实现的过程实际上是权利与权力的博弈的过程，而公司的组织变革实际上是这种博弈的外在表现。因此只有权利与权力，包括权利结构与权力结构实现对等的情况下才是一个良好的组织范式。所以我们认为企业组织变革应该以企业的权力—权利系统作为变革的基点。

7.2.4　以权力—权利系统为基点进行企业组织变革

通过我们对以各种基点进行组织变革观点的研究，可以发现，首先，所有的研究这都是从某一个方面，或者根据某种现象或事物的发展趋势而确定的研究基点，都从一个层面、角度给出了研究者对组织变革的研究框架，但是这些研究在通用性上有一定的局限，因为对于一个企业组织而言，其或者是新建或者是重建，但无论是新建和重建，企业组织本身都可能存在静态性，而现在由于利益相关者权力寻租和权利诉求的增加导致企业的组织结构必须时刻进行变革，所以一个恰当的组织变革基点的选择显得至关重要。而权力—权利系统恰恰能够反映企业的本质，在企业的权力和权利主体之间博弈到一定程度时，就将发生组织变革，所以我们以权力—权利系统作为组织变革的基点就显得恰如其分。在此平台上如何进行组织变革呢？以下章节我们将沿着我们所确定的组织变革基点研究企业组织变革的内容及模式，从而寻找一个更具普遍性的变革思路。

7.3 几种企业组织变革研究内容分析

7.3.1 结构变革为主进行组织变革

以结构变革为主的变革是现在研究组织变革的文献中最多的，这些研究主要集中于如何改造以职能为主的企业组织，因为研究者通过对现实世界的观察发现，过去传统的以职能制为主的企业组织结构难以适应现在瞬息万变的市场的变化，所以大家都在分析怎样改革现有的职能制的企业组织，在以结构变革为主的研究文献中，主要是通过研究影响组织变革与设计的各种因素，结合企业组织变革的各种模式，提出各自的研究框架，那么研究者着重分析的是怎样把企业组织结构变得更加弹性、扁平化、网络化，而且对于企业组织的认识基本上停留在科斯、德姆塞茨、张五常、杨小凯等人的契约论基础上，但是对于如何改革所作的论述操作性不强。另外一些研究者对于职能之组织结构变革的研究思路来源于 20 世纪 90 年代哈默和钱皮等人提出的流程再造，基本思想是在组织结构重建的过程中要放弃职能部门的设计，而投向企业中各种流程的识别、选择、重建，这种以流程再造为主要思想的企业组织结构变革也存在两种观点：一种是彻底放弃职能部门化，企业完全以流程作为骨架进行结构重建；一种是在职能部门的基础上需求改造原有组织模式的思路。

7.3.2 战略、文化、结构、人员变革相结合进行组织变革

很多学者把组织结构变革作为组织变革的唯一内容提出质疑，认为企业组织绝不仅仅就是进行组织结构变革，而是要对组织进行综合性的变革方能达到变革的目的，组织变革应该以战略为指导，以战略为航向灯，所以，组织变革必须在进行结构变革的同时进行战略变革，即组织结构一定要与战略相匹配。同时无论是战略变革还是结构变革，其最终都将牵涉到具体的组织中人的问题，组织变革能否顺利进行，组织变革能否达到预期目的都和组织中人的配合与否直接相关，所以有的专家学者认为，企业组织变革应该将企业的文化变革与人员变革同时都纳入到组织变革中，这样才能使组织变革工作从组织到实施，再到实现组织变革目标成为一个有机的整体，也就是在讨论组织变革的时候，不仅仅要考虑到战略、文化、人员对变革的影响，而且要把它们也纳入到变革的体系中来才是真正的组织变革。

7.3.3　治理结构、组织结构互动进行组织变革

而有的学者则从公司治理结构和组织结构的相互关系上考虑如何进行组织变革，2002 年厦门大学林志扬博士指出，企业组织变革必须将企业的治理结构问题考虑在内，并且深入分析了公司治理结构变革与企业组织结构变革的相互影响和相互关系，提出了一个基于顾客导向的公司治理结构与组织结构联动的企业组织变革的分析框架。这一研究思路给我们的一个启示就是，单纯地以顾客为导向进行组织结构变革而忽略公司治理结构的问题将使组织变革变得苍白无力，但是文中对于企业中权力关系的研究更多的是以资本雇佣劳动为前提的，缺少劳动雇佣资本，虽然提出了“新股权至上”的公司治理模式，但并没有对其背后的深层原因予以剖析，另外其对利益相关者共同治理模式的评述也缺乏动态性，比如对于顾客的分析、债权人的分析等。因为现在已经有很多的企业在企业进行战略决策时或进行经营决策时将银行、金融机构或者大顾客请进企业组织，寻求这些利益相关者的意见，这个过程实际上就是利益相关者在治理公司，另外对于政府的作用，笔者也不能同意该文的意见，比如中国本土的公司其存在的合法性，正确进行决策、开展各项业务最基本的依据来源于中国政府的法律、政策等，而且政府也从企业中获得了收益——各种税收，实际上这些税收都应该看作企业的增值财富，换句话说，就是政府时刻在参与着企业的治理工作，而且切实地从企业获得了剩余索取权。

7.3.4　以人力资源管理为主的组织变革

美国著名的管理顾问，组织变革专家为威廉·乔伊斯博士提出了以人力资源为基础的组织变革模式，其认为，组织变革是一个全方位的整体性组织文化转变方案。以往的组织变革都是在有局限的人性假设的基础上进行的，但作者认为，人同样是有能力的，因此，可以在人的能力假设前提下进行组织变革，并提出了一个组织变革模型有四个主要的行动步骤：向员工授权、员工参与制度、再造组织结构，以及重新制定战略。同时通过提出内容、配置和转变三个思考逻辑比较了组织演变中的三个主要阶段，官僚制度阶段、复杂组织阶段和适应性组织阶段。得出的结论是组织变革应该把人力资源放在组织变革的核心位置予以考虑。其所界定的组织变革内容包括人力资源、战略、结构和体制。

7.4　以权力—权利系统为基点的企业组织变革内容

我们怎么看待对于组织变革内容的研究有如此多的观点，为何没有一个具有相对普遍意义的认识，其中的原因比较多，比如，研究者的实践经历不同，其研究组织变革这一具有很强实践特征的问题时所得出的结论就会不同；再如，由于现在世界变化太快，众多的理论层出不穷，而每一种理论都有其一定的科学合理性，很多企业分别按照不同的理论进行组织变革的尝试等。其实我们通过研究发现企业组织变革究竟应该考虑哪些问题主要衡量标准是企业组织经过变革后，其效率和效果改变的情况。而这需要用系统的观点考虑对组织进行变革时，要想达到预期的目的其关联因素都有哪些，特别是对组织进行结构变革时，其关联因素有哪些，其中最重要的是哪些。对于这样的问题，我们认为可以通过企业组织变革的实际，认真挑选一定数量的企业，然后跟踪研究 5 ~ 10 年，通过主成分分析，典型相关性分析以及其他的一些统计分析方法，在相对科学的评价体系支撑下，总结得出经验性的结论，作为研究企业组织变革的一般规律和模式。但是这个实现起来有一定的困难，那么能不能从理论上探究一下组织变革的必备内容呢？现在有关的组织变革理论更多的在分析组织变革的步骤，但是变革过程中相关因素的配合问题研究得不多，特别是这些问题之间的内在关系缺少深入的分析。毋庸置疑，企业的发展战略、企业文化、组织结构、人力资源、治理结构等变革都是企业变革的内容，但是，这些变革内容是不是应该归结为组织变革的内容，这些内容之间存在怎样的密切关系都是我们需要搞清楚的。另外，目前的研究还缺少对于整个组织变革后运行机制的研究，由于对这些变革内容间内在关系认识的不够深入，所以对于如何将这些变革内容有机的联系起来进行组织变革、控制组织变革、评价组织变革就显得缺少科学的逻辑性。我们认为，企业组织的边界因为企业利害相关者权力寻租和权利诉求的原因而变得非常模糊，或者说非常有弹性，企业不是什么别的，正是这种权力寻租和权利诉求的有机综合体。因此，企业组织变革的研究内容要根据企业的权力—权利系统去寻找。因为企业组织中最本质的关系就是人与人的关系，而人与人之间最重要的关系莫过于权力和权利关系。而这种关系最直接的体现就是企业中的权力位置，而这种权力位置的确定更多体现在企业制度的设计，所以企业组织结构变革显然成为组织变革的根本内容，但是在已有组织结构的基础上，如何才能获得和企业相匹配的组织结构呢，显然这就关系到改变组织结构所必须考虑的因素，良好组织结构应该满足企业实现特定战略、目标和功能的需要，因此，战略变革成为组织结构变革过程中必须考虑并要进行变革的内容，对于一个运行中出现问题的企业组织而言，若要其进行变革存在诸多的阻力因素，化解这些矛盾的最根本措施就是进行企业文化的变革，所以文化变革就成为企业组织变革的必备内容。但是，有了精良的结构、正确的战略和适宜的文化是不是就能保证企业的组织变革顺利进行达到预期目标呢？我们认为，虽说企业的权力和权利关系主要体现在组织结构中，但这也只是一种显性表现，更多体现出正式权力和权利关系，而组织中体现权力和权利关系的隐性表现在于企业组织的运行机制，所以运行机制的重新设计也是进行组织变革的必备内容，实际上随之必须进行变革的就是人力资源管理变革。总而言之，企业组织变革实际上是想千方设百计保证企业组织始终保持活力，为创造不竭的财富提供组织保证，这种变革的实质在于企业利益相关者权利—权利的博弈，最终体现的是人与人之间的关系，所以从这个角度讲企业组织变革必须研究人力资源管理问题，而要落实这一问题研究的结论最重要的载体就是组织结构（公司治理结构实际上是组织结构的一个必备内容，因为它的重要而被单列），企业战略是企业组织结构变革的航向灯，但是反过来没有合适的组织结构，企业的发展战略也不可能实现，因而从这个意义上讲，战略变革是战略指向和组织结构变革的必然结果，上述变革能够顺利展开的软环境就是适宜的文化，所以文化变革也是组织变革的必然内容。然而以上所述的变革内容都是从变革的过程来说明变革的，但是实际上我们更关心的是变革之后的效果，为了配合上述变革就必然要进行企业组织运行机制的变革。在企业组织变革中必须要考虑的内容还包括环境。而对于人力资源的研究，绝不应该仅仅限定在企业组织内部的员工，而是要扩展到传统意义上的企业组织边界之外。特别是顾客、债权人和政府要充分地予以考虑。依据这样的分析，我们认为，企业组织变革需要考虑的内容应该包括人力资源管理的变革、组织结构的变革、文化的变革和企业战略的变革，以及与之相配套的企业运行机制的变革。可以说是从两条线体现权力和权利关系。

7.5 本章小结

根据前一章对企业组织所下的定义，得出企业组织具有 5 项基本特征、8 种性质。我们对以往企业组织变革所选择的基点进行了分析与评述，研究结论是组织变革问题的研究首先要研究基点问题，据此我们确定以企业的本质属性作为研究基点，这样所得出的结论更具有普遍性。因此，我们就企业的权力—权利系统进行深入的研究，进而构建了组织变革的基点——企业中权力—权利系统。本章最后研究了企业组织变革的内容，分析评述了以组织结构变革为内容，以治理结构、组织结构、组织文化为内容，以人力资源、体制、战略和结构为内容三种观点，并提出组织变革实际上是一个全方位的变革，应该包括战略变革、文化变革、人力资源变革、公司治理结构变革和组织结构变革五方面的内容。

8 基于权力—权利系统的变革模式与组织范式

8.1 基于权力—权利系统的企业组织变革模式

8.1.1 企业组织变革模式构建的原则

企业管理模式（Enterprise Management Model，EMM）。一般来说，EMM的结构要素可以区分为四种：企业文化和经营理念、管理技术、管理体制和规章、决策及领导体制。“模式”这个术语是英文Model的汉译名词之一。Model还可译成“模型”、“范例”、“典型”、“样式”或模特儿。按照中国《现代汉语词典》的解释，“模式是某一种事物的标准形式，或可使人照着样子去做的一种标准样式。”因此，本书将企业组织变革的模式定义为：根据企业组织理论和组织变革理论，有效配置企业资源，重构企业组织及运营机制的一套方法。根据这一定义，企业组织变革模式应该考虑组织全方位的变革，包括战略变革、结构、文化变革、人力资源变革和运行机制的变革。

1. 企业组织变革模式构建原则

（1）权力—权利对等与匹配原则。即企业是企业利益相关者权力寻租和权利诉求的综合体，所以在进行组织变革时首先且是必须遵循的原则就是权力—权利对等和匹配原则。包括责任和权力对等、权利和义务对等。

（2）分工与协作原则。企业组织模式的构建实际上就是对企业所必须考虑的权力和权利进行合理安排。具体表现就是将人财物恰当地分配在组织结构中，由于存在规模经济和范围经济，所以我们在安排所有人财物时需要遵循分工与协作原则。

（3）效率原则。这实际上还是经济性问题，即我们所构建的变革模式不仅是有效的，还应该是有效率的，符合经济性原则，达到满意的投入产出比。

（4）动态适应性原则。所提供的组织变革模式不能是一成不变的，或者说是具有一定智能性的，即当预测或者企业内外部已经发生重大变化时，企业组织可以自行开始检查组织的匹配性，从而进行组织变革。

（5）便于操作的原则。组织变革是一项极其复杂、极其困难的工作。因此，好的操作性是企业取得变革成功的重要因素。

（6）在一定的假设前提下进行组织变革的原则。本书的主要假设包括：①资源的稀缺性，这里实际包括技术性资源和制度性资源，因此，权利和权力具有稀缺性。②环境的复杂性与不确定性，企业组织所处的外部环境是纷繁复杂，高度不确定的。③有限理性，作为与企业组织利益相关的主体而言均是由人组成的，而所有的人都不是可以知晓一切的，每个人都有不可弥补的不足和缺陷，因此，人都是有限理性的。④适者生存，对于企业组织而言和世界上的其他存在物一样，都要遵循自然选择法则，即适者生存、不适者被淘汰。⑤机会主义行为倾向，所有的与企业组织相关的人都具有利己性，当有机会获取额外利益时，人们会立刻抓住这一机会而不会放过机会。⑥不完备契约，企业组织是利益各方通过契约所形成的一个利益共同体，但是契约不可能事前穷尽所有问题，因此，对于企业组织中的契约而言存在不完备性。⑦劳动可能雇佣资本假设，至少是劳动与资本共治。⑧在一定的人性假设下进行组织变革模式的研究，即以自利性为基础的能力人假设。这里我们简单说明一下①和⑦。

关于权力和权利稀缺性假设。权力属于制度范畴。权利和权力稀缺性假设说明，人们具有很强的追求权利和权力的欲望，但是权利和权力的供给却常常无法满足人们的这种欲望，于是便有了本文所要分析的权力和权利配置问题，权力和权利配置实际上源于一种制度安排，它实际是集体或组织行动，这种集体行动规定利益和自由的权力与责任，权利与义务。

理解资本雇佣劳动还是劳动雇佣资本的核心在于在企业构建或运行过程中是谁组合谁，我们知道，企业的生产要素包括土地、劳动、资本、技术（包括管理才能和非管理技术），从历史的角度看，在小农经济社会企业组织更多体现土地组合资本和劳动，在工业化经济社会，则更多体现资本组合土地、劳动、管理才能和技术。而在计划经济社会，则更多体现政府组合土地、资本、劳动和管理才能与技术。那么无论是土地所有者、资本所有者和政府，其凭借什么组合其他生产要素，形成企业组织，谋取剩余价值。我们认为是要素所有者拥有的权力，是权力和权利的稀缺性和有价值性，是权力寻租和权利诉求的结果。在小农社会土地资源是稀缺和有价值的，地主拥有土地，其他要素依附于土地，所以体现为土地所有者的拥有企业组织的绝对权力和权利。在工业化经济社会资本是有价值和稀缺的，所以体现为资本拥有者的权力寻租和权利诉求，资本拥有者控制企业并获取剩余价值。在计划经济社会，政治权力是有价值和稀缺的，所以政府控制着企业，并且获取全部的剩余价值。但是，现在已经是后工业化社会，进入了知识经济社会，现在这个社会是以知识为基础的社会，因此，知识、技术、管理才能等成为有价值和稀缺的，而知识、技术和管理才能的拥有者将控制企业，获取企业的剩余价值。整个社会环境充满复杂性与不确定性，这都要求企业组织随时作出恰当的判断与应对方法，实际上是要求企业组织拥有足够的适应性和创新性，企业不仅仅要适应变化，而且还可以创造变化。因此，从这个角度讲，未来的企业形成和运营很有可能是知识拥有者——劳动组合资本等其他生产要素，即劳动雇佣资本。但是，就如我们所论述的那样，企业是利益相者群体权力寻租和权利诉求的综合体。所以从广义角度看，企业组织还是资本、劳动、市场（包括）、政府共治的一个局面。而且劳动雇佣资本的情况不会马上到来，但我们觉得这是一个趋势。这种判断和假设对于企业组织变革具有重大的影响，特别是公司治理结构变革。知识拥有者产生了权力寻租和权利诉求，会因为其相对于资本所有者的更加重要而凸显出来。

在古典企业中资本是绝对占有或者支配着劳动，这是毋庸置疑的。而钱德勒所说的现代企业（MBE）有三个特点：一般具有较大的规模、较深的垂直一体化程度、经营权和所有权的分离。由于团队生产计量的困难，出资者往往会给予经营者一定的剩余索取权以对应于他们所拥有的剩余控制权（张维迎，1996）。但是在 MBE 中，出资者给予经营者一定的剩余索取权是以经营者给他以更高的剩余为条件的。外部的投资者虽然把对于企业的一部分控制权委托给经营者，但是出资者仍然掌握着最终的控制权。如果经营者经营不善，出资者可以撤回资产使经营者经营（管理）无法继续来对管理者进行威胁。MBE 的以上三个特征决定了 MBE 的资本雇佣劳动的基础。因为在 MBE 盛行的时代，企业必须要达到一定的规模。物质资本在企业中是最有价值、稀缺的资源。拥有物质资本的个体在企业中也就拥有更多的权力。企业的主要问题就是如何实现拥有物质资本的个体（股东）价值的最大化。因此显然应该资本雇佣劳动。

2. 企业组织变革模式构建的要素分析

前已述及，企业组织变革是企业全方位的变革，既包括法人治理结构的变革、组织结构的变革、战略变革，也包括人力资源的变革、组织文化的变革。所有这些变革内容既可以说是企业组织变革的内容，也可以说是企业组织变革追求的目标。因此，作为企业组织变革的模式，实际上包括以下几个要素：

第一，企业组织的权力分配，主要通过对人员岗位的安排和制度的设计予以分配，这实际上分成两个层次：一是公司战略层面的治理，一是公司经营层面的权力分配。对于经营层面的权力分配可以有至少两种选择：一是以传统的职能部门为主设计，一是以流程为主进行设计。

第二，企业组织权利配置，主要通过有关的制度设计进行。包括公司高层、中层和底层的权利配置，这种配置主要以一类人群为对象进行研究。

第三，企业组织运行机制的设计，主要研究企业组织如何建构运行机制，使企业成为动态的弹性敏捷系统，通过动态变化应对权力和权利的变化。

第四，组织变革过程的管理，主要研究组织变革的内容间的互动关系、互动过程，通过对企业组织权力—权利系统的分析确定组织变革的内容，并根据这些内容研究实施变革的途径及变革的管理。

本研究首先给出一个组织变革的模式，然后重点研究如何展开组织变革，实现上述有关要素的合理配置。特别地，我们在进行管理组织变革时，主要围绕企业内权力和权利的科学合理配置。

8.1.2 企业组织变革基点与内容的关系研究

我们已经分析了目前对于企业组织变革的有关研究，所有研究基本上都进行某种基点的设定，但是这些基点的设计主要是从建构一个科学合理的组织结构的角度进行的，无论是基于信息技术、流程、先进制造技术、人力资源、顾客、市场都是从一个侧面说明这些要素成为进行组织变革与设计时首要考虑的问题。在这些基点的选择上，研究者普遍的想法是就其认识到的最重要因素作为组织变革的基点，在进行组织变革研究的文献中也有谈及有关企业组织本质问题的，但是所有的论述基本上没有脱离 1937 年科斯所开创的企业理论所研究的组织本质认识——企业组织本质是一组契约。本书认为，首先，由于随着社会的进步、企业的发展，企业的内部和外部会出现一系列新变化，这些变化都要求企业组织不断地进行适应，现在的问题是，所有这些变化对于企业的影响是不是可以归结到“一个问题”上，进而我们再考虑组织变革时只要根据企业组织内外“这一问题”的变化进行有效的企业组织变革。其次，我们是否可以从研究企业组织的本质出发研究企业组织变革的问题，即从企业是什么开始构建其恰当的组织模式，以匹配其为什么的目的。根据我们前面的分析可知，企业组织的本质是企业利益相关者权力寻租和权利诉求的一种人为设置实体。而我们再看一下对于企业产生影响的所有因素，这些因素对于企业的影响最终实际上体现在与企业具有利益相关的人的身上，而这些影响对人的改变最终体现在人们权力的变化和权利诉求的变化。所以，通过两个角度的分析，我们都可以得出这样的结论：分析企业组织变革最佳的平台应该是企业权力—权利系统，因为基于这一系统进行组织变革与设计是真正抓住了企业的核心与本质，抓住了一个可以长期不变的要素，即无论外部或内部其他要素如何变化，我们只要通过权力和权利的变化即可把握企业组织的走向，这使我们找到了一个可以始终依赖的平台。所以无论是采用职能式组织结构还是流程式组织结构，无论建立的是实体组织还是虚拟组织，其最终都是要满足所有企业利益相关者权力和权利的变化。可以说，职能式或者流程式的组织模式都只不过是对权力和权利变化的一个适应而已，从这个角度说，职能式和流程式并没有优劣之分，他们是企业利益相关者在不同时期权力和权利力量对比后所产生的适应性组织。另外，就是法人治理结构模式的出现也是对企业利益相关者权力和权利变化的反映。而企业战略、人力资源、文化都可以从这个角度说明其变革的必要性和迫切性。因此，当我们发现企业内外出现重大影响企业权力和权利的因素时，就必须考虑对哪些利益相关者的影响最大，这种影响的深远意义和潜在变化，从而进行适当的必要的组织变革。

8.1.3　企业组织变革模式的构建

前已述及，企业组织变革是企业全方位的变革，并且以组织结构变革（包括公司治理结构变革）和运行机制变革为主。为了使企业组织变革顺利进行。需要对企业涉及的企业战略、文化、人力资源等一并进行变革。卢因提出了解冻—行动—冻结3阶段模式；而行动调查模式分成8个步骤：A. 确认问题；B. 向行为学专家咨询；C. 数据收集和初步诊断；D. 向一个重要客户或团队反馈；E. 对问题的共同诊断；F. 共同的行动计划；G. 行动；H. 行动后的数据收集。行动调查的现代应用分成6步：A. 挑选积极目标；B. 广泛参与积极内情的收集；C. 检测数据并提出可能化建议；D. 广泛参与愿景的创造；E. 提出行动方案；F. 评估。我们这里提出的企业组织变革的模式主要集中在形成组织变革的行动方案及变革的管理上。

对于企业组织变革的模式主要是将所涉及的有关内容合理地摆布好，实现权力和权利的优化配置。我们提出的组织变革模式如图8－1所示。

我们所设计的组织变革模式仅仅围绕着企业利益相关者权力寻租和权利诉求展开。这里的企业利益相关者主要是指内层的股东、顾客、员工和外层的政府（代表国家、社区、公众、环境）、竞争对手、供应商、债权人，另外也有必要将媒体加入到企业组织变革需要考虑的利益相关者中。所谓利益相

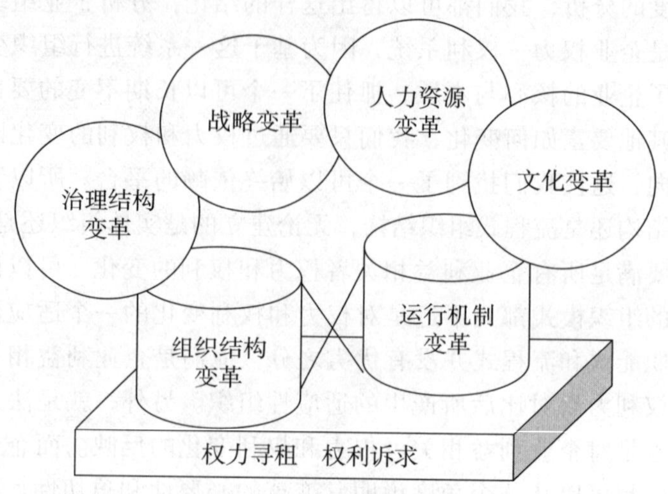

图 8－1 企业组织变革模式

关者，其和组织的关系或者影响组织效能或者组织影响其效能，或者相互影响。通过我们对以往企业组织模式发展的历史分析，结合现在人们所进行的组织变革尝试，我们可以发现这样一个规律。组织范式在权利和权力配置上经历了比较明显的变化，按照利益相关者所涉及的主体看，古典企业只关注股东（实际上是资本所有者）的权力和权利，随着企业规模的不断扩大和技术进步，产业革命时期的企业组织变成主要关注资本所有者的权力和权利，开始注意企业内员工的权力和权利；这两种情况下企业所面临的市场都相当稳定，企业中资本所有者拥有绝对的权力和权利。而随着企业规模的进一步膨胀，特别是市场复杂性、不确定性和竞争性的提升，企业不仅仅关注股东的权力和权利，而且开始关注职业管理者（职业经理人）和顾客的利益，这种情况随着经济全球化、一体化的到来显得更加突出。但是这种情况在组织管理中体现的却很不均衡，即作为企业边界内部的职业经理人员在组织管理中从未给予充分的关注，如管理人员和非管理人员同工同酬，管理人员只是资本拥有者的传声筒、眼耳脑的物理延长，到给予管理人员以更多的薪金、更多的决策权力，甚至现在的公司已经出现了共同治理的形式（职业经理人、员工和其他利益相关者持有公司股份）；而对于顾客的关注虽然也迅速提升，但是从组织管理的角度看，顾客的权力和权利仍然没有得到真正的重视。另外，目前除日本企业对于员工的权利关注较多以外，其他国家的企业对于员工的权力和权利相对于股东和顾客而言关注的较少。而恰恰可能就是因为有了这样一点点的不同，使得日本企业在第二次世界大战后经过不到 30 年的时间就迅速崛起，且具有很强的创新性和适应性，而使日本成为世界上除美国外第二位经济大国（当然还有其他因素）。在我们所建立的组织变革模型中，权力寻租和权利诉求作为企业发起变革、实施变革和管理变革的平台、基点。而这个问题若想在变革前、变革时和变革后成为考虑的基点，必须在满足上述基本假设的前提下，充分认识到各利益相关者权力寻租和权利诉求的重要性和必然性。因为企业是由人、财、物及其各种关系构成的，最本质的关系是人与人之间的关系。这里面的人一定是包括各利益相关者，那可能有人会说，像顾客、债权人、供应商、政府等根本不在企业组织内部，它们不应该作为企业组织的一部分。实际上这正是我们要探讨的问题，企业组织的边界是不是以传统意义上所定义的为准。

8.1.4 基于权力—权利系统的组织变革模式的实施路径设计

对于企业的组织变革，根据我们设计的变革模式，其基本的操作步骤如下：第一步，分析判断企业组织所涉及的利益相关者其对权力寻租和权利诉求的变化，这个主要是研究影响各利益主体权力寻租和权利诉求的因素变化，特别是权力和权利成因和来源的分析显得十分重要，这是我们是否进行企业组织变革的最基本依据。第二步，确定实施变革的着手点。通过对各利益相关体权力和权利需求变化的分析，我们可以重新考虑企业的发展战略、企业的人力资源管理问题、企业的组织结构（包括公司治理结构）问题，企业的文化适应性问题等，但是从哪里着手进行组织变革呢？第三步，基于着手点开始第一阶段变革。这一阶段主要进行文化变革与战略变革。我们认为，首先是要进行文化变革，就目前企业管理研究的前沿和企业实践的结果看，文化管理在21世纪将成为企业管理成功与否的关键，因为企业不再是一个地区，一个国家的企业，而是一个跨国的企业，企业所面临的不是一种文化而是多种文化。未来非正式组织对企业组织的影响将更大，因此，一个组织的文化，包括亚文化都将直接影响甚至左右企业相关利益者的观念、行为。文化的变革说到底就是对人的意识形态及其所在环境进行改变，这应该成为企业组织变革的先导行为。当然，对于战略的变革也需要在这一阶段进行操作。经典的组织理论认为，战略决定结构，但是中国人民大学的王凤彬教授则从另一个角度说明战略与结构变革的互动性问题。我们同意这一观点，但是就计划变革而言，我们仍然认为战略变革应该先于结构变革，但是这一过程发生在公司治理结结构变革之前还是之后则需要具体问题具体分析。因此，我们认为，战略变革不是一蹴而就的变革，而是不断进行的变革，是和结构变革相互影响，相互制约又相互促进的变革。据此，我们对于战略变革设计其至少分成三个阶段进行，一是在法人治理结构之前，我们称为初步战略变革；二是法人治理结构变革之后进行战略调整，我们称为二次战略变革；三是在整个组织变革完成之时进行确认战略变革。因此，我们可以确认的是战略变革实践上贯穿于整个组织变革过程。第四步，进行第二阶段的组织变革。这一阶段主要进行治理结构变革与组织结构变革。按照林志扬博士的观点公司治理结构与组织结构变革之间是互动的一个过程，而我们更倾向于公司治理结构变革应该先于结构变革。首先，羊群走路靠头羊，公司治理结构是整个组织结构的核心，是中枢，不改变治理结构的结构变革只能是短期的行为、治标的行为，因此，若要成功进行组织变革，先进行公司治理结构变革是十分必要和重要的。第五步，进行第三阶段的组织变革。主要进行人力资源和企业组织运行机制的变革。关于人力资源问题实际上主要研究的是企业内部员工的管理问题，这个问题相对于我们所设计的组织变革的基点”权力——权利”系统显然内涵要小些，就目前企业实践和管理理论研究的重点看，专家学者或企业家们更多的还是关注顾客，而对于员工的关注较少。但是若从公司治理的角度看，却又是相反的一个情况，企业比较多的考虑了员工，特别是管理者的权利，但是对于顾客则没有在公司治理中体现多少。所以对于人力资源管理的改革，我们认为应该和企业的运行机制改革一并考虑方能达到更佳的效果。而且运行机制的变革应该充分考虑将企业外的利益相关者考虑进来。最后进行组织结构的变革。在进行组织结构变革过程中，我们主要需要解决的问题就是企业究竟应该建构一个什么样的组织范式。就目前企业的组织范式看，主要分成三类：以职能型为主的官僚制组织范式，以流程为主的供应链型组织范式和以信息技术为手段的网络型、虚拟型组织范式。对于某一具体企业组织在变革时究竟采取怎么样的组织范式要具体问题具体分析。但是从我们构建的组织变革平台分析这个问题。我们认为，网络型、虚拟型企业组织形式是未来企业应该采取的主要形式，企业内部、企业之间的连接方式应该以市场为导向，以任务为目标，以流程为纽带。我们这里所研究的企业组织是以传统组织为蓝本，所形成的组织则不同于传统组织，即新组织是传统组织的动态联合。而这时的公司治理问题将成为组织管理成功与否的关键。所以下面我们就谈一谈公司治理问题。以股东大会、董事会、监事会和高级经理人所构成，科克伦和沃特克指出公司治理问题的核心是：①谁从公司决策/高级管理阶层的行动中受益；②谁应该从公司决策/高级管理阶层的行动中受益？当在“是什么”和“应该是什么”之间存在不一致时，一个公司的治理问题就会出现。钱颖一认为：“在经济学家看来，公司治理结构是一套制度安排，用以支配若干在企业中有重大利害关系的团体——投资者（股东和贷款人）、经理人员、职工之间的关系，并从这种联盟中实现经济利益。公司治理结构包括：①如何配置和行使控制权；②如何监督和评价董事会、经理人员和职工；③如何设计和实施激励机制。”吴敬琏更进一步将公司治理结构具体化为：“所谓公司治理结构，是指由所有者、董事会和高级执行人员（高级经理人员）三者组成的一种组织结构。在这种结构中，上述三者之间形成一定的制衡关系。通过这一结构，所有者将自己的资产交由公司董事会托管；公司董事会是公司的最高决策机构，拥有对高级经理人员的聘用、奖惩以及解雇权；高级经理人员受雇于董事会，组成在董事会领导下的执行机构，在董事会授权范围内经营企业。”

张维迎在阐发扭力的观点时指出：“公司治理结构狭义地讲是指有关公司董事会的功能、结构、股东的权力等方面的制度安排，广义地讲是有关公司控制权和剩余索取权分配的一整套法律、文化和制度性安排，这些安排决定公司的目标，谁在什么状态下实施控制、如何控制及风险和收益如何在不同企业成员之间分配等问题。因此，广义的公司治理结构与企业所有权安排几乎是同一个意思，或者更准确地讲，公司治理结构只是企业所有制安排的具体化，企业所有权是公司治理结构的一个抽象概括。”

传统的公司治理的主要目标是股东价值的最大化，减少企业高层的代理成本。但是在新的环境中，公司治理变得更为复杂。首先股东价值最大化并不一定是正确的目标。传统的观点认为企业是一组契约的有机组合，属于契约组合的每个部分可以按照事先给定的报酬对剩余享有特定的索取权。但是前面已经说明，企业的契约是不完备的，所以对于治理结构应该成为动态的一个结构。作为股东一般接受的是剩余支付（Fama & Jensen，1983）。于是股东的价值最大化就是企业价值的最大化。作为董事而言，也应该为股东的利益最大化服务。但是，企业的所有权并不同于财产的所有权（Aghion & Bolton，1992：张维迎，1996），企业所有权只不过是一种状态依存所有权（State-contingent ownership），股东只不过是正常状态下的所有者。”因此，股东价值的最大化并不一定能够带来企业价值的最大化。这时董事的职责应该有所转变，要保证利益相关者的共同利益，特别是对人力资本所有者利益的保护，如何对人力资本的所有者提供激励，如何控制和留住人力资本的所有者在董事会进行组织设计的时候十分关键。所有权的配置机制是非常重要的问题，而这恰好就是权力和权利配置的问题。权力或者权威机制不同于价格机制，因为权力或者权威包含了实施那种契约没有明确界定之处的相机处理权（新产权方法所说的剩余控制权，实际上有了剩余控制权就相当于有了剩余索取权）。传统的观点认为权力往往来源于对物质资产的拥有。因此，企业的特征往往被定义为共同所有的物质资产的集合。实际上物质资产的所有权只是企业内权力的源泉之一。企业内权力来源还包括非物质资产所有权。如人力资本所拥有的专有性关键知识、技能、关系、想法等，顾客对于企业品牌的忠诚与不忠诚，政府对于行业政策、环境政策的制定，当然还包括供应商、债权人、其他竞争合作组织等实际上都是企业权力体中的权力来源。而这些权力主体对企业的影响就是通过权力寻租，获得相应的权利。本研究认为，企业中有关利益相关者应该成为公司治理的一分子，即企业的组织管理应该共同治理。但是对于利益相关者加入公司治理的行列我们的意见是要有先后顺序，即按照是帮助企业增加财富、与企业分担财富还是两者兼而有之研究进入企业，进行共同治理。这种共同治理又可分成战略性和经营性共同治理。在网络型企业组织范式中，我们推崇有核心的联盟型组织。因为从权力和权利分配的角度看，虽然均衡可以保证公平，但是也可能因为权力、权利博弈产生内耗，甚至使组织灭亡。而有核心的网络组织范式更容易进行决策，使组织具有更好的弹性和敏捷性。更加适合现今复杂而又不确定的环境，未来的合作型企业组织范式是发展方向，这种合作某一阶段看似短期行为，实则是长期工作，因此组织的信誉和利益共享原则是成功进行企业治理的关键。特别是企业中的权力和权利是动态变化的。所以我们的意见是在公司治理结构中重要的不是财产所有权，而是剩余控制权、剩余索取权，或者是决策权的分配问题，这些既是权力的分配也是权利的配置，当两者互动一致时，就是最佳的公司治理结构形式。

8.2 未来企业组织范式

8.2.1 企业组织范式的界定

所谓“范式（Paradigm）”，是得到公众认可的典型模式；关于企业组织范式的定义，国内外学者的表述不尽相同。李怀斌在“企业组织范式研究2002”一书中指出：企业组织范式是一组处于均衡状态的复杂关系，是客观存在于组织内外部的诸种要素之间达成一致的关系集合。而我们则认为，企业组织范式指的是企业内外权力和权利主体进行博弈所形成的一种均衡形态，是通过契约构建的一个开放性经济实体系统。这里所说的权力—权利主体指的是企业组织利益相关者。组织范式和组织模式的内涵是一致的，而这种利益相关者的权力—权利博弈是动态变化的，因此所形成的组织范式就会有各种形态。企业利益相关者权力寻租和权利诉求不同则博弈的结果就不同，影响博弈结果的本质因素是各利益相关者拥有影响组织价值最大化的特殊能力的差异，前已述及，这种特殊能力对企业组织价值最大化的影响会有三种不同：一是主要以分享企业产生的价值为主，二是主要以提高企业的价值为主，三是既分享又提高企业价值。这种特殊能力也随着社会的发展与进步会有很大的不同。

约翰·幸格在《设计最好的公司》一书中从企业组织所处环境不确定性角度分析了各种组织范式的出现与存在问题，如彼得·德鲁克（1988）针对信息技术的挑战，提出“以信息为基础的组织”。认为这种组织的结构扁平，沟通幅度替代控制幅度，有较少的经理和较多的专家。安金森（1984）针对竞争加剧和混乱，提出组织应具有对应的柔性，能够迅速重新部署员工与不同的职能和岗位上；迅速扩大和缩减人员规模而不引起与裁员相关的企业成本与社会成本。斯隆（1986）和肯特（1988）针对环境依赖性，分别提出动态网络组织和成功联盟组织。前者的三个特征是：纵向分解、经理人制度、市场机制和信息公开化；后者在不增加其生存资源的条件下提高竞争力的三种方法是：同其他人分享资源、联合开发机会和结成伙伴关系。鲍威尔（1988）针对环境的复杂性，提出多功能机动组织、扁平民主制等组织形式。伯母特（1984）针对环境价值观变化，提出“共生型组织”。美国通用电气公司总裁杰克·韦尔奇提出“无界限企业”，他说，我们梦想有一种没有界限的公司，在这样的公司里，那些阻隔员工彼此沟通、阻隔与外界主要人士沟通的一道道藩篱已经被彻底摧毁了。罗思（1998）也认为，将来企业的边界是可以互相渗透的，就像活生生的有机体中可移动的灵活的隔膜一样。这种企业要突破四个界限；垂直界限——各管理层次及其各管理人员之间的界限；水平的界限——各职能部门和有关规章制度的界限；企业与外部的供应商、顾客及监控者之间的界限以及地理界限。哈默（1994）认为，组织是业务流程，流程分成表层、深层两个系统，深层系统有三个子系统：学习、重新设计和转变。他号召扬弃传统的以职能、部门、层级分工分割为特征的科层制企业，再造融各个业务环节为一体的流程式组织。彼得·圣吉（1994）在《学习型组织的艺术与实务》一书中提出“学习型组织”，认为学习型组织是通过不断地学习而形成的一种符合人性的、有机的、柔性的、可持续发展的组织范式。威廉姆森（1996）提出“半结合公司”，他认为，除了国家之外，资源配置包含三个主要的管理结构：市场、管理等级制（企业或公司）和网络。半结合是在公司、市场与网络之间的相互联系，是介乎于公司关系和市场关系之间的联盟关系，特许加盟就是这种组织形式的具体体现。查尔斯·汉迪提出“三叶草组织”。道格·米勒提出形式和外貌会随环境及组织变化的需要而随时变化的变色龙式组织。另外有人提出“敏捷组织”，即具有自适应能力的组织，有人提出“混乱有序组织”，安德鲁·波因顿和巴特·维克托提出动态稳定组织。另外，有人提出了网络型组织，包括动态联盟、虚拟组织等形式。

汪祥春博士认为，组织模式分析的逻辑应该是“客户关系”，组织模式演进是组织与环境的相互关系持续协调的过程，匹配关系的完善程度和支配作用的大小，就成为评判组织有效性和是否是模式的标准或指标，同时也是划分匹配关系和模式不同发展阶段的标志。换句话说，组织与客户的匹配关系就是模式分析的基本单位和模式演进的逻辑。

我们现在考虑这样的问题，环境的不确定性与复杂性是影响组织模式的一个极其重要的因素，为什么？可能是因为随着社会的进步，企业的生存与发展越来越依赖于市场。前面约翰·幸格所总结的环境不确定性更多地体现为企业生存空间上发生的变化，这种变化实际上最终导致与企业利益相关的主体在相互博弈时能力的变化，因此，不能仅仅就以环境的不确定性作为组织范式变化的依据。而应该增加以权力和权利诉求变化作为分析的基点。利益相关者博弈能力的变化现在最为明显的表现为四个方面：一是市场（包括顾客、供应商、竞争合作者等）能力的变化；二是资本所有者能力的变化；三是以管理才能和独特知识才能为代表的管理者与员工的能力变化；四是政府能力的变化。以环境的不确定性作为分析组织范式的重要因素，能够很好地解释组织结构存在众多差异的原因。但是这里所分析的组织结构和组织范式绝不是等同的概念，换句话说，这种解释是很难对公司治理结构的变化作出有力的分析。所以我们认为，要想解释组织范式间存在的巨大差异一定要考虑随着社会进步，特别是知识经济时代到来所形成的企业利益相关者博弈能力的差异所带来的权力和权利诉求变化的影响。以环境不确定性为基点解释组织结构存在巨大差异的原因主要是运用了环境构成要素权变理论。

从历史上看，有三种建立在不同基础上的企业观，即以资源为基础的企业观，以能力为基础的企业观和以知识为基础的企业观。以资源为基础的企业观的核心观点是把企业看成由一系列资源束组成的集合，认为决定企业竞争的地位不是市场结构而是自己所拥有或支配的资源；以能力为基础的企业观把企业竞争优势的来源由具体的资源提升为抽象的配置开发和保护资源的能力；以知识为基础的企业观则把这种配置开发和保护资源的能力进一步升华为知识，认为知识是企业难以被竞争对手所模仿、决定企业发现利用未来的机会和配置资源的方法，因而是企业竞争优势的根源。以知识为基础的企业观把企业视为权力与知识一体化的制度，而组织模式是均衡的特殊企业组织，因此，组织模式也是实现了权力与知识均衡一体化的企业组织。组织模式本质上是权力与知识的有效结合或一体化。

我们认为，这些认识都没有错，并且这些认识都是对一定历史阶段影响企业构建和运行的最重要因素的反映。比如，资源观对于古典企业的构建和运行能够给予较好的解释，而能力观则对世界进入工业化时代后市场剧烈变化企业需要适应性给予强有力的解释，知识观则对知识经济时代企业的产生、生存和发展作出令人信服的分析。和约翰·幸格的分析正好相反，所有这些分析实际上都将企业模式的构建移入企业内部来考虑。我们的思路是企业模式的构建既不是企业内部所能决定的，也不是外部可以完全左右的，而应该是内外部共同作用的结果。这种内外部共同的作用就是构成企业利益相关者主体权力—权利变化与博弈。基于此首先确定组织范式要素构成，然后建立要素关系模型，并据此预测未来组织的范式。

8.2.2 未来企业组织特征

在以往的文献中，人们对于未来组织的描述主要利用这样一些词语：扁平化、小型化、国际化、分立化、柔性化（弹性化）、网络化、有机化、流程化、虚拟化、动态性、开放性、无边界性等，我们来考察一下这些描述语言背后的支撑，应该说，所有这些描述都是遵循一个原则，那就是企业组织怎样才能保证生存能力，不断地发展壮大，争取长生不老，考虑问题的逻辑起点是企业组织的适应性和创造性。所有这些论述更多地针对企业组织结构和规模。应该说这些论述都从各自研究的角度分析了企业组织范式的未来走向，但是我们对于企业组织范式未来走向的认识的基点是：企业组织不仅仅是一个适应性的组织，而是一个创造变化的组织，所以企业组织应该是一个创造适应性、改变适应性的组织。关于这一问题，我们选择的研究视角是基于企业组织各利益相关者主体所形成的权力的分配和权利的配置。

可以看出，上述观点学者们主要的理论依托是契约论、博弈论、行为科学论和资源、能力理论。而在这些理论中很少有涉及企业中权力和权利问题的，虽然新制度经济学中有很多学者提到了有关企业中权利配置的问题，比如西蒙、法马、詹森等，但是将权力和权利联系考虑，并且将其上升到组织本质这一高度的论述到目前为止作者还没有发现。因此，从企业是权力寻租和权利诉求综合体的性质出发研究企业组织的特征就别有一番天地。我们认为，企业组织除了具备我们第4章所提出的特征外，还应该包括以下特征：

（1）创造性是本质特征。由于企业利益相关者各主体不断地进行着权力—权利博弈，所以对于企业组织本身而言必须时刻以全新的面貌应对各种变化。这一特性告诉我们企业组织是采用职能型、部门化还是流程型或者网络式组织模式完全取决于其是否具有创造性。

（2）动态能力的博弈性。这一特性要求企业组织应该具备动态的博弈能力，这种能力的培养需要企业组织的内层利益相关者必须共同努力，而且要逐步的将属于外层的利益相关者逐渐内部化，实际上这种动态能力的培养需要企业组织治理采取全新和弹性的结构。目前企业公司治理结构研究的主要是解决委托—代理问题，这种思路的基本假设是，企业是股东的企业，是资本组合其他生产要素所形成的，其他人都是受雇于企业。但是按照我们的观点，未来的企业是共同治理的企业，是资本组合劳动逐步过渡为资本和劳动共治，最终劳动组合资本。所以在企业组织中权力和权利分配问题不是主要针对股东，而是全体利益相关者。所以企业动态博弈能力的培养在公司治理中体现的是各利益相关主体的博弈。

（3）适应性网络。未来企业的界限是模糊不定的，没有严格的企业界限，对于某一企业组织而言，它可能同时隶属于几个甚至十几个企业，即你不能说某企业是独立的，而是由若干传统意义上企业组织所组成的动态网络联盟或虚拟网络组织。这种组织形成的基础是构成企业权力—权利主体的各利益相关者通过权力和权利博弈所形成的网络。

8.3 企业组织构成要素分析及模型构建

关于组织的构成要素有这样几种模型：一是钱平凡（1999）提出组织四要素模型：目标、技术、制度和活动；二是Leavitt（1965）钻石模型由四要素构成：社会结构、参与者、技术和目标；三是Galbraith（2002）五角星模型：战略、结构、人员、过程和奖励五要素构成；四是Pascale和Athos（1987）在其名著《日本的管理艺术》中提出7S模型：战略、结构、体制、人员、作风、技能和共享价值观；五是方统法博士提出了一个六要素模型：目标、参与者、技术、社会结构、环境和知识。在这些模型中有一个共同的特征就是将组织看作是一个有边界的独立的经济实体，但是在这种独立的企业组织将不复存在，所以上述模型难以对构建的组织范式提供满意的答案。我们对于组织要素的理解至少应该包括这样几个要素：第一，目标。因为无论未来的企业组织形式是什么样的，它作为一个经济性系统必然有自己的目标，没有目标的组织是不可想象的。第二，参与者，我们这里所说的参与者与上述模型中的不同，不仅仅是个体参与者的概念，而是包括群体参与者和组织参与者。参与者也不仅仅局限于组织内部的员工，还包括所有组织的利益相关者。第三，权力和权利结构。实际上这里面告诉人们的是企业根据目标如何将参与者科学合理的分布在组织中，当然包括公司治理结构和经营管理结构（通常说的组织结构）。第四，组织运行机制。我们认为运行机制是组织有效运作的润滑剂和催化剂，运行机制是组织生存和发展的软实力或者说是隐性权利和权力结构。第五，流程。我们这里所说的流程是管理流程、知识、技术流程、运作流程的和谐统一所形成的一个流程。未来组织是以提供完美的产品与服务，形成权力和权利共享机制的一个经济体，其存在的模式将是以流程聚合所形成的动态网络型组织。具体的组织范式构建要素关系模型如图 8－2 所示。

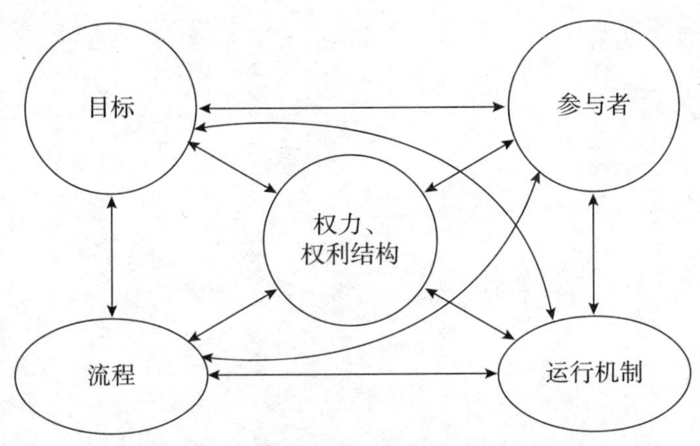

图 8－2　未来组织范式构建要素关系模型

8.4　本章小结

本章通过对企业组织变革模式和组织范式的研究。主要得出如下结论：企业组织变革模式构建 6 项原则，企业组织变革模式构建的要素：企业组织的权力分配、企业组织权利配置、企业组织运行机制的设计和组织变革过程的管理；通过企业组织变革基点与内容的关系研究，我们认为，分析企业组织变革最佳的平台应该是企业权力—权利系统。关于企业组织变革模式的构建我们建立起一个模型并给出了实施步骤。关于企业组织范式的研究中，我们定义了企业组织范式并给出构建组织范式的思路，然后建立要素关系模型，并据此预测未来组织的范式为动态网络组织，同时总结出企业组织的特征，论证了未来组织是以提供完美的产品与服务，形成权力和权利共享机制的一个经济体，其存在的模式将是以流程聚合所形成的网络型组织。

9 基于权力—权利系统的组织变革效果评价

9.1 企业组织变革评价指标体系的设计原则

对于企业组织变革评价，实际上就是对通过变革重新构建的组织的有效性进行评价。这个评价过程实际上包括两个方面，一是变革后的企业组织和变革前相比在组织机能上有多大的改变，二是变革后企业组织的运行状况。所谓组织的有效性，按照达夫特教授的研究，组织的效果就是指组织实现其目标的程度。效果是一个广义的概念，它实际上将组织层次和部门层次的一系列因素都考虑在内。而组织目标存在多种类型，每种目标都有不同的作用。一个主要的分类方法是将组织目标区分为正式的目标或使命和实际追求的操作性目标两种。组织的总目标通常称为使命，操作性目标指明了组织实际经营过程所要达到的结果，它说明组织实际上正在力图实现什么。操作目标描述的是具体的、可衡量的结果，而且通常关注较短时期内的结果。一般涉及组织所要完成的主要任务，如总绩效、资源消耗、市场地位与份额、员工发展、创新与变革（主要指组织适应性和灵活性）、生产率水平等。对于这些目标的实现主要依赖于企业组织有一个良好的组织结构和运行机制。所以，我们在评价组织变革效果时主要从两个角度研究这一问题。

组织变革评价指标体系的构建原则如下：

（1）科学性原则。指标体系的科学性是确保评估结果准确合理的基础，一项评估活动是否科学很大程度上依赖其指标、标准、程序等方面是否科学，因此，设计企业组织变革评价指标体系时要考虑到评价指标结构整体的合理性，从不同侧面设计若干反映企业组织变革的指标，并且指标要有较好的可靠性、独立性、代表性、统计性。

（2）动态可比原则。指标体系是对企业组织变革进行综合评估，因此，指标体系的设计必须充分考虑到各企业间统计指标的差异，在具体指标选择上，必须是各企业共有的指标涵义，统计口径和范围尽可能保持一致，以确保指标的可比性。

（3）客观性原则。在筛选评价指标的过程，要尽力能不受主观因素的影响，客观地分析所选指标的经济含义，依据其经济含义作出取舍，避免指标之间的交叉与重复。

（4）实用有效原则。构成企业组织变革的评价指标要尽量实现与日常经营活动中所需的数量指标接轨，能够方便地为人们所计量和评价；不能量化的指标也要求能够通过简单的方法，得到有效的评价结果，做到切实可行、实用有效。

（5）系统全面原则。组织变革问题是一个非常复杂的问题，因此若想给出科学合理的评价指标，建立评价指标体系就必须注意运用系统分析原则，全面考虑组织系统所涉及的所有变量，寻找最恰当的指标作为衡量标准。

9.2 企业组织变革评价体系的建立

9.2.1 企业组织变革评价指标的确定

按照达夫特教授的研究，组织结构维度分为两类，即结构性维度与关联性维度。结构性维度描述了一个组织内部的特征，它们为衡量和比较组织提供了基础，包括正规化、专业化、职权等级、集权化、职业化和人员比率6个方面。关联性维度反映整个组织的特征，包括组织规模、技术、环境和目标等。各因素间的关系如图9－1所示（资料来源：理查德·L. 达夫特《组织理论与设计》2003年第七版中译本）。其中，正规化是指组织中书面文件的数量，专业化是指将组织的任务分解为各项独立工作的程度，职权等级描述了组织中的报告关系和每个管理者的管理幅度，集权化是指有权作出决策的层级高低，职业化是指员工的正规教育和培训的程度，人员比率是指人员在各职能、各部门中的配置。组织规模是指以组织中的员工人数来反映的组织大小，技术是指组织将投入转换为产出所使用的工具、工艺方法和机械装置，环境包括组织边界之外的所有因素，主要包括产业、政府、顾客、供应商和金融机构等，战略是行动计划，是组织应对环境和达成组织目标而需要的资源分配和活动方案的描述，组织文化是指隐藏在组织中的由员工共享的一套核心价值观、信念、认知和规范等。对于组织结构有效性的评价主要有权变方法（目标方法、基于资源方法、内部过程方法）、利害相关者方法和冲突价值观评价法等。

而斯蒂芬·罗宾斯教授在《组织理论》中提出，企业组织结构包含着三个方面的主要内容，即复杂性、规范性和集权与分权性，见表9－1。

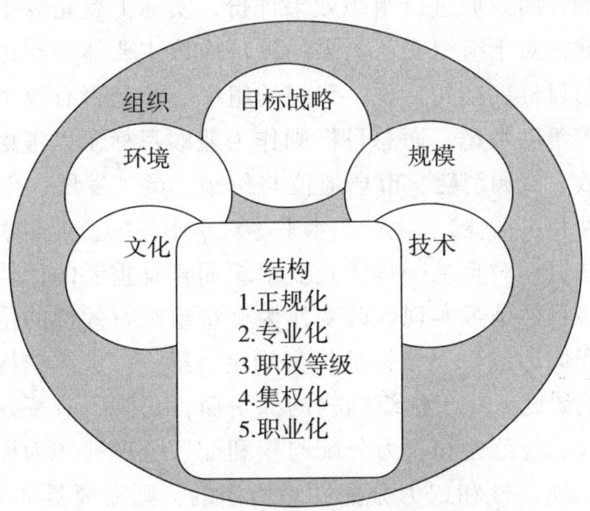

图9－1 组织设计的结构性维度和关联性维度

表9－1 组织结构维度及其含义

组织结构维度 \ 含义		含 义
复杂性	横向的差异性	任务被分配到组织各个部分的方式
	纵向的差异性	组织中层级的数量
	地区分布的差异性	组织各部分区域分布的程度
规范性		组织行为的规则和程序利用的程度
分权与集权性		组织中权力和决策的集中程度

前已述及，企业组织变革的内容包括战略变革、结构变革（含公司治理结构）、人力资源变革、文化变革和组织运行机制等，但所有这些变革最终是体现在权力分配和权利配置是否合理上，而这一结果主要通过组织结构和运行机制的变化来体现。权力分配和权利配置的效果首先从个体层面可以通过所有利益相关者的满意度衡量，其次，从团体层面，主要通过组织内部的信息沟通效率等来衡量，从组织层面，主要通过组织的整体运行状态、质量、稳定性和规模有效性来衡量。据此本研究确定，组织变革的评价指标以组织结构的变化程度和运行机制的改变等两个方面作为问题分析的出发点。通过

上述有关问题的探讨我们可以看到，对于组织的效果我们可以通过结构性维度和关联性维度进行描述，在进行评价时我们也应该考虑这些因素对于组织目标实现的影响，而我们进行组织效果评价，实际上就是变革前和变革后效果的评价，因此，对于组织变革效果的评价应该主要体现在组织的操作性目标，同时兼顾总目标，换句话说，我们的组织变革是否有效主要从操作性目标的实现或改善角度考虑，而总目标则作为兼顾目标予以考虑。操作性目标中，对于总绩效、资源消耗、市场地位与份额、员工发展、创新与变革（主要指组织适应性和灵活性）、生产率水平等对于不同的企业组织所要求的是不同的，所以哪些目标对于某一具体企业组织而言是重要的比较难确定。但是我们可以将这些目标是否实现或改变作为衡量组织有效性的指针。而这些目标的衡量指标我们通过以下指标的优劣确定。第一，组织结构的有效性，主要通过熵值理论研究，对于组织结构的衡量而言，按照斯蒂芬·罗宾斯的研究可以用复杂性、规范性和权力分配与权利配置合理性作为标准，但是究竟怎样的复杂性、规范性和权力分配性是恰当的，则需要具体问题具体分析，和企业的关联性维度因素还有关系，但作为的企业组织最大的挑战就是要不断地应对千变万化的世界，所以对于企业组织的有效性应该体现在有利于企业的创新，增强企业的适应性、反应性和灵活性上。因此规范性指标已经不是重要的指标，而稳定性指标可以作为替代指标，我们将引入组织的脆性熵作为企业组织稳定性的衡量指标。对于创新的产生，更多地体现在企业内部员工的积极性、主动性和创造性上，而企业组织的适应性、反应性和灵活性则主要体现在企业整体对于市场的应变能力。因此，通过组织变革，组织的这些性能应该有所加强方能说明组织变革的有效性，我们可以通过企业组织中信息熵、组织结构熵、组织质量熵和组织运行熵的变化来衡量。第二，对于一个有弹性的组织而言，经过组织变革其复杂性应该降低，所以通过组织复杂性的变化度量企业组织变革的效果。第三，通过对员工满意度、顾客满意度和其他利益相关者满意度的变化度量企业创新能力的提升、权力分配和权利配置的科学合理性及适应市场变化能力的提升。第四，我们用组织规模有效性评价组织的总绩效。很多人在研究企业组织的有效性时，经常会考虑企业所处的生命周期，我们不否定生命周期对于企业组织特征的影响，但是无论采用什么样的组织结构，只要其整体有效，就可说明组织类型与市场状况匹配，说明其投入产出比合理，组织在有效运行。因此，可以剔除企业生命周期的影响研究组织变革的有效性。本研究利用 DEA 方法对组织规模有效性进行分析进而评价组织变革的效果。通过上述分析，我们所建立的组织变革有效性指标体系如表 9－2 所示。

表 9－2　　组织变革效果评价指标体系

一级指标名称	二级指标
组织关联维度（企业综合绩效评价）	员工满意度
	顾客满意度
	股东满意度
	政府满意度（含社区、公众及环保）
	供应商满意度
	债权人满意度
	竞争合作者满意度
组织结构维度	组织规模性
	组织脆性
	组织质量
	组织结构
	组织运行
	组织复杂性

9.2.2　指标体系中各指标的计算

1. 关联性维度有关指标的计算

（1）基于企业总绩效的关联性指标计算

借鉴吴玲等人（《软科学》2004 年第 18 卷第 1 期）"基于利益相关者的企业综合绩效评价体系"，我们设计出企业综合绩效评价指标体系如表 9－3 所示。

我们的想法是对于企业的利益相关者进行评价时，不宜过多过细，应该对相关指标予以合并，即利益相关者包括，顾客、员工、股东、合作竞争者、政府、媒体、债权人和供应商，而对于行业协会、社区、环境和公众的利益都可以归结为政府的满意度。具体如表 9－3 所示。

对于这一指标体系的计算主要采用熵值理论进行。首先定义：

$$S_l = \sum_{i=1}^{m} k_i s_i \qquad (9-1)$$

其中：i 是影响相对封闭管理系统熵值的各种内部因素，如组织结构因素、人的因素、制度因素、文化因素等。k_i 是企业在特定行业，特定阶段时，各种因素的权重 s_i 是各种影响因素所产生的熵值，可以表示为：

$$S_i = -k_B \sum_{j=1}^{n} p_{ij} \ln p_{ij} \qquad (9-2)$$

其中：k_B是熵系数，此处定义为：企业所处的特定行业中，每增加单位收益所需追加的成本值，即行业的比值 $\Delta C/\Delta E$。j 代表企业的每个影响熵值因素中所包含的子因素，p_i 是每个子因素影响企业熵值变化的概率，p_{ij}满足 $\sum p_j=0$。由式（9-1）、式（9-2）两式可求出系统内部熵值 S_l，它的大小表示企业无序度的大小。企业管理系统中熵值的增加过程本质上是企业逐渐由有序状态向无序状态演变的过程，同时也是企业管理效率递减的过程。

表 9-3　基于利益相关者的企业综合效益评价指标体系

利益相关者 \ 项目	权重	评价指标
股东满意度	18%	投资回报率
		净资产保值增值率
员工满意度	19%	离职率
		薪酬
		培训与发展
		福利
		健康与安全
顾客满意度	15%	顾客满意率
		产品安全与售后服务
政府满意度	19%	环保政策与企业支出
		税费政策与企业支出
		法律法规与企业费用
		社区政策与企业耗费
		行业政策与企业费用
		公益事业费用
供应商满意度	6.5%	产品安全
		付款效率
		合作效率

续　表

利益相关者＼项目	权重	评价指标
竞争合作者满意度	13.5%	合作性竞争
		合作效率
债权人满意度	3%	流动比率
		利息
媒体	6%	软性广告量
		正面报道率
		负面报道率

$$dS = dS_l + dS_e < 0$$
$$dS_l = -k_l \sum_{i=1}^{n_1} k_i \sum_{j=1}^{m_i} Q_{ij} \ln Q_{ij} > 0$$
$$dS_e = k_2 \sum_{r=1}^{n_2} lr \sum_{t=1}^{m_r} Q_{rt} \ln Q_{rt} < 0 \qquad (9-3)$$
$$k_1 = (\ln n_1)^{-1}$$
$$k_2 = (\ln n_2)^{-1}$$

其中：dS_l、dS_e分别表示各影响因素对企业发展提供的正、负熵流大小，i、r分别表示导致企业管理系统熵变的各种因素 n_1、n_2表示各因数的个数，j、t是每个影响熵值因素所包含的子因素如：技术、市场、政策、组织层数和功能结构、企业制度、领导方式、学习能力、员工行为、供应商关系等。Q_{ij}、Q_{rt}是每个子因素影响企业熵值变化的概率。

表9－3所示的评价体系中各评价指标即是影响系统总熵值的各子因素，利用式（9－1），式（9－2），式（9－3）三个公式可以分别求出企业管理系统的总熵值 S 和熵变 dS，从而可以评价企业的综合绩效。

熵值评估法的绩效评价规则如下：

①当 $dS<0$ 时，企业管理系统形成稳定的耗散结构，企业逐步趋于有序化状态，管理效率将逐渐递增，企业绩效提高；S 值越小，企业绩效越优。

②当 $dS=0$ 时，企业处于暂时平衡状态，管理效率暂时保持平衡，企业绩效将维持不变。

③当 $dS>0$ 时，企业处于混乱加剧状态，管理效率下降，企业绩效将变

差，S 值越大，企业绩效越差。

（2）组织规模有效性的判定

我们通过 DEA 的方法研究这一问题。数据包络分析（Data Envelopment Anlysis，DEA）是著名运筹学家 A. Charnes 和 W. W Cooper 等学者在“相对效率评价”概念基础上发展起来的一种新的系统分析方法。数据包络分析（DEA）是一种解决多输入多输出同类决策单元（DMU）的有效性的一种评价方法。DEA 利用 DMU 作为判断所研究系统的结构有效性的工具，具有无须任何权重假设的特性，在避免主观因素和简化算法、减少误差等方面有着不可低估的优越性。这种分析方法关注的是同类型的 DMU，所谓同类型的 DMU 是指具有以下三个特征的集合：它们具有相同的目标和任务；具有相同的外部环境；具有相同的输入和输出指标。根据这三个特征，我们把组织变革前后的企业视为同类型的 DMU。

DEA 的基本模型有 C^2R 模型和 C^2GS^2 模型，两者对所研究系统规模结构有效的判断原理是相同的。DEA 的基本模型是一个分式规划，我们将其转换成线性规划，并求出其对偶模型，可以证明其对偶模型的解和 DEA 的基本模型同解。再利用 matlab 软件将其程序化，代入相应的系统数据即可求出一个判断系数 θ，根据 θ 的大小可以判断系统规模结构的有效性。即 $\theta=1$ 或者接近 1 时，系统结构规模相对有效。C^2R 模型线性规划模型及对偶模型：

$$\text{Max}\,\mu^T y_0 = \overline{V}_p$$

$$\text{s. t.}\begin{cases}\omega^T x_j - \mu^T y_j \geqslant 0, j = 1,2,\cdots,n \\ \omega^T x_0 = 1 \\ \omega \geqslant 0, \mu \geqslant o\end{cases} \tag{9-4}$$

(P_1)

$$\text{Min}\,\theta$$

$$\text{s. t.}\begin{cases}\sum_{j=1}^{n} \lambda_j y_j + s^- = \theta x_0 \\ \sum_{j=1}^{n} \lambda_j y_j + s^+ = y_0 \\ \lambda_j \geqslant 0, \quad j = 1,2,\cdots,n \\ s^- \geqslant 0, \quad s^+ \geqslant 0\end{cases} \tag{9-5}$$

(D_1)

C^2GS^2 的线性规划模型及对偶模型：

$$
\begin{cases}
\mathrm{Max}\mu^T y_0 + \mu_0 = V_p \\
\omega^T x_j - \mu^T y_j \geqslant 0, j = 1,2,\cdots,n \\
\omega^T x_0 = 1 \\
\omega \geqslant 0, \mu \geqslant 0
\end{cases}
\tag{9-6}
$$

(P_2) s. t.

其中：$\omega \in R^m$， $\mu \in R^s$

$\mathrm{Min}\theta$

$$
\begin{cases}
\sum_{j=1}^{n} \lambda_j x_j + s^- = \theta x_0 \\
\sum_{j=1}^{n} \lambda_j x_j - s^+ = y_0 \\
\sum_{j=1}^{n} \lambda_j = 1 \\
\lambda_j \geqslant 0, \quad j = 1,2,\cdots,n \\
s^- \geqslant 0, \quad s^+ \geqslant 0
\end{cases}
\tag{9-7}
$$

(D_2) s. t.

其中：$s^+ \in R^m$， $s^- \in R^s$

无论是 C^2R 模型还是 C^2GS^2 模型，最终求解的是有效系数 θ。当 $\theta=1$ 时，表征该决策单元相对有效，当 $\theta<1$ 时，表征决策单元非有效，资源利用过程中有浪费现象存在，资源没有得到充分利用。求解 θ 的过程，是线性规划寻优的过程，由于 C^2R 模型和 C^2GS^2 模型的生产可能集是凸集结构，因此，根据凸集理论可知它的最优解一定是在其凸集的边界上达到最优，也就是说 $\theta=1$ 的决策单元一定发生在凸集的边界上。只有当 C^2R 模型和 C^2GS^2 模型同时有效，才达到规模有效。

企业组织变革前的企业规模结构存在着一定的问题，通过组织变革后的企业规模结构有效性应该增加，所以我们可以通过对比研究变革前后企业组织规模的有效性问题，判断企业组织规模的有效性。具体的指标选择如表 9-4 所示。

表 9-4　　组织变革规模有效性评价指标

指标 年份	资本投入（X_1）（万元）	人员投入（X_2）（人）	利润率（Y_1）（万元）	销售收入（Y_2）（万元）
变革前的年份				
××××年				

续　表

指标 年份	资本投入（X_1）（万元）	人员投入（X_2）（人）	利润率（Y_1）（万元）	销售收入（Y_2）（万元）
变革后的年份				
××××年				

2. 组织结构维度指标的计算

（1）组织脆性的计算

荣盘祥和金鸿章（"复杂系统的脆性与系统演化"电机与控制学报 2004 年 6 月第 8 卷第 2 期）指出，复杂系统具有复杂性、自组织性、开放性、非线性，但是在在复杂系统运行过程中，难免受到内部或外部的干扰，这些干扰有大有小，有确定和不确定的，有可预测的和不可预测的。同时系统本身的软、硬件之间存在固有的缺陷如匹配性问题，所以一个极小的干扰就可能使系统崩溃，这时需要用新的特性指标来描述系统的这一性能，这个特性就是脆性。脆性的定义为：复杂系统在受到外界的打击时容易崩溃的性质，即复杂系统在受到打击而崩溃以前，没有明显的征兆。按照信息上的概念做如下定义：设系统的状态集为 $X(x_1,x_2,\cdots,x_j,\cdots,x_n)$，其中 $1 \leqslant j \leqslant n$，系统处在 x_j 状态的概率 $p(x_j)$，则

$$\sum_{j=1}^{n} p(x_j)\ln p(x_j) = 1 \tag{9-8}$$

脆性熵可以表示为：

$$S(t) = -\sum_{j=1}^{n} p(x_j)\ln p(x_j) \tag{9-9}$$

其中：$S(t)$ 为第 t 时段复杂系统的脆性熵，它是一状态函数，只要系统状态一定，相应熵值也就确定。由脆性熵与系统的有序度的联系可知，复杂系统的演化可良性演化（进化），也可恶性演化（退化），取决于系统运行机制，即取决于系统熵变机制。因此，可以用熵理论和熵变关系作为检验和判断复杂系统进化的理论和方法。为此建立系统演化方向的判别模型，则：

$$\Delta S = S(t+1) - S(t) \tag{9-10}$$

当 $\Delta S > 0$ 时，表示系统脆性熵增加，无序度加大，处于恶性循环过程中，这时要通过某种措施加以调控。

当 $\Delta S < 0$ 时，表示系统脆性熵减少，有序度增强，系统处于良性循环状态和过程中，系统功能最佳。

当 $\Delta S = 0$ 时，表明一定时间间隔内脆性熵无变化，系统状态与开始

一样。

作为企业组织显然是一个复杂的系统，所以企业组织具有脆性特征，因此在对组织变革效果进行评价时，非常有必要研究组织的脆性，这实际上是对过去变革成果的肯定，也是对现行组织未来状态的一个判断。因此，组织脆性问题作为评价的一个指标非常必要。

(2) 企业组织质量、组织结构和企业组织运行状况的评价

借鉴季福新，毕长剑“基于结构熵模型的指挥控制系统组织结构评价”，我们运用熵值法研究这几个问题的评价。影响组织有效性的因素主要包括组织的结构和运行机制，两者当中的任何一个因素都对组织的有效性起着至关重要的作用。通过计算组织的结构熵来确定组织结构的有序性，组织的实际运行情况则通过组织的运行熵来得到，综合组织的结构熵和运行熵就可以得到组织的实际有效性。

第一，研究组织结构熵

在管理组织中，可以把系统管理组织的基本结构分为垂直结构和水平结构，从上向下的指令和从下向上的报告构成了企业组织信息的纵向流：而每一管理层次又按水平方向把各主要职能分组织的信息贯通起来，称为信息的横向流，这样就构成了纵横交错的信息网，它综合了各个职能部门的目标和规划，从总体上使各部门或职位协调统一，为实现组织的全面管理奠定良好的基础。我们假设组织的管理信息是逐层流动，即没有越层流动的信息。信息流通中的两个主要指标是传输的时效性和准确性；整个组织的信息量可以认为是不变的，如果管理的层次增多，那么每层的管理幅度会减小，因此，管理层次和管理幅度是互为消长的。与此相对应，管理组织中信息流通的时效性和准确性也呈现出相互矛盾性。即：管理层次增多使信息流通的路径增多而分叉减少（因为管理幅度减少），从而延缓信息流通的速度，但却提高了准确性。相反，如果减少管理层次，则必然会增加每层的管理幅度，这样虽然流通的时效性可以增强，然而信息分叉点增多，信息在流通中出错的机会增多，就会影响到信息流通的质量。因此，管理的层次数和每层管理幅度是影响组织内信息流通的重要因素。下面就从这两个方面建立对组织结构有序度进行评价的模型。

作为一个组织都是由若干要素构成的，要素指的是系统的元素，结构指的是要素间的关系。设组织有 N 个要素，M 个管理层次。其中，最上层为企业决策层，最底层为生产执行层，中间 M-2 层为中间管理层。我们可以参考生物系统结构熵来对组织结构进行描述，系统的组织化程度可以用系统有序

度来定义。而有序度则恰是熵描述得内涵。下面从信息传播的时效性和准确度角度分别定义组织的有序度，然后把两者综合起来表达组织的有序度。用时效来表示组织在信息流通中的时效性方面的有序性，而用质量来表示组织在信息流通中的准确度方面的有序性。将时效和质量综合起来，表示系统组织机构的高效性。

首先，我们研究组织的时效。组织的时效反映信息在组织中或元素间传递过程中流通的时效性大小：而时效熵则反映信息在组织中或元素间流通时效性的不确定性大小。组织的微观态是指从某一方面观察组织时某（些）元素所处的数量状态，而其实现概率是该元素所处的微观态数量与组织全部元素微观态总和之比。

①联系的时效熵：组织纵向上下级任意两个元素之间联系的时效熵

$$H_1(ij) = -p_1(ij)\log p_1(ij) \tag{9-11}$$

其中：p_1（ij）为组织第 ij 个联系的时效微观态实现概率，计算方法由时效计算步骤（4）中的公式给出。

②组织总的时效熵 H_1 定义为：

$$H_1 = \sum_{i=1}^{N}\sum_{j=1}^{N} H_1(ij) \tag{9-12}$$

③组织的最大时效熵 H_{1m} 定义为：

$$H_{1m} = \log A_1 \tag{9-13}$$

其中：A_1 为组织的时效微观状态总数，计算方法由式（9－15）中给出。

④组织的时效 R_1 定义为：

$$R_1 = 1 - H_1/H_{1m}, R_1 \in [0,1] \tag{9-14}$$

其次，研究时效的计算步骤。

①联系的长度 L_{ij} 的确定：两元素联系的长度定义为结构图中该两元素间的最短路经，直接相连的长度为 1，每中转一次长度加 1；根据组织结构图，确定各元素的时效微观态，即系统中各上下级元素间的联系的最短长度 L_{ij}（其中 i,j 表示元素的编号，$i,j = 1,2,\cdots,N$）。

②计算组织的时效微观态总数 A_1：

$$A_1 = \sum_i \sum_j L_{ij} \tag{9-15}$$

③根据式（9－13）计算组织的最大时效熵 H_{1m}。

④计算各联系的时效微观态实现概率值：$p_1(ij) = L_{ij}/A_1$。

⑤根据式（9－11）计算组织纵向上下级和横向同一层次的任意两个元素之间的时效熵 $H_1(ij)$。

⑥根据式（9－12）计算组织的总时效熵 H_1。

⑦根据式（9－14）求出系统的总时效。

第二，研究组织的质量熵

首先，组织质量和组织质量熵的确定。组织的质量反映信息在组织中或元素间传递的过程中的准确性大小；而质量熵则反映信息在组织中或元素间流通质量的不确定性大小。

①元素的质量熵 $H_2(i)$：元素的质量熵描述本元素在信息传递过程中出错机会的不确定性：

$$H_2(i) = -p_2(i)\log p_2(i) i = 1,2,\cdots,N \tag{9-16}$$

其中，$p_2(i)$ 为组织第 i 个元素的质量微观态实现概率，计算方法由式（9－21）给出。

②组织总的质量熵 H_2 定义为：

$$H_2 = \sum_{i=1}^{N} H_2(i) = \sum_i p_2 \log p_2(i) \tag{9-17}$$

③组织的最大质量熵 H_{2m} 定义为：

$$H_{2m} = \log A_2 \tag{9-18}$$

其中：A_2 为组织的质量微观态总数，计算公式将在式（9－20）给出。

④组织的质量 R_2 定义为：

$$R_2 = 1 - H_2/H_{2m}, R_2 \in [0,1] \tag{9-19}$$

其次，质量的计算步骤。

①元素联系幅度 k_i 的确定：各元素的联系幅度定义为结构图中与该元素有直接联系的元素数量；根据组织结构图，确定各元素的联系幅度 k_i，即质量微观态（其中 i 表示元素的编号，$i=1$，2，…，N）。

②计算组织的质量微观态总数 A_2：

$$A_2 = \sum_i k_i \tag{9-20}$$

③根据式（9－18）计算组织的最大质量熵 H_{2m}。

④计算各元素质量微观态实现概率值：

$$p_2(i) = k_i/A_2 \tag{9-21}$$

⑤根据式（9－16）计算组织中各元素的质量熵 $H_2(i)$。

⑥根据式（9－17）计算组织的总质量熵 H_2。

⑦根据式（9－18）求出系统的质量。

第三，组织结构有序度

组织结构有序度，是指在考虑组织信息传输的时效和质量时组织的有序度，用 $R_{结构}$ 表示，由熵值理论可知，$R_{结构}$ 越大，则组织结构越优。

$$R_{结构} = \alpha_1 R_1 + \beta_1 R_2 \tag{9-22}$$

其中，α_1, β_1 为时效和质量关于组织结构的权重系数，可用专家法来确定。

第四，组织运行熵的确定

在既定的管理组织结构下，由于人的主观因素的影响，使组织的运行具有不确定性，从而组织成员对组织业绩的满意程度也有所不同。当然，无论是满意度的标准值还是实测值，都带有一定的模糊性，因此，我们采用基于熵的模糊评价方法来度量组织的运行熵。这里，我们对传统的熵评价方法进行改进。传统的运行熵考虑的是组织内部成员对组织运行状况的满意度，结合利益相关者方法，我们可以考察相关利益集团对组织运行状况的满意度从而来全面评价组织的运行熵。假设在既定的组织结构下，设一个组织的利益相关者中的 n 个人对企业的满意度可以分为 k 个级别，这些级别可通过 m 项指标来衡量，而这 m 项指标可以由专家来确定。k，n，m 不相关。

$$S = \begin{bmatrix} S_{11} & S_{12} & \cdots & S_{1k} \\ S_{21} & S_{22} & \cdots & S_{2k} \\ \vdots & \vdots & \vdots & \vdots \\ S_{m1} & S_{m2} & \cdots & S_{mk} \end{bmatrix} = [S_{ih}]_{m\times k} \tag{9-23}$$

设标准满意度矩阵为：

$$C = \begin{bmatrix} C_{11} & C_{12} & \cdots & C_{1k} \\ C_{21} & C_{22} & \cdots & C_{2k} \\ \vdots & \vdots & \vdots & \vdots \\ C_{m1} & C_{m2} & \cdots & C_{mk} \end{bmatrix} = [C_{ih}]_{m\times k} \tag{9-24}$$

为进行模糊评价，将式（9－23）和式（9－24）规格化，对式（9－23）按照式（9－25）进行规格化确定 e_{ih} 。

$$e_{ih} = \frac{S_{ih} - S_{i1}}{S_{ik} - S_{i1}} \tag{9-25}$$

其中，S_{ik}, S_{ih}, S_{i1} 分别代表 k 级，h 级和 1 级满意度标准 。

这样式（9－23）就转化为标准满意度模糊矩阵 E ；

$$E = \begin{bmatrix} e_{11} & e_{12} & \cdots & e_{1k} \\ e_{21} & e_{22} & \cdots & e_{2k} \\ \vdots & \vdots & \vdots & \vdots \\ e_{m1} & e_{m2} & \cdots & e_{mk} \end{bmatrix} = [e_{ih}]_{m\times k} \tag{9-26}$$

对于实测满意度矩阵可以按下式进行转换

$$f_{ij} = \begin{cases} 1 & \text{当 } c_{ij} > S_{ik} \\ \dfrac{c_{ij} - S_{i1}}{S_{ik} - S_{i1}} & \text{当 } S_{i1} < c_{ij} < S_{ik} \\ 0 & \text{当 } c_{ij} < S_{i1} \end{cases} \qquad (9-27)$$

这样式（9-24）就转化为实测满意度模糊矩阵 F。

$$F = \begin{bmatrix} f_{11} & f_{12} & \cdots & f_{1n} \\ f_{21} & f_{22} & \cdots & f_{2n} \\ \vdots & \vdots & \vdots & \vdots \\ f_{m1} & f_{m2} & \cdots & f_{mn} \end{bmatrix} = [f_{ih}]_{m\times n} \qquad (9-28)$$

设第 j 个人的满意度用向量 $f_i = [f_{1j} f_{2j} \cdots f_{mj}]^T$ 表示，第 h 级标准满意度可用向量 $e_h = [f_{1h} f_{2h} \cdots f_{mh}]^T$ 表示。根据满意度分级标准的模糊性，n 个人以不同的隶属度 U 隶属于各个级别，则 n 个人对 k 级标准的隶属度模糊矩阵为：

$$U = \begin{bmatrix} u_{11} & u_{12} & \cdots & u_{1n} \\ u_{21} & u_{22} & \cdots & u_{2n} \\ \vdots & \vdots & \vdots & \vdots \\ u_{k1} & u_{k2} & \cdots & u_{kn} \end{bmatrix} = [C_{hj}]_{k\times n} \qquad (9-29)$$

模糊矩阵式（9-29）的约束条件为：

$$\sum_{h=1}^{k} u_{hj} = 1, u_{kj} \geqslant 0, j = 1,2,\cdots,n \qquad (9-30)$$

显然，满足式（9-30）的模糊分级矩阵式（9-29）有无穷多个，对满意度进行评价的目的，就是根据式（9-26）和式（9-28）确定出最优分级矩阵。由于实测值本身因人为影响带有统计波动性，且满意度标准的分级带有模糊性，因此，$[u_{hj}]_{k\times n}$ 也具有不确定性。为了描述这种不确定性，可以将 u_{hj} 理解为第 j 个人的满意度属于第 h 级的概率。这种不确定性可以用信息熵表示。

$$H_j = -\sum_{h=1}^{k} u_{hj} \ln u_{hj} \qquad (9-31)$$

而第 j 个人的满意度与第 h 级的差异则可用加权广义距离（9-32）表示：

$$d[e_h, f_j] = u_{hj}\Big[\sum_{h=1}^{k}(w_i \mid e_{ih} - f_{ij})\Big] \qquad (9-32)$$

其中：$w = [w_1 w_2 \cdots w_m]$ 为指标权重向量。

满意度评价的目的就是确定一个合理的分级（即”概率”分配），一方面使全体成员与各级满意度标准之间的加权广义距离之和最小，即：

$$\min \quad D = \sum_{j=1}^{n} \sum_{h=1}^{k} u_{hj} [\sum_{i=1}^{m} (w_i \mid e_{ih} - f_{ij} \mid)]$$

$$\text{s. t.} \quad \sum_{h=1}^{k} u_{hj} = 1, u_{hj} \geqslant 0, j = 1,2,\cdots,n \tag{9-33}$$

而另一方面，应消除由于随机性和模糊性所造成的不确定性。根据最大熵原理，这一“概率”分配应使熵取极大，即：

$$\max \quad H = \sum_{j=1}^{n} H_j = \sum_{j=1}^{n} -(\sum_{h=1}^{k} u_{hj} \ln u_{hj})$$

$$\text{s. t.} \quad \sum_{h=1}^{k} u_{hj} = 1, u_{hj} \geqslant 0, j = 1,2,\cdots,n \tag{9-34}$$

因此，求最优分级问题是一个双目标优化问题，为解决此问题，构造复合目标优化问题：

$$\min \{ \sum_{j=1}^{n} \sum_{h=1}^{k} u_{hj} [\sum_{i=1}^{m} (w_i \mid e_{ih} - f_{ij} \mid)] + 1/B \sum_{j=1}^{n} \sum_{h=1}^{k} u_{hj} \ln u_{hj} \}$$

$$\text{s. t.} \quad \sum_{h=1}^{k} u_{hj} = 1, u_{hj} \geqslant 0, j = 1,2,\cdots,n \tag{9-35}$$

其中：正参数 B 用来对两个目标进行平衡，可根据实际问题本身预先给定。构造式（9－35）的拉格朗日函数：

$$L(u_{hj}, \lambda) = \sum_{j=1}^{n} \sum_{h=1}^{k} u_{hj} \{ [\sum_{i=1}^{m} (w_i \mid e_{ih} - f_{ij} \mid)] + 1/B u_{hj} \ln u_{hj} \} + \lambda (\sum_{h=1}^{k} u_{hj} - 1) \tag{9-36}$$

其中：λ 为拉格朗日乘数，对式（9－36）分别求 λ 、u_{hj} 的偏导数等于零，得：

$$\partial L / \partial \lambda = \sum_{h=1}^{k} u_{hj} - 1 = 0 \tag{9-37}$$

$$\partial L / \partial u_{hj} = \sum_{i=1}^{m} w_i \mid e_{ih} - f_{ij} \mid + 1/B(\ln u_{hj} + 1) - \lambda = 0 \tag{9-38}$$

由式（9－38）得：

$$u_{hj} = \exp[- B \sum_{i=1}^{m} w_i \mid e_{ih} - f_{ij} \mid - B\lambda - 1] \tag{9-39}$$

代入式（9－37），得：

$$\exp[-(B\lambda+1)] = 1/\sum_{h=1}^{m}\exp[-B\sum_{l=1}^{m}(w_i\mid e_{ih}-f_{ij}\mid)] \quad (9-40)$$

代回式（9－39），得：

$$u_{hj} = \exp[-B\sum_{i=1}^{m}(w_i\mid e_{ih}-f_{ij}\mid]/\sum_{h=1}^{k}\exp[(w_i\mid e_{ih}-f_{ij}\mid)] \quad (9-41)$$

式（9－41）就是提出的熵极大模糊评价模型。根据式（9－41）可以得出实测 n 个人分级隶属矩阵 U =［uhj］。

令$\overrightarrow{1\quad k}$级的属性值 $V_h = f(h)$ $f(h)$ 是增函数，则现实系统的运行熵为：

$$H_3 = \sum_{j=1}^{n}(\max u_{hj})\times v_h \quad (9-42)$$

根据企业系统的特点，系统最混乱时所有人都处于 k 级满意状态，企业系统最大运行熵为：

$$H_{3m} = n\times\nu_k\times 1 \quad (9-43)$$

显示系统的运行有序度为：

$$R_{运行} = 1 - H_3/H_{3m} \quad (9-44)$$

第五，系统组织的总有序度

综合组织结构有序度和组织运行有序度，可得系统组织的总有序度为：

$$R_{总} = \alpha_2 R_{结构}\times\beta_2 R_{运行} \quad (9-45)$$

（3）组织复杂性评价

宋华岭等人提出组织管理复杂性的评价体系，我们据此评价。

宋华岭教授采用熵值理论，首先定义一个熵函数，然后根据复杂性所涉及的三个域（信息转化、功能、结构）定义三个度量复杂性的制度空间。然后定义了管理力和管理功，在此基础上定义一个统一的整体复杂性的度量尺度，从而对企业组织管理的复杂性作出定量的判断。一般而言，我们进行组织变革之后的企业组织企业组织复杂性应该减小，这样才能说明组织变革的效果，当然这些问题也需要结合企业所处生命周期来综合考核。具体的评价公式详见参考文献。评价指标体系如表 9－5 所示。

表 9－5　组织复杂性评价体系

复杂性评价域 \ 因素度量	复杂性因素	复杂性度量信息含量
信息转化（X）	信息反馈环（Xx）	H（Xx）
	沟通网络（Xy）	H（Xy）
	决策过程路径（Xz）	H（Xz）

续 表

复杂性评价域 \ 因素度量	复杂性因素	复杂性度量信息含量
功能复杂性（Y）	部门功能耦合（Yx）	H（Yx）
	职能凝聚程度（Yy）	H（Yy）
	三位一体和谐性（Yx）	H（Yx）
结构复杂性（Z）	管理层次（Zx）	H（Zx）
	管理跨度（Zy）	H（Zy）
	关系水平（Zz）	H（Zz）

9.2.3 企业组织变革评价权重的确定

就目前看，有关综合评价法中应用比较多的有4种方法，德尔菲法、AHP法、熵权法和模糊聚类法。从原理上看可以分成3类：德尔菲与AHP法属于一类，都是基于专家群体的知识、经验和价值判断，只是AHP法对专家的主观判断进一步作了数学处理，使之更科学，但是上述两种方法仍然属于定性的分析方法。这两种方法的优点在于：不需要具备样本数据，专家仅凭对评价指标内涵和外延的理解即可作出判断。因此，使用范围较广，特别对一些定性的模糊指标仍可作出判断，且在判断过程中可以吸纳更多的信息。这两种方法的缺点是：在一定程度上都存在主观性，如专家选择不当则可信度更低。熵权法是根据样本数据自身的信息特征作出的权重判断。模糊聚类分析方法是基于样本模糊数据的相似性，对评价指标群体作出相对重要程度分类。熵权法由于深刻地反映了指标信息熵值的效用价值，其给出的指标权值比德尔菲法和AHP法有较高的可信度，但它缺乏各指标之间的横向比较，又需要样本数据，在应用上受到限制，模糊聚类分析法更适用于模糊指标的重要程度分类，特别适用于同一层次有多项指标时。该方法的缺点是只能给出指标分类的权重，而不能确定单项指标的权重，因此，在应用时要结合采用其他方法做到底。按照张金锁等人的研究，当有较完整的样本数据时，应采用熵权法，并将其结果通过指标间的横向比较做适当修正。如果缺乏样本数据，特别是含有大量定性指标时，采用AHP法，当含有大量模糊指标时采用模糊聚类分析法和德尔菲法。

本书所确定的评价企业组织变革效果的指标体系对于不同的企业而言，各项指标的权重会有较大的差别，因此，我们是运用德尔菲法和熵权法结合来确定指标的权重。在确定关联维度和结构维度指标的权重时主要采用德尔菲法，而在关联维度内部指标权重的确定和运算时采用德尔菲和熵权法同时进行。

如果系统可能处于多种不同状态。而每种状态出现的概率为 P_i（$i=1$，2，…，m）时，则该系统的熵就定义为：$E=-\sum_{i=1}^{m} p_i\ lnp_i$ 显然，当 $P=1/m$（$i=1$，2，…，m），即概率相等时熵取得最大值 $E=lnm$；若现设有 m 个待评项目，n 个评价指标，形成原始指标数据矩阵 $R=(r_{ij})_{m\times n}$，对于某个指标 r，有信息熵 $E_j=-\sum_{i=1}^{m} p_{ij}\ lnp_{ij}$ 其中：$p_{ij}=r_{ij}/\sum_{i=1}^{m} r_{ij}$。

对于指标体系中的指标，由于有些评价指标值越大越好，有些指标值越小越好，而有些指标值在某点处是最优的。为了能用指标值大小来说明其优劣，首先，必须对各个评价指标进行正向化处理。其处理方法如下：

①指标值越大越优指标的正向化处理，按式（9-46）进行。

$$r(x)=\begin{cases}0 & x\leqslant a_1\\ (x-a_1)/(a_2-a_1) & a_1<x<a_2\\ 1 & a_2\leqslant x\end{cases} \tag{9-46}$$

②指标值越小越优指标的正向化处理，按式（9-47）进行。

$$r(x)=\begin{cases}0 & a_2\leqslant x\\ (a_2-x)/(a_2-a_1) & a_1<x<a_2\\ 1 & x\leqslant a_2\end{cases} \tag{9-47}$$

③在某点处最优的指标的正向化处理，按式（9-48）进行。

$$r(x)=\begin{cases}(x-a_2)/(a-a_1) & a_1\leqslant x<a\\ (x-a_1)/(a_2-a) & a<x<a_2\\ 0 & a_2\leqslant x,或\ x<a_1\end{cases} \tag{9-48}$$

式中的参数 a_1、a_2、a 可根据各指标的具体特性来确定。

其次，指标无量纲化处理。该评价模型属于线性综合评价模型，因此，可采用中心化的指标无量纲化处理方法。基于此，利用下式将不同量纲计量的指标值转化成无量纲指标值。$r'_{ij}=(x_{ij}-x_j)/S_j$ 式中：r'_{ij}：对应于第 i 个企业第 j 项评价指标的无量纲指标值；x_{ij}：对应于第 i 个企业第 j 项评价指标的有量纲指标值 x_j：第 j 项评价指标的均值，S_j：第 j 项评价指标的标准差。考虑到在计算过程中需取对数，为避免出现负数和零，可将无量纲化指标值进行平移。根据 3δ 原则，令 $r_{ij} = r_{ij} + \delta$ 从而得平移后的被考评企业对应的指标值构成的指标值矩阵 $R = (r_{ij})_{m\times n}$

最后，用熵权法确定各评价指标的权重。

①计算 p_{ij}（第 j 个指标下第 i 个企业的指标值的比重）$p_{ij} = r_{ij}/\sum_{i=1}^{m} r_{ij}$

②计算 e_j（第 j 个指标的熵值）$e_j = -k\sum_{i=1}^{m} p_{ij}\ln p_{ij}$ 其中，$k = 1/\ln m$

③计算权重 w_j（第 j 个指标的权重）

$$w_j = (1 - e_j)/\sum_{j=1}^{m}(1 - e_j),\text{易见 } 0 \leqslant w_j \leqslant 1, \sum_{j=1}^{m} w_j = 1$$

9.3 本章小结

通过研究，我们确定企业组织变革效果评价体系构建 5 原则，确定了评价指标体系及各指标的内涵。通过研究我们确定的指标分为结构维度指标和关联维度指标，管理维度指标又分成 8 个二级指标，结构维度指标分成 5 个二级指标。在确定关联维度和结构维度指标的权重时主要采用德尔菲法，而在关联维度内部指标权重的确定和运算时采用德尔菲和熵权法同时进行，并且给出了熵权法确定指标权重的计算方法和步骤。

在本章中我们虽然建立起了评价指标体系，并且明确了指标权重的确定方法，但是对于评价指标体系中的每项指标具体的权重系数没有给出，这是我们接下来需要进一步研究的问题。

10 企业组织变革实证分析

本章通过杉杉集团和杜邦公司两家企业在不同时期所进行的组织变革的分析，从实证角度揭示本文研究结论的科学性和创造性。

10.1 杉杉集团组织变革分析

10.1.1 杉杉集团的组织变革历程

（1）甬港服装总厂（杉杉前身）于1980年在宁波鄞县成立，当时由浙江省纺织工业部、浙江省纺织工业公司、鄞县工业局三方共同投资成立，总注资154万元。其中鄞县工业局占50%的股份。从性质上来说，属于大集体企业。厂长助理以上的管理层均由部、局任命，第一任厂长由浙江省纺织工业公司总经理兼任。

（2）从1980年到1985年，由于当时中国的计划经济占比较重要的地位，在政府各项税收优惠下，甬港服装总厂盈利情况也较好，主业基本是接外贸订单，制作中山装，面料买卖。利润基本是按股份比例上缴给三大投资方。在这一阶段，甬港服装总厂的法律控制权和实际控制权都掌握在政府手里。这可能是因为企业的利润来源主要是政府的税收优惠政策及政府所提供的外贸订单。

（3）1988年年底，甬港服装总厂完全陷入了资不抵债的局面，亏损300万元，这段时间企业的厂长不断地更替，在短短三年时间就换了三任厂长，1980—1988年共换了5任厂长，其中1985—1988年三年时间就换了3任厂长。此时的杉杉服装厂已成为烫手山芋，谁都不敢接。在三方协商之下，1989年5月，由银行贷款20万元，鄞县工业局出资20万元组建新的杉杉服装厂。而这时一个企业家应运而生。1989年任命的新厂长郑永刚彻底改变了杉杉的命运。

（4）1990年年底，浙江省纺织工业部，浙江省纺织工业公司以当时出资额加上杉杉盈利中按比例分红退出投资方。此时的主管单位仅剩鄞县工业局一家。

（5）1990 年年底、1991 年年初，杉杉和鄞县工业局双方多次谈判后签订了一个协议。首先，鄞县工业局把所有的投资转为杉杉借款的形式，杉杉每年付给工业局一定的资金占用费；其次，因为杉杉名义上还是工业局下属的厂，因此，每年继续上缴一定比例的利润作为管理费。当然，这一管理费的比例已是比较小的。

（6）1992 年年初，在中央提出国有企业进行股份制改造的背景下，杉杉也希望拥有完全的企业自主权，彻底摆脱政府对杉杉管理的控制。当时初步定下的改革方案是：杉杉控大股，持全部股本的 70%，鄞县工业局以原先的投资额做股本持 10%，员工内部股约占 8%，剩下的股份由两家单位定向募集：一家是上海一百，以此作为杉杉的销售伙伴；另一家是国家纺织部下属的服装设计中心，以此作为杉杉的技术支持。这一方案的提出对鄞县工业局的利益有触犯，因此，遭到了鄞县工业局的抵触。但最终实现股份制改造。

（7）杉杉开始股份制改造的过程中，也发生了一些值得注意的现象，那就是为了不激起员工的排斥感，普通员工与总经理的股权相差很小。在 1992 年进行股份制改造时，普通职工一般是 10000 股，中层管理者持 20000 股，而高层管理者（包括经理助理，副总，常务副总）持 30000 股左右，而总经理持 35000 ~ 40000 股。

（8）杉杉在 1994 年，在职工内部拉开了持股差距，经营者持股比例占到了 20%。

（9）在杉杉进行股份制改造的时候，杉杉限制只有在 1992 年 7 月 1 日之前注册的正式员工才有资格入股，但奇怪的是这些职工大都不愿以 8000 元 10000 股的价格购买杉杉的员工内部股。原因就在于当时员工对杉杉的未来发展还不确定，对投入的资金今后是否会贬值存在疑问。管理层因此做了相当多的工作，多次开会与职工沟通目前企业的状况和发展前景，以及改革的必要性和趋势性。最后大多数的职工都购买了杉杉的内部股。

（10）1996 年 1 月 30 日，杉杉股份有限公司作为中国服装业第一家上市公司在上海证券交易所正式上市，而根据国家规定，3 年后即 1999 年内部职工股允许上市转让。而很多员工在这时高价转让了职工内部股，由原先的股东又成为普通的员工。为什么这些员工会转让自己的股票呢？我们的分析是，他们认识到即使他们拥有企业的股票他们也不能和不愿参与企业的最高决策。

（11）1999 年年初，杉杉集团总部由宁波搬迁至上海浦东，依托上海人才、信息、市场等功能优势，实施“品牌经营、资本运作”的企业战略。由单一品牌的服装企业升格为以“服装、高科技、投资”三大板块为主的现代化、国际化多元发展的大型产业集团。其中服装板块还在宁波，而高科技和投资板块基本在上海。值得注意的是，在服装板块，普通员工以计件工资为主，而在科技和投资板块企业员工基本为年薪制。另外在学历方面，在服装板块中，本科及以上学历占20%，而管理层中，本科及以上学历占70%；科技板块中，本科及以上学历占70%。同时，重大决策如大产品开发、改制、投资等仍需控股集团讨论决定。

（12）现在杉杉的服装板块，普通员工以计件工资为主，每年约有1.8万元收入，中层管理人员以年薪制为主，每年约5万~6万元，高层管理人员有年薪制及经营承包制，普遍每年可达20万元以上。领导者的报酬体系也进行了因地制宜的调整。总的可分为三类：按股分红制、经营承包制和年薪制。其中总部董事包括郑永刚等基本为按股分红制，而下属的如服装企业基本为经营承包制，每年上缴一定的经营费用，而科技和投资板块企业基本为年薪制。

10.1.2 杉杉集团组织变革分析

1. 1989年前的杉杉前身公司治理和员工激励分析

在杉杉集团的组织变革案例中，我们实际上侧重描述了其公司治理和员工激励方面的变化。因此，我们着重分析这两个问题。从1980年建厂到1985年，甬港服装厂走过了比较辉煌的5年，而从1986—1989年则经历了比较痛苦的4年。我们分析这9年间企业的辉煌与败落原因。首先看，这时的公司治理是由三个投资方控制进行，企业完全是计划经济的模式，企业没有生产的决策权，也不需要面对市场。企业的所有经营风险都由国家和政府主管部门来承担，企业是否获得利润也是由政府和主管部门决定。此时从企业权力控制角度看，政府是唯一的控制者，因此，其是唯一的剩余价值索取者，即政府是所有权、剩余控制权和剩余索取权的唯一代表。那么在这样一个以政治权力组合其他生产要素的企业组织中，市场的权力和权利、经营者的权力和权利，员工的权力和权利，以及其他利益相关者的权力和权利都处于被剥夺的地位。在计划经济下，政府拥有企业、政府派员经营管理企业，企业出现的盈利最关键、最重要的因素是政府的政策，这种盈利来源于企业的经营与管理的成分较少。如果说企业盈利中有经营管理者的作用的话，主要是在控制成本方面和与企业所有者——政府及其官员的关系运作方面。但企业发生亏损的因素则不止一个。我们认为主要有三个：一是市场权力和权利的提升与不匹配；二是经营者权力和权利的提升与不匹配；三是企业所有权、经营权、控制权和收益权的不匹配。在计划经济下，企业的效益来源于政府的计划配置，所以拥有政治权力的政府官员理所当然地拥有企业的实际控制权，生产决策和管理层的任命都由政府官员来完成。企业的利润来源主要是政府的一些特殊的政策，企业的主要决策都是由政府来作出。比如在完全由政府垄断的市场上，价格主要由政府主管部门决定，企业自身一般只有小幅度的价格调整权。另外，政府不仅作为企业的所有者掌握了定价权，而且也掌握了市场准入的控制权。因而通过这样的垄断控制，这种市场的高额收益主要都被控制在企业及政府主管部门的手中。

总之，完全的政府垄断市场下的企业行为主要是政府主管部门决定的，企业经营者的行为并不具有支配性的决定作用，而且企业的目标也应该与企业主管政府部门的目标相一致。但是由于政府目标的社会化和多元化，即政府对于企业的要求不仅仅是创造更多的物质财富，而且要承担更多的社会责任，并且政府本身很难准确把握市场，企业经营者的目标与政府的目标又很难一致，所以对于竞争领域的国有企业其能够盈利是偶然的，但是盈利少、不盈利或者亏损则是必然的。原因就在于我们上面提出的三个主要因素：企业是权力和权利的综合体，在市场经济条件下（也包括转轨经济），企业涉及的权力和权利主体包括：政府、经营管理者、员工和市场（主要体现为竞争者和顾客），这些权力和权利主体实际上在企业中进行着博弈。特别是政府部门，政府官员存在两种截然不同的目标取向，有些官员可能会完全以国家利益为重，对待企业像对待自己的孩子一样无私，为企业创建最好的生存和发展环境（但即使这样由于政府目标的多元化也常会使企业价值贬值），但也有些官员可能运用自己手中的权力为自己寻租。而经营管理者其经营管理企业实现政府目标的唯一动力是个人的升迁。但是种种激励对于只有微薄收入的经营者而言显得比较苍白，很多经营管理者主要的目标还是占据岗位、权力寻租，实现自己的权利。而对于员工而言，由于是“企业的主人”（但是又缺少相应的权力与责任、权利与义务）企业内部缺少竞争，在大锅饭的状态下进行着企业的生产。所以他们不会付出多于自己收益的劳动为企业实现价值最大化的目标。市场的权力和权利要求就更加突出，在竞争性市场中，顾客和竞争合作者不会可怜任何一个弱者，不会因为企业是国有企业就会对你有特别的青睐，现在的市场是国际化的市场，顾客和竞争合作者也不会因为你是民族企业而付出更多地成本惠顾你，而且随着市场经济的不断深入，各方的权力和权利要求正发生着深刻的变化，所以国有企业在竞争性领域的亏损也就在所难免。

2. 1989 年后杉杉的公司治理和员工激励分析

随着市场的开放，一些行业的竞争越来越激烈。竞争性市场成为检验企业生存条件的最好场所。在这样的竞争性市场中，管理者的权力提升越来越明显，而知识型员工的权力提升和权利诉求也发生了质的变化，市场中企业其他利益相关者的权利诉求更加迫切，企业仅以股东价值最大化作为目标已经很难实现这一目标。由于市场的激烈竞争，首先体现出权力增值的是企业经营管理者。郑永刚被任命为甬港服装总厂厂长后，率先在服装业提出并成功实施名牌发展战略，促进了整个行业"名牌意识"的觉醒。斥资在中央电视台黄金时间播出"杉杉"西服的广告。在当时，服装界敢这么出资做广告的相当少，郑永刚这一具有前瞻性的举措一时间使"不要太潇洒"的广告词深入人心，成功打响了"杉杉"的知名度。1989 年当年就实现了盈亏平衡。

值得注意的是，在甬港服装总厂业绩上升的同时主管单位与企业的矛盾却日益加大。企业在郑永刚的带领下，发展迅速，摆脱政府控制，自主发展的愿望极其强烈，1992 年准备成立以企业为主的股份公司，而主管单位由于企业的利润增长迅猛，事事要伸手，不同意企业的构想。期间产生过一个矛盾就是，当时工业局想让杉杉服装厂合并县里几个经济效益不佳的小服装企业，组建杉杉集团。郑永刚极力反对这一"拉郎配"，最终以其个人的强硬态度和魅力赢得了这场"战役"的胜利，但这一矛盾激化了两方的关系，工业局不同意杉杉股份制改造但是开明的县政府支持了企业，杉杉集团成为我国服装界第一个完成规范股份制改革的企业。

对于这一现象，显然是权力和权利博弈的结果，但是郑永刚为何会胜出呢？理解这一问题的关键还是企业权力—权利体中各方力量的变化。在服装这一充分竞争的市场条件下，谁能够通过不确定市场条件下的"生存检验"（Alchian，1950），谁才有可能在市场中生存下来。标准的教科书认为，在竞争性市场条件下，企业能否盈利的关键是在于企业家是否具有企业家才能（Rrickley，Smith 和 Zimmerman，2001）。郑永刚正是通过 3 年的打拼充分证明了自己的能力，进而体现出经营管理者的权力地位。而恰恰是这种权力的变化，导致企业对于剩余索取权的诉求。这种变化实际上是市场权力与经营管者的管理才能权力超越了政治权力，就企业的具体情况而言，由于存在着责权利不对等的情况，因此导致股份制改造的需求，而这种需求得到满足的关键是权力的变化，特别是杉杉通过 3 年的运营，企业的经营管理者已经具备了通过取得剩余索取权而获得更大收益以实现自身价值的能力。实际上，虽然财产所有权在政府，但实际控制权在企业经营者，而企业经营者的权力和权利是不对等的，这时的企业家实际上有两种选择：一是通过自身拥有的政治权力（政府指派的厂长，有行政级别）进行寻租；二是通过对剩余控制权和剩余索取权的掌控实现责权利对等。在这种博弈中，市场经济的特点帮助企业家作出的选择是选择后者，因为前者的政治权力是不牢靠的，而自身在市场经济中所获得的独特企业家才能是掌握在自己手中的，当企业家掌握了企业的剩余索取权后，他有能力实现自我价值。

郑永刚具备了反应力（对于市场的敏感）和创造力和想象力（出色的营销策划）和判断力。因此，企业的成功很大程度上取决于他对于市场的判断，而这种市场生存检验下的企业家能力增加了管理才能的权力，而自我权利的诉求也可以通过权力博弈实现，并会在这种权力的保护下顺利获得。

其实，横店集团的案例也可以证明企业中权力变化所产生的奇妙现象。横店集团企业的性质为“集体所有制，隶属于横店集团公司领导和管理”，徐文荣先后“赶走”过五任不放弃干预企业主权的“分管工业的乡镇领导”，横店集团总部和总裁直接掌握投资和资产处置权，以及通过任命经理间接控制企业营运权。这些都说明一个问题，在市场经济条件下，在充分竞争性的市场结构中，市场权力、企业家管理才能权力和政府政治权力之间的竞争往往以后者的落败而告终，但是企业家究竟如何控制和选择企业发展路径，这与企业家的个体差异有关，前面我们在分析杉杉集团股份制改造这一问题时，郑永刚选择股份制改造，而我们看一下横店集团则更多体现为保守疗法，虽然也进行了股份制改造，但是公司经理层掌握的公司股份微乎其微，总裁只掌握集团1.2%的利润，似乎和所承担的风险和责任不对称。桦君在《反思海尔》一书中，认为海尔的一大问题在于海尔的产权不明晰，而且张瑞敏及海尔集团的高层管理人员基本上是按照地方国有企业级别获得收益，与跨国公司高级管理人员的待遇有天壤之别。那么如何解释这种现象呢？

对于以上问题的回答，经济学家已经找出了很多比较好的答案。周其仁（1997）认为，“控制权回报”是对企业家贡献的一种激励机制。虽然企业没有支付与企业家对企业贡献相对称的“剩余索取权”，但企业家对企业的贡献与他从企业分享的利润之间的“差额”，仍然由这个企业家、而不是任何其他人来控制和支配，这就是说，企业家贡献与“利润分享权”的不对称，由企业控制权的回报来弥补。而杨瑞龙和郑志对这一问题的解释是，市场上的激烈竞争在激励和约束经理人员的行为方面发挥着十分重要的作用。经营者只有比竞争对手做得更好，才能实现自身的利益，才能显示自己的才能，从而实现企业家的价值。

而我们则进一步认为，除了这两点原因之外，可以从企业中权力—权利的博弈及企业家差异来解释这一现象。我们可以认为，以上现象是企业中权力博弈的结果，而企业权力博弈的背后是权利的博弈。在企业家管理才能权力、市场权力和政治权力的博弈过程中，后者在市场经济条件下处于下风。但是为什么杉杉、横店、海尔三家国有企业最终选择的公司治理结构不同呢?我们认为，这和企业家个人差异有关，实际上就涉及有关人性假设的问题。前已述及，通过对于人性假设的研究，我们认为，人是自利的，而且这是人的本性里面最核心的，这也非常符合唯物主义"经济是基础的理论"，但是这种自利性会因自身素质、能力和其他需求的强弱有比较大的差异，这在上述我们所提到的三个企业中就得到了充分的印证。在杉杉看来，企业的所有权、剩余控制权、剩余索取权都应该对等，而且和企业员工的才能及所承担的风险对等，但是在横店和海尔则认为，以上这些不需要对等，特别是企业家对企业作出巨大贡献，承受巨大压力，承担巨大风险，但是却对剩余索取权"不感兴趣"，我们认为这是企业家在处理同一问题的不同思路而已，因为按照法马和詹森的理论，拥有了剩余控制权就等于拥有了剩余索取权。对于这样两种处理问题的方式，究竟哪个更好，或者更合乎市场经济规律呢，我们从企业是权力和权利综合体的角度分析这个问题认为，杉杉的做法更值得推广。原因就在于企业中的权力和权利诉求是不断变化的，而这种变化能通过剩余控制权就能获得平衡——即责任和权力对等，义务与权利对等的人毕竟是少而又少，而且随着知识型员工的崛起，企业内对于决策权的需求会有进一步增强的压力。这些实际上也是企业中权力和权利系统博弈的一个主要内容。因此我们可以认为企业组织是因为权力—权利系统的不断变化与博弈使企业不断变革，不断进步，企业组织的治理机构也是这种变化与博弈的结果。

通过对杉杉的考察，我们不难发现，影响企业内权力与权利配置的不只是物质资本的所有权，而且包括管理才能等非物质资本所有者的特殊能力。我们在考察杉杉的案例的时候发现，随着企业主要的经营领域发生改变，员工的地位也发生相应的变化。如企业发展战略调整为三个板块后，在服装板块，普通的员工只拿计件工资，而科技和投资板块的员工获得的是较高的年薪制。这说明企业中的人力资本因为拥有了特殊能力而拥有了权力，进而在权力博弈中获取了相应的权利，同时这种权力和权利之间又相互影响，相互制约使企业的治理不断进步。

通过上面的论述，我们可以对国有企业的治理问题提一点看法。在十六届三中全会中，明确提出了"产权是所有制的核心和主要内容"，第一次提到建立“归属清晰、权责明确、保护严格、流转畅通”的现代产权制度。显然国家认为对于国有企业而言，最重要的问题是搞好产权改革，当然这一改革一定是对竞争领域的国企。而我们上述的分析却说明，企业的产权问题是一个重要问题，但不是根本问题，在企业的治理结构中起决定性作用的不仅是物质财产所有者，而且包括以管理才能为代表的非物质资本所有者。对于这些非物质资本所有者的激励问题不是一个简单的问题，实际上是多方权力—权利博弈的结果，对于拥有特殊能力的人力资本所有者而言，其所要求的所有权、决策权、剩余控制权、剩余索取权等其最终目标是实现责权利对等。因此，对于国企的改制问题，所有权的改革是重要的，但是剩余索取权的归属显得更加重要，再进一步讲，就是如何保证和激励获得剩余索取权的人能不断地增加企业财富，获取剩余索取权是最关键的。所以从这个角度讲，企业的运行机制的建立考虑更多的不是所有权问题，而应该是如何保证对企业而言有特殊能力的人不断获取剩余索取权。这实际上就是企业如何建立一个激励和约束机制的问题。

本研究认为企业不仅是一组契约的组合，而且企业是权力—权利博弈的综合体，在这种权力—权利博弈中如何保证其间的对等性是企业提高绩效的关键。企业的权力—权利主体是否能为企业的生存与发展提供更大的帮助，关键是看企业能否保证其对于权力和权利的诉求。因此，对于国有企业而言，产权的改革不是一个充分条件，也不是一个必要条件。我们既可以看到，在产权不清晰的情况下，企业可以取得成功，也可以看到产权清晰，企业也可能失败。杜志雄、苑鹏、包宗顺（2004）对于乡镇企业的调查显示，股权结构对劳动生产率的影响不明显，另外企业职工对于是否持股并不十分积极。因此产权的改革、私有化不是解决问题的唯一良药。

通过对杉杉集团组织治理和运行机制的研究，我们可以深刻的体会出在国有企业进行组织变革的过程中，公司治理结构和运行机制的变革是核心的变革，组织变革的其他方面是随之而产生和进行的。这似乎和我们前面设计的组织变革模式不尽相同，但是国有企业是一类非常特殊的企业，所以在国有企业进行组织变革之前必须要先解决解决公司治理问题，当然在我们所研究的这个案例中可以看到企业的发展战略变革出现了三次变革，第一次发生在公司治理结构之前，企业在郑永刚的带领下展开了品牌战略，随着公司股份制改造的结束，1996 年公司上市后，企业确定形成了多元化发展战略，公司的总部也由宁波迁至上海。并且进行了企业组织结构的变革，在这些工作进行完之后，实际上杉杉存在着确认发展战略这一过程。而在整个这个组织变革过程中，始终作为变革一条线的就是组织运行机制的变革。在变革的每一步都伴随着激励机制的改变，而且这些机制的变化始终本着这样的原则进行，就是对企业中拥有对企业至关重要的特殊能力的人或人群成为重点考虑的对象，而且在这个案例中我们也可以看到郑永刚作为拥有管理才能的人力资本在与物质资本所有者并拥有政治权力的政府的博弈中，其获得了胜利。因此可以从一个侧面反映出劳动在条件允许的情况下完全可以组合资本。而杉杉 20 几年的组织管理变革，我们将其分成两段：一段是 1985 年之前的计划经济，企业所面临的市场是一个完全由政治权力主导的垄断结构市场；一段是在 1985 年之后，企业所面临的市场是一个由垄断结构向竞争结构转化，进而转化为充分竞争的竞争结构市场。在这两种结构类型的市场中，企业内的权力结构和权利结构迥然不同，而导致的公司治理结构和运行机制也是本质上的差别。同时也可以得出，在垄断结构的市场中，企业内权力和权利的博弈处在不平等的地位上进行，因此其所形成的治理结构和运行机制很难奏效，而在充分竞争的市场结构中，由于企业内权力和权利的博弈处于相对平等的地位上，所以形成的治理结构和运行机制就可能有效。而且在垄断结构市场中，企业组织一般不会主动进行组织变革，因为首先，企业的经营管理者没有足够的权力进行重大的组织变革，其次，在这样的市场结构中对于企业经营管理者最大的激励是升官晋级，而组织变革的风险很大，因此，绝大多数管理者不会冒这样的风险，在进行我们第 8 章所述的”两种选择”时，管理者一般会通过权力寻租的方式实现责权利对等。

10.2 杜邦公司组织变革实证分析

10.2.1 杜邦公司组织变革描述

美国杜邦公司（Du Pont Company）是世界上最大的化学公司，已有 200 多年历史，这 200 年中，尤其是 21 世纪以来，企业的组织结构历经变革。杜邦公司所创设的组织结构，曾成为美国各公司包括著名大公司的模式。杜邦公司的组织模式主要经历了四个明显的阶段。

1. 成功的单人决策模式

亨利是伊雷内的儿子，军人出身，由于接任公司以后完全是一套军人派头，所以人称“亨利将军”。在公司任职的 40 年中，亨利挥动军人严厉粗暴的铁腕统治着公司。他实行的一套管理方式，被称为“凯撒型经营管理”。这套管理方式无法传喻，也难以模仿，实际上是经验式管理。公司的所有主要决策和许多细微决策都要由他亲自制定，所有支票都得由他亲自开，所有契约也都得由他签订。他一人决定利润的分配，亲自周游全国，监督公司的好几百家经销商。在每次会议上，总是他发问，别人回答。他全力加速账款收回，严格支付条件，促进交货流畅，努力降低价格。亨利接任时，公司负债高达50多万美元，但亨利却使公司成为此业的首领。

2. 集权式职能型组织模式

亨利时代结束之后，由于继任者难以模仿亨利模式，很快公司就陷入困境，其后由杜邦家族的三兄弟掌管了公司，由于此时的市场变化和个人能力的限制，他们改变了公司原有的家族式单人决策管理模式，建立起集权式职能型组织模式。该模式的主要特点是建立了“执行委员会”，隶属于最高决策机构董事会之下，是公司的最高管理机构。在董事会闭会期间，大部分权力由执行委员会行使，董事长兼任执行委员会主席。1918年时，执行委员会有10个委员、6个部门主管、94个助理，高级经营者年龄大多在40岁上下。公司建立了预测、长期规划、预算编制和资源分配等管理方式。在管理职能分工的基础上，建立了制造、销售、采购、基本建设投资和运输等职能部门。在这些职能部门之上，是一个高度集中的总办事处，控制销售、采购、制造、人事等工作。

3. 事业部式组织模式

1917年“一战”结束之后，军火需求日益下降，杜邦公司为了消化多余的生产能力，公司制定了多元化的发展战略，进入化学领域，沿着两条主线，在5个领域投资，但此时杜邦公司在一战前夕建立的职能型集权式组织模式日渐不适，公司在1918年除了炸药领域盈利外，其他所有领域全面亏损，究其原因发现是组织不能适应企业在多领域发掌的需要，此时建立了以产品为中心的事业部式组织模式。该模式在执行委员会下，除了设立由副董事长领导的财力和咨询两个总部外，还按各产品种类设立分部，而不是采用通常的职能式组织如生产、销售、采购等。在各分部下，则有会计、供应、生产、销售、运输等职能处。各分部是独立核算单位，分部的经理可以独立自主地统管所属部门的采购、生产和销售。

4. “三头马车式”

事业部式的组织模式适应了杜邦公司当时的公司实际状况，该模式一直延续到1967年没有本质性的变化。但是，此时公司治理层的知识缺陷暴露出来，在公司新的经营战略指引下科普兰对公司的治理层进行了调整。1967年年底，科普兰把总经理一职，在杜邦公司史无前例地让给了非杜邦家族的马可，财务委员会议议长也由别人担任，自己专任董事长一职，从而形成了一个“三头马车式”的体制。1971 年，又让出了董事长的职务。

10.2.2 杜邦公司组织变革分析

杜邦公司第一次组织变革是从单人决策相集权式的职能制结构转变。主要标志是建立起了职能制组织结构。主要特征是：专业分工、部门化、层级原则和以职务为基础的权力分配。这种变化的最重要原因是单人决策式的组织模式阻碍了公司的发展，公司在 20 世纪初濒临破产，个人能力在公司规模达到一定程度后完全不能驾驭整个公司的管理，公司出现了严重的决策滞后问题，这种变革的内在动因在于内部管理的压力，而以专业化分工、部门化和对等职权化为核心的集权式职能型组织结构恰好可以解决这一问题。形成这种局面的主要原因是管理复杂性要求管理者必须具备多方面知识和能力，资产所有者要求较高的资产回报率，但又缺少足够的管理才能，而专业化分工和职权对等化的新型组织在不丧失最终决策权的前提下，是一种非常好的选择。此时管理者面临的重要市企业管理和环境不断上升的复杂性，因此企业要解决的大规模生产问题。采用集权式的分层管理恰好可以解决这一问题。

但随着第一次世界大战的结束，杜邦遇到了产能过剩的问题，因此企业实施了多元化战略，但这种多元化战略的结果是，公司新进入的领域绝大多数都发生了亏损。这种情况产生的主要原因在于，公司的集权式决策的不科学性，因为现在企业管理和面临的市场已经不仅仅是复杂的问题，而且出现了不确定性的问题，决策的延迟和不科学性显得越来越突出。由于涉足领域不熟悉，原有的管理知识和经验不能应对新问题，特别是原来以职能为中心的组织结构表现出更大的不适应性，这时按照区域和对象进行管理成为必然的选择。所以企业第二次重大的组织变革就是由集权的职能制组织模式改革为分权的事业部式组织模式。这里面的内在原因我们可以通过企业内权力—权利格局的变化予以解释。在企业中实际上我们可以注意到有这样几种权力和权利主体起着十分重要的作用。一是资本所有者的股东，二是管理才能所有者的经理人，三是市场的复杂性与不确定性，四是政府政治权力。由于政府压缩武器装备的使用与购买，杜邦因此调整战略，进行多角化经营，由于多角化经营所面对的市场更大、更复杂，且有很大的不确定性，而市场要求企业必须作出及时正确的决策，这对于集权式组织模式而言是不可想象的，所以可以看到由于市场权力的增加企业需要调整组织结构，又由于领域知识和专门化知识更多的被企业的非战略决策层人员所掌握，股东，包括高层管理者专门化知识的匮乏等原因，企业采取决策权力的下放、以对象（地区、产品）为工作核心的事业部式组织模式顺理成章成为最佳选择。

杜邦公司的第三次重大组织变革就是公司治理中实行“三头马车”式的组织管理模式，这样的变革我们分析其主要原因还是企业权力和权利格局发生的变化所导致，有人可能会说，这种变化应该是结果而非原因，实际上这种变革是权力和权利格局内在变化的外部表现，是企业内各权力—权利主体进行博弈的结果。

10.3 本章小结

本章通过对两个案例研究，验证了企业组织变革的最基本原因是企业组织的权力—权利博弈，即当构成组织的权力和权利格局发生变化时，就要求企业组织进行组织变革。其变革的成功与否主要是看权力和权利的匹配性。

通过对杉杉集团组织变革的研究，我们还发现这样一个现象，即企业中拥有特殊才能的人力资本在一定的条件下完全有可能组合其他生产要素，在众多的权力—权利博弈中，获得胜利的概率逐渐在增大。同时我们预测，在未来企业组织的治理中，企业中人力资本将占据越来越重要的地位。

通过两个案例的研究我们进一步证明，企业战略变革与组织结构变革之间的关系，即战略变革会在整个组织结构变革过程中进行三次，而且作用各不相同。战略变革与组织结构变革之间是一种互动的关系，而不单单是引领的关系。

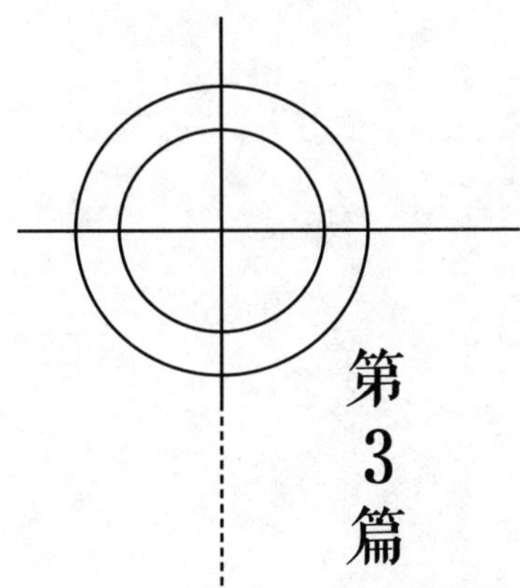

第3篇

基于组织脆性的组织变革研究

11 企业组织变革理论综述

彼得·德鲁克曾说过：组织建立的目的必须是不断地变革。组织变革就是当组织成长迟缓，内部不良问题产生，已无法适应经营环境变化时，企业所作出的组织调整，即将组织结构、内部层级、工作流程、沟通方式及企业文化等，进行必要的调整和改善，同时及时改变领导者和员工的观念及行为方式，以促使企业顺利转型。格罗夫等提出了环境的三个核心维度：环境动态性、环境复杂性和环境容量；因此，组织对环境的把握应该突出表现在对环境变化的把握上，因为给组织带来的各种机遇和威胁几乎均来自环境的变化。

11.1 组织变革的概念

组织变革概念和内涵，一方面随技术的进步和组织外部环境的变化而不断拓展，同时变革的思想、理念、技术、过程、结构、文化、方法也随管理的实践与研究的深入而日益丰富和深化。

Morgan（1972）组织透过变革的过程，可使组织更有效率的运作，达到均衡的增长，保持合作性，并使组织适应环境的能力更具弹性。

Webber（1979）组织变革是经由改进组织的政策结构或是改变人们的态度或行为，以增进组织绩效。

Dessler（1980）将组织变革定义为旨在增进组织效能而改变组织的结构、技术或人员的方法。

Michael（1982）认为组织变革是指组织经营行为与环境变化无法协调时组织为适应环境变化而从事的调整过程。

Amir Levy 和 Uri Merry（1988）认为组织变革是组织在以惯例无法处理像以前连续运作的情况下，为了生存而在每一组织结构上做的重大调整，包括组织使命、目标和企业文化的变革。

Recardo（1991）认为组织变革是组织为使其成员行为与采用以前有所不同，所作的策略调整或计划。

Strebel（1992）从外部变革动力和组织内部变革的阻力，两股力量均衡的过程来阐述组织变革的概念。

Daft（1994）认为组织变革是一个组织采用新的思维或行为模式，人员的行为及态度的改变是组织变革的根本。

Charle W. L. Hill 和 Gareth R. Jones（1998）组织变革是企业从目前的状态到未来理想的情境而增加其竞争优势的活动，主要包括改造、流程重组和创新三种活动。

目前，组织变革已经成为世界浪潮，组织变革的内涵也不断的丰富和拓展，注重企业内部的调整向企业整体的系统变革及企业间的组织变革拓展；同时也反映了影响企业组织变革的因素和阻碍企业变革的阻力发展演进的过程及组织变革的内容日益复杂。鉴于组织变革的复杂性，组织变革的概念和内涵也许正如格里利切斯所说，追求组织变革的定义也许没有意义。

本研究认同 Amir Levy 和 Uri Merry（1988）所说的组织变革概念，也就是说我们认为组织变革是组织在以惯例无法处理像以前连续运作的情况下，为了生存而在每一组织结构上做的重大调整，包括组织使命、目标和企业文化的变革。具体来讲，组织变革是指运用行为科学和相关管理方法，对组织的权利结构、组织规模、沟通渠道、角色设定、组织与其他组织之间的关系，以及对组织成员的观念、态度和行为，成员之间的合作精神等进行有目的的、系统的调整和革新，以适应组织所处的内外环境、技术特征和组织任务等方面的变化，提高组织效能。企业的发展离不开组织变革，内外部环境的变化，企业资源的不断整合与变动，都给企业带来了机遇与挑战，这就要求企业关注组织变革。

11.2 组织变革的考虑因素

11.2.1 企业组织变革的内外部环境分析

企业组织是一个具有开放性的系统，它必然与环境发生联系，并竭力从环境中获取企业组织自身所必需的可用资源及有价值的相关信息，同时向顾客提供有价值的产品和服务，一个企业组织基本获取资源的战略——如何获取资源并输出产品。

1. 内部环境影响要素

任何一个组织不可能独立存在，它必定依托于内外部的环境。不断变化的外部环境制约与影响着组织的发展，只有协调好组织自身环境的组织才能协调组织与外部环境之间的关系，从而将内耗降到最低，以最低的成本实现既定的目标，组织内部环境是否合理主要可以以三个指标判断：组织结构、组织资源、组织文化。

组织结构：所谓组织结构就是组织的构成模式，组织内部各阶层的各部门权力和责任的相互关系的设置，这是组织的软件方面。典型的组织结构有：直线制组织结构、职能制组织结构、直线职能制组织结构、事业部制组织结构和矩阵制组织结构。对于不同组织的情况，选择不同的组织结构是至关重要的。

组织资源：组织资源是保证组织能完成既定目标的实力基础，这是组织的硬件方面。组织资源包括以下两方面资源：人力资源和财务资源。考察一个组织的人力资源是否能为组织达到目标贡献力量主要看四方面：首先，是各层人员的基本能力；其次，是考察各层人员的分工是否合理；再次，就是考察人力资源的开发空间与潜力。财力资源主要是指组织的资金实力以及资金运用的合理程度，获取利益的最大化。

组织文化：组织文化通常是指组织的工作作风、指导思想和经营理念，主要包括三个方面：共同的价值观、一贯作风及传统习惯、组织最高目标和宗旨。组织文化具有五个作用：约束作用、导向作用、辐射作用、激励作用和凝聚作用。组织文化并不是纯精神的，化成具体的形式就是组织的行为规范与规章制度。

2. 外部环境因素

组织的外部环境因素是指对组织成员的行为和心理发生影响的历史文化传统和现实社会环境等因素。组织的外部环境主要指：国家的政治经济、文化以及科学技术的发展。

政治经济形势：我国法制化、多元化和民主化进程不断深入，现代企业将不会被动地等待法律法规和政策的出台并接受其约束，而是在政府政策与法规形成的过程中通过各种合法的手段施加影响，这将直接关系到企业的竞争能力。经济状况指的是人们为了生存和发展而进行各种活动的物质基础。经济状况的不同会形成人们不同的生活水平和不同的目标、价值观、态度。

社会文化及科学技术的发展和传播：作为意识形态的社会文化对一定社会的政治和经济的反映，同时又具有巨大的反作用。一个国家和地区的社会传统和文化状况，对个人和组织的影响都非比寻常。例如：在西方文化中，在组织中都更多的强调个人主义，而在东方文化的组织中，对任何个人都应以大局为重。科学技术的发展和传播不仅影响组织的发展与变革，而且也影响组织结构和社会心理。比如因特网近年来的飞速发展就对组织的运作方式和个人的生活方式产生了重大影响。

11.2.2 企业组织变革的阻力

任何变革社会生活组织、人际关系、决策体系的行动，都不会不走弯路和不需要付出巨大的努力（斯蒂芬·P. 罗宾斯，2004）。

1. 源于组织的阻力

组织就其本质来说是保守的，它积极地抵制变革（Hall，1987）。变革的组织阻力来源主要包括组织自身及其周围环境两个方面。

对于组织惯性，也即沿袭既往企业行为模式的方式，在一种相对稳定的环境中，组织惯性或许有助于取得成功，这是因为组织惯性有助于保持组织内部的一致性，有效地控制协调组织成员的行为，强化管理控制系统。然而，一旦组织面临变革，组织惯性将会迅速转变成组织变革的障碍，极易导致企业对变化莫测的环境反应迟钝或失当。企业组织变革首先会遭遇自身的阻碍因素，主要因素如下：第一是组织结构的障碍。任何一种新的主意和对资源的新用法，都会触犯组织的某些权力，所以往往会受到抵制。第二是组织的惯性思维。组织的惯性思维可以帮助组织稳定现状，但对于组织的进一步发展却会产生障碍。同时组织结构惯性和固有的机制在组织面临变革时，也会起维持现状稳定的作用而成为组织变革的反作用力。第三是组织文化。组织文化是一个组织经过长期积累而形成的相对稳定的共同观念和行为方式，存在于组织成员的观念之中，具有很强的延续性，改变起来相对困难。一旦组织变革与组织文化产生冲突，抵制变革的阻力随之产生。由于文化的变革经常滞后，使得旧的组织文化和新的组织结构间产生冲突，使新的组织结构无法运行而导致结构变革的失败。

组织外部环境对组织变革的阻碍因素主要来自如下几个方面：第一，市场竞争日益激烈，产品更新换代周期日渐缩短，企业只有敏锐地把握市场的发展方向，不断推陈出新，实施变革，才能立于不败之地。然而“所有的变革都是新的，在某种意义上是预料之外的”，因而任何变革都不能一蹴而就，需要假以时日。从这个意义上说，市场对企业组织变革起了阻碍作用。第二，国家的政治法律体系中，有些措施客观上不利于企业组织发展和变革，如冗长繁复的办事程序；而政治局势动荡、民主法制不健全、方针政策欠妥等都会对企业组织变革产生阻碍。第三，如果说市场体系和政治经济环境对企业变革的影响是显而易见的，那么社会文化对其影响则是潜移默化的。

2. 源于群体的阻力

群体实质上是一种既定利益团体，有时也称为“利害关系群体”（Burgoyne，1994）。当组织变革影响到群体习惯化或模式化的行为方式时，他们会抵制变革；当群体惯有的人际关系遭到组织变革的改变或者破坏时，他们也会抵制变革。因为这是群体成员在长期的工作和相处中逐渐形成的，已经成为自然而然的事情、是惯性，任何改变都可能导致“不舒服”、“不一致”，破坏群体原有的协调一致。信息沟通障碍是指在信息传递过程中的失真、过滤或中断。信息沟通还受信息发送者和接收者选择性的影响，因为在众多的信息中人们往往接收最能与自己达成共识的信息，而忽略其他可能更重要的信息。这些因素可能导致组织变革的信息被误传、误解从而遭抵制，也可能导致对变革执行不力、不彻底从而失败。

组织是由一个个具体的、有思想的个体所组成，组织存在、发展乃至变革与这些个体的利益息息相关。因此在组织变革过程中，所遇到的阻力首先是来自个体成员对变革的抵制。人们对于未知的事物往往心有所惧，不敢轻易尝试。一方面，通过变革给企业组织带来一系列的新观念、新技术、新设备、新环境、新任务、新格局等新的东西人们不了解、不熟悉的，面对不了解、不熟悉的东西，人们通常会产生不同程度的焦虑和不安全感，从而对变革持一定程度的观望和保留态度。另一方面，变革的结果是未知的、难以预测的。如果员工认识不到变革可能给他们带来的收益，相反一味认定变革会威胁到目前很不错的既得利益时，他们会对变革产生疑虑，进而形成消极态度和抵触性行为，妨碍和制约变革的顺利进行。在组织管理中，员工已习惯于原有的管理制度、作业方式和行为规范，变革将会使他们感到不习惯、不舒服、不自然，会打破原有心理的平衡。所以，他们不自觉地要维持原有的一切，从而成为变革的阻力，使组织丧失变革的最佳机遇，增加变革的成本。组织变革会打破原有的稳定格局，使现存已知的东西变得模糊不清和不确定，这意味着组织要打破原有的心理平衡，破坏某些人的职业认同感，导致他们剧烈的情绪反应，内心出现很大的冲突与波动、压力与紧张，因而抵制组织的变革。组织变革带来的是资源的重新分配、利益的重新调整、权力的重新安排，广泛涉及每个人的切身利益。底层员工担心失业、失去经济来源而抵制变革，这些都造成了组织变革的巨大阻力。

11.3 企业组织变革模型

组织变革的模式包含两种：激进式的组织变革与渐进式的组织变革。激进式改革是指力求在短时间内，对企业组织进行大幅度的全面调整，以求彻底打破初态组织模式并迅速建立目的态组织模式的过程。有时也特指国际货币基金组织在俄罗斯推行的“休克疗法”，或称“大爆炸”、“创世纪”式改革 。渐进式变革则是通过对组织进行小幅度的局部调整，力求通过一个渐进的过程，实现初态组织模式向目的态组织模式的转变的过程。选择的是“渐进”的战略，这种战略主张采取温和、渐进和自我完善的方式来变革现实，更多地把改革理解为一个主要是修正、充实、完善和提高的波浪式前进的由量变而达质变的过程。

组织变革是一个复杂、动态的过程，需要有系统的理论指导。管理心理学对此提出了行之有效的理论模型，适合于不同类型的变革任务。

11.3.1 勒温变革模型

最具影响力的组织变革模型是勒温的组织变革模型，即包含解冻、变革、再解冻三个步骤的有计划组织变革模型，用以解释和指导如何发动、管理和稳定组织变革过程，这个组织变革模型也叫做“力场”组织变革模型。

解冻阶段：此阶段通常包括将那些维持当前组织运行阻碍力量加以减少，有时也需要一些刺激性的主体或事件，使组织成员指导变革的信息而寻求解决途径。

变革阶段：此阶段是改变组织或部门行为，以便达到计划目标，包括组织结构及过程变革，以形成新的行为、价值和态度。

再解冻阶段：此阶段使组织稳定在一个新的均衡状态，它通常采用支持机制加以完成，也就是强化新的组织形态、文化、政策和结构。

11.3.2 卡斯特的系统变革模型

卡斯特在系统理论学派的“开放系统模型”的基础上（融合了“一般系统理论”)，加入组织变革因素分析，形成了“系统变革模型”。所谓“开放的系统模型”主要强调组织既是一个人造的开放系统，同时也是由各个子系统有机联系而组成的一个整体。该模型包括输入、变革元素和输出三个部分。卡斯特提出了实施组织变革的六个步骤：审视状态、觉察问题、辨明差距、设计方法、实行变革、反馈效果。

系统变革模型首先要确立组织的使命、远景以及战略规划等，按照组织目标、组织文化与组织架构，由组织成员共同努力，在社会因素的影响下，实现组织的整体效能的实现与提升。

11.3.3　莱维特的变革模型

美国的 Harold Leavitt（哈罗德莱维特，1983）提出整个企业（或其他组织）变革的系统模式。他指出，组织变革的内容，包括4个方面，即：任务、人员、技术和组织结构。Leavitt 认为组织变革主要通过结构途径、技术途径和行为途径实现，这三种途径高度相关。

结构：如组织系统、预算编制及规章制度的改变。此种方式强调组织结构与制度层面的修正，也就是环境改变，目标随之调整。因此，手段不宜过分僵化。

技术：工作流程的调整或重组，包括根据组织变革目标而做的实物空间优化、工作方法、工作技术的变化等。

行为：此种方式强调态度、激励及技能的改变及其辅助活动，如培训、绩效考核、员工的招聘等。

11.3.4　科特的变革模型

科特在其专著《变革》中提出，组织变革失败往往是由于高层领导犯了以下错误：没有重视和认识到变革需求的急迫性；没有创设负责变革过程管理的强有力领导联盟；没有确立指导变革过程的愿景和规划；缺乏对愿景规划进行有效的沟通；没有扫清实现愿景规划的障碍；没有系统计划并获取短期利益（或胜利）；过早地宣布大功告成；未能让变革在企业文化中根深蒂固等。科特制定了一个指导重大改革的八阶段流程，他认为，如果组织按此8个阶段往前推进，则组织变革成功的概率就会大增，这8个阶段是：认识变革的需求、创设领导联盟、开发愿景与战略、沟通变革愿景、授权员工为远景而努力、系统计划并夺取短期利益、巩固并再接再厉推动组织变革、将新行为模式深植于企业文化。

11.4　企业组织脆性下的组织变革路径

11.4.1　企业组织变革的一般步骤

企业组织变革的步骤一般为：诊断组织状态、选择变革方法、分析限制条件、制订变革计划以及实施变革计划。

1. 诊断组织状态

根据组织的表现和运营现状，准确地确定出组织所处的生命周期阶段，依据组织的生命周期理论和现实情况，认真寻找组织在运行和发展过程中存在的问题。要特别注意组织外部的政治环境、社会环境、市场环境所发生的新变化和发展趋势；同时也要重视组织内部日常活动的一些反馈信息，全方位地诊断组织的目标、组织结构、信息沟通渠道和方式、组织对环境变化的使用状况、组织的运营状态、资源配置情况、员工的士气与情绪等方面存在的问题。讲这些问题按其属性进行分类，按其重要性和急迫性进行排序，从中挑选出若干相对重要的、对组织全局影响较大的问题，逐个认真分析、研究，找出产生这些问题的根源和解决这些问题需要改变的因素，并初步确定出组织变革的具体目标。

2. 选择变革方法

根据确定出的组织变革目标，结合本组织的实际情况，确定变革的突破口和重点。

3. 分析限制条件

为了使得组织变革获得成功，还应该认真分析变革的限制条件，即组织变革有哪些制约因素、需要具备什么条件。

上级主管部门是否支持、组织内部是否具备变革的基础条件是两个必须考虑的限制条件。因为变革将会打破被变革的组织的结构体系，实际上它是资源和利益的重新分配与组合，动作大、影响面宽，在变革的过程中会出现许多预想不到的问题和负面后，风险性很大。如果没有上级主管部门的支持和认可是很难成功的，因此要详细向上级主管部门汇报情况，说明目前组织存在的严重问题、变革的必要性和将要实施的变革方案，努力争取他们的支持和理解。组织内部所具备的变革基础条件包括的方面较多、较复杂，不论采取哪一种变革方式，群众的支持都是必需的，组织者要进行广泛的宣传活动，在深入基层调查研究的基础上，尽可能多地让员工了解变革的必要性、困难和变革成功后组织新的形态，鼓励他们献计献策、积极参与，尽可能地减少来自人员对组织变革的阻力。

4. 制订变革计划以及实施变革计划

为了使得组织变革取得成功，必须按照管理的一般原则，充分考虑组织所面临的内部与外部的环境要素，并结合组织的实际情况进行详尽分析，制订组织变革的整体计划。

组织在实施改革的过程中首先对当前各部门各个员工的责权利进行公开透明化的展示，使得变革的负责人对各个部门各级员工的工作职权范围有一个清晰明了的认识。在这个过程中变革的负责人对各个部门的工作内容与权力进行调查研究，找出部门间工作交集的地方，因为交集的地方往往是效率最差的地方，多个部门都包含该职责导致的是一种合成性谬误，互相都不重视，相互踢皮球，这是组织效率低下的一个关键节点。对这一部分的工作具体的落实到其中的一个部门。假使多个部门均与公司中的某一个部门有交集，则可以撤销该部门，将该部门的工作下分到其他的几个部门当中，明确权利，这样就减少了工作流程中的节点，流程链的缩短会有利于效率的提高。

组织变革必然会涉及相关主体的利益，必然会对变革工作进行诋毁与打压，甚至企业的某些领导惧怕变革的风险。这就需要以公司的最主要领导的支持为后盾，组织一批有胆识魄力的人员执行变革工作。组织变革在进行的过程中当然会带来一定的负面影响，变革负面影响是对企业组织的现状不敏感或是不积极主动的进行动态性修正所付出的代价，但变革从长期来说，一定是有利于企业的健康长期发展的。

在组织变革中，必须根据企业主治的表现和运营现状，准确地确定出组织说出的生命周期的阶段，依据组织生命周期理论和现实状况，认真寻找组织在运行过程中能触发组织脆性的因素。特别是企业组织所面临的的政治、经济、文化以及市场等环境，还要关注企业内部活动的反馈信息等。企业组织变革要根据确定出的组织变革目标，结合本企业的实际情况，确定变革的突破口和重点。在进行组织变革前，必须对组织变革中那些容易引发脆性的因素进行分析，特别是一些限制条件。上级部门是否支持以及组织内部是否有变革的条件是组织变革的基础条件，尽可能的减少来自人员对组织变革的阻力。在制订组织变革计划的时候，必须充分考虑组织的实际情况，多方案择优选择，制订详细有效地组织变革计划。实施变革计划期间，必须朝着预定的目标方向发展，不断改进，强有力的支持变革的进行。企业组织变革的进行由此必须进行企业组织现状的调研与分析，得出是否适合开展组织变革，并在此基础上选择激烈的组织变革或者缓和式的组织变革方式，分析组织变革的内外部限制条件，因地制宜的制订组织变革计划并逐步实施，以完成企业组织的不断发展的需求。

11.4.2 企业组织脆性下的组织变革路径

统计表明，过去几年中，85%的美国公司都投入了各种各样的组织再造活动当中。这些公司当中，有60%报道说他们并没有获得所希望的生产力，并且有44%的公司声明他们事实上比以前更糟。在80%的公司当中，员工工作满意程度有所降低。面对这些变革方面的失败，以及新指导方针的缺乏，

68%的组织机构在一年之内又不得不重新构建组织。

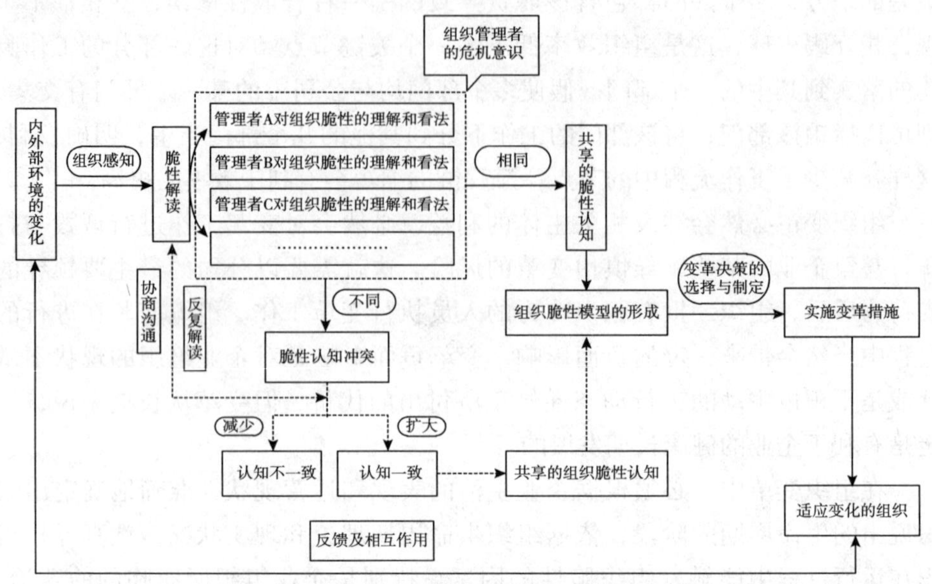

图 11－1　组织脆性下的企业组织变革路径

企业组织变革本身就是一项复杂的系统工程，风险和不确定性充斥其中，失败的比例显然很高，尽管如此，其由于是企业组织迎接新时代挑战、获取竞争优势的必经之路，因而通过研究现有的管理理论，透析企业实践中的成败，并把两者有机地结合起来，探讨企业组织变革中的组织脆性，用来指导组织变革的实践就显得是一件非常有意义和必需的工作。

组织变革的成败在乎于每一个环节的优劣，在乎于每一个细节的把握。而每一个环节，每一个细节在企业组织内外部环境的影响下都会引发组织脆性的萌生。现在本研究以组织脆性为出发点，对组织变革的流程进行研究并形成以下组织变革的思路。

我们都知道，组织内外部环境的变化时时刻刻影响着组织的成长、发展、生存与延续，然而企业组织通过内部管理与外部竞争等方式不断对企业组织的方方面面进行感知，并应该由不同层次的管理者进行组织脆性的解读与警觉，在此，组织管理者的危机意识能充分体现出来，特别是经验丰富的管理者很大程度上能察觉到脆性的味道。

如果各个管理层次的管理者对于组织所面临的脆性有一个相似的或者共同的认知，那么管理者们就应该对组织脆性进行深入的分析，共享所感所知即共享的脆性认知，并在此基础上进行组织脆性模型的形成与分析，制定一系列的针对组织脆性的组织变革策略并择优实施，达到企业组织不断适应现代变化的内外部市场环境，使组织具有柔性特征。共享的脆性认知，也是组织管理者对于组织脆性产生的缘由、发展以及如何解决有一个直观的共同点，管理者们能形成一个较为一致的决策思路。

如果各个管理层次的管理者对于组织所面临的脆性没有一个相似的或者共同的认知，那么就会出现认知冲突。对于认知冲突，企业组织应该对组织所感知的、各层次管理者所感知的进行反复解读与协调沟通，不断减少认知的不一致，扩大认知程度，形成共享的组织脆性认知，然后在进行下一步的策略制定与实施。

无论组织采取什么样的策略，都会形成环境与组织之间相互反馈与相互作用。在组织脆性的刺激下，企业组织会不断地对内外部环境进行感知并进行脆性解读与认知，不断地去克服所面临的困难，延续企业的生命周期，谋求生存与发展。

11.5 组织变革的内容与目标

11.5.1 组织变革的内容

1. 对人员的变革

组织变革中对组织人员的变革主要是指组织内部员工在工作态度、工作技能、工作期望、工作认知和工作行为上的改变。通过组织变革，企业希望组织内部的员工能保持积极良好的工作态度，掌握熟练地工作技能，保持良好的工作期望，形成组织内部共同的组织认知，并且能够在工作行为上保持一致，讲求团队精神，对组织的发展提供良好的环境。

2. 对结构的变革

企业组织变革中的组织结构的变革主要包括组织内部权力关系、组织协调机制、集权程度、职务与工作再设计等其他结构参数的变化。通过组织结构的变革，使得企业能够保持均衡高效的组织内部权力制衡关系，形成有效地组织协调机制，组织集权程度有效，公司内部职务与工作再设计能够有效吸引人才等。

3. 对技术与任务的变革

企业组织变革中的技术与任务的改变主要包括对组织内作业流程与方法的重新设计、修正和组合，包括更换机器设备，采用新工艺、新技术和新方法等。通过对于技术与任务的改变来提高作业流程的效率，减免冗杂，提高资源的利用率。

11.5.2 组织变革的目标

组织变革的含义表明，变革是组织实现动态平衡的发展阶段。组织原有的稳定和平衡不能适应形势变化的要求了，就要通过变革来打破它们，但打破原有的稳定和平衡本身不是目的，目的是建立适应新形势的新的稳定和平衡，应当把组织的变动性和稳定性有机地结合起来。卡斯特和罗森茨韦克指出，一个组织的动态平衡包括下列方面：

（1）足够的稳定性，以利于达到目前的目标。

（2）足够的持续性，以保证在目标或方法上进行有秩序的变革。

（3）足够的适应性，以对外部的机会和要求以及内部的变化情况作出反应。

（4）足够的革新性，以使组织在条件适宜时富于主动性（实行变革）。

现代组织，尤其是企业组织都是开放的社会技术系统，组织的运行即是与多重环境发生动态的相互影响的过程。每个组织都有一个多层次、多因素、复杂多变的背景，组织想要维持和发展，必须不断调整与完善自身的结构和功能，提高在变化的背景下生存、维持和发展的灵活性和适应能力，即不断地对组织进行变革。企业和组织不是孤立存在的封闭性组织，它是与周围环境有着密切联系的开放性系统。客观环境在不断变化，企业和组织需要不断变革才能适应新的情况和要求。组织变革的目标，主要在于实现组织结构的完善、组织功能的优化和组织成员满意度的提高。

11.6 本章小结

本章首先阐述了基于组织脆性的组织变革相关理论，如组织变革的因素，组织变革的模型，包括勒温变革模型、卡斯特的系统变革模型、莱维特的变革模型、科特的变革模型。进而阐述了企业组织脆性下的组织变革路径。最后阐述了组织变革的内容与目标。组织变革的内容主要包括：对人员的变革、对结构的变革、对技术与任务的变革。组织变革的目标主要有：足够的稳定性，以利于达到目前的目标；足够的持续性，以保证在目标或方法上进行有秩序的变革；足够的适应性，以对外部的机会和要求以及内部的变化情况作出反应；足够的革新性，以使组织在条件适宜时富于主动性（实行变革）。

12 企业组织变革中的组织脆性

企业组织脆性的研究源自于后现代管理时代危机管理的延伸与发展，并在其基础之上对于企业组织管理的深层次的解读。通过对于大量资料的整理与研究，本章从企业组织脆性的角度出发，对组织脆性的历史层次、概念以及特点等进行分析，认为企业组织脆性是伴着企业组织的产生而在一定的历史条件下相伴而生的，是对组织在环境的不确定性与信息的不完全性等多重作用下所产生的脆性积聚所能导致组织崩溃的抗击打能力，是组织的一种基本属性。

12.1 企业组织脆性的概念探讨

企业组织脆性呈现出的是一种企业组织的抗击打能力，是一种组织的基本属性。组织内部存在隐形的脆性因素，这些脆性因素在积聚状态下在没有因外界条件被激发出来时是相对稳定的，一旦脆性积聚被激发，组织将面临崩溃。当企业受到某种外力冲击（可以看成是外部环境的变化）时，其内部会发生一系列的反应，如果反应的比较及时并且恰当，则企业可以维持原有状态继续生存，甚至在更高的层次上发展，表现出较强的韧性；如果反应不及时、恰当，则企业将面临效益下滑、破产倒闭，表现出较强的脆性。降低混乱的可能性可以被视作一种安全措施，而将一个小的混乱控制住，使其不具有毁灭性可以被视作一种柔韧性。显然作为企业的管理者和领导者都希望自己所在的企业表现出较好的韧性，而非较大的脆性。企业组织的脆性指的是企业在受到外部环境变化影响后企业可能出现的抗击打能力，是企业组织的基本属性。企业组织内部存在隐性的脆性因素，这些脆性因素在积聚状态下在没有因外界条件被激发出来时是相对稳定的，具有潜伏性，而一旦脆性积聚且被激发，组织将面临崩溃境地。

当企业的外部环境发生变化，对企业组织产生一个“外力打击”时，系统可能会表现脆性特征，企业在应对外部环境变化时，首先表现的性质是组织本身所具有的刚性、柔性以及弹性和硬性。当达到某个阈值时，系统的脆性特征突然显现。通过这种分析，我们可以看到作为企业组织的脆性具有突然爆发性（不确定性）、隐蔽性和延时性。也就是说，企业组织在受到“外力打击”时，可能会在某个时点上突然崩溃，没有什么明显的征兆，没有确定的时间；而受到“外力”作用后到企业崩溃前会有一定的时间，表现为延时性，系统脆性的突发性本身说明这种性质具有不易被发现的特点，表现为隐蔽性。

为了更好地表征企业组织的一个新的属性，我们把脆性的定义引申到企业组织中来并认为企业组织脆性是伴着企业组织的产生而在一定的历史条件下相伴而生的，是对组织在环境的不确定性与信息的不完全性等多重作用下所产生的脆性积聚所能导致组织崩溃的抗击打能力，是组织的一种基本属性。组织效能的衰落正是组织脆性滋生的最好反映，而管理者的敏锐直觉宇正确决策正是其缓冲地带，我们应该看到其保持缓冲地带的持续也是企业持续生存的重要法宝。现代组织理论之父巴纳德把组织定义为，把两个以上的人的各种活动和力量有意识地加以协调的体系，而企业组织脆性正是对这种在企业中有意识的协调体系的潜移默化的腐蚀，所谓千里之堤毁于蚁穴也即是这个道理。而在强调风险管理与危机管理的后现代管理思想中，试图维持企业生命周期和在竞争与合作中屹立不倒的思想已深深扎根于管理者的脑海中，对于组织脆性的研究将会是后现代管理思想亟待完善的一项关键性的课题。

12.2 企业组织脆性特点

我们从组织脆性的历史性研究、组织兴衰以及组织脆性的概念研究中，可以得出企业组织脆性的以下特点及表现形式：

1. 隐藏性

组织脆性在平时并不表现出来，只有在受到足够大的外力作用及积累成熟后才会表现出来，未表现出时是一个日积月累的过程，是一个企业组织内部矛盾与外部催化的结合过程。

2. 伴随性

当一定的外界干扰或者激励作用于企业组织中的子系统时，并且在一定环境之下崩溃后，其他与这个崩溃的子系统有脆性关联的子系统，就会因为伴随的组织脆性而导致崩溃。

3. 作用结果的表现形式呈多样性

由于企业组织外界环境的复杂性以及自身的发展方式，因此组织的脆性成分的状态变化无常，组织脆性激发方式也各式各样，导致组织脆性产生损失的结果也不同。

4. 危害严重的作用结果

组织的崩溃是从有序到无序的，从正常的工作状态到混乱的工作状态的。因此，组织的脆性在一定的时间段内是有危害性的而且一旦迸发将会产生致命后果。

5. 子系统之间的非合作博弈是组织脆性的一个根源

组织在组织脆性的作用下，各个子系统之间产生分离，各个子系统之间的优化程度逐渐降低并在脆性作用下联系逐渐疏离。

6. 连锁性

当一个组织的一个子系统在脆性下崩溃，由于子系统之间伴随着脆性，使与之脆性相关的其他子系统相继崩溃。

7. 延时性

因为企业组织具有开放性和一定的自组织性，所以当某个子系统受到外力的突然打击时，它会尽力维持它原有的状态，因此从遭受外力到系统崩溃会有一段延时，这也表现为企业组织的韧性特征。

12.3 企业组织脆性的成因分析

12.3.1 内部因素

1. 系统构成要素的质量

构成系统的要素是按照某种结构分布在系统中的，当有外力作用时，虽然对系统而言可能都会感受到，但是一定存在最敏感的要素或者子系统，而这些敏感要素和子系统的质量在某种程度上会决定系统的脆度和韧度。

系统构成要素基本包含了企业内部战略的可行性，企业组织架构的合理化，企业组织领导的发展方向与稳定性的把握，企业内部资源的合理流动，企业内部人员的稳定性等。这些内部系统构成因素每一个出现问题，都会对组织的发展产生不利，诱发组织脆性；企业内部战略的可执行性的力度不够就会导致目标前景的盲目性，引发员工对于企业未来发展的展望，势必会引起各级员工的猜疑与不安；组织架构的合理化要求企业组织内部的组织架构符合企业的发展，精简而高效，机构不臃肿，人员不冗杂，对于长期运作而逐渐积累的架构问题需要管理者做好组织架构的微调，否则长期遗留下的问题日积月累，引发组织崩溃的可能性加大；一个企业的领导制定企业的发展方向，如何确定企业的发展方向与维护企业的持续稳定发展对于企业领导是一个现实的巨大挑战；一个企业的成败的一个重要因素是企业内部资源的合理化配置，特别是人才资源的合理配置，这关系到企业效率的提升，财物资源的合理配给等企业发展的重要步骤，若是处理不好资源的合理配置，企业面临的往往是应接不暇的“麻烦”，同时对于企业内部的人员稳定性是一个极大的挑战，人员的不稳定容易导致企业运营出现极大的纰漏，特别是企业的中高级管理者，不稳定性极易引发企业脆性的迸发，引致一系列的问题。

2. 系统要素所形成的结构质量

所谓结构质量包括几个层面的含义，一是各个子系统结构的优化程度，子系统包含了文化子系统、物流子系统、工作流程子系统等诸多子系统，每一个子系统的机构质量都关系到企业组织的稳定性与正常运作；二是整体结构的优化程度，包括子系统间联系的紧密程度和匹配程度，这些子系统之间的密切合作使得企业的整体运作计划得以实施并高效运转，反之，则会导致人员惰性，财物配置效率低下，内部文化走形等，组织脆性的种子由此萌生；三是组织结构的优化程度，包括资源配置、权力配置与使用的优化程度，组织结构的优化程度是企业组织高效运作，保持日常运转的重要保障，其中资源的优化，权力的合理分配与使用对于组织结构优化有重要的意义，如若配给存在争议，则会引发一系列的争端。

12.3.2 外部因素

外力的不可抗拒与巨大破坏性。由于外力的突然性、不可抗拒性及难以预见的打击导致即使比较优良的要素及其构成的系统也无法承受，使企业表现出脆性特征。

1. 政治因素

一些企业受到政府政策因素的制约较大，从而对于政府政策依赖程度较高。若是未及时预测政府政策，未做好充分准备工作则会导致企业的重大损失，甚至导致破产等严重后果。

2. 不可抗力

对市场及系统有严重影响的不可预期和不可控制的事件及其产生的后果，包括自然灾害和战争等。企业无法预防的以及自身能力也不能抗拒的客观情况或事故。不可抗力可以是由于自然原因酿成的，也可以是由于人为的、社会因素引起的。前者如水灾、地震等，后者如政府禁令、罢工、战争等，不可抗力所造成的是一种法律事实，对一些企业的发展造成致命的影响。

3. 市场经济因素

现代市场经济存在着诸多的不确定性，市场的竞争性不断加大，越来越多的变化因素充斥其中，企业所需要收集与处理的信息不断加大，对市场的把握度愈加失稳，市场的多变性使得企业必须把握市场经济的脉搏，在市场经济大环境下寻求生存。

12.4 企业组织变革的脆性阶段性分析

企业的组织效能是决定企业生命周期的关键性维度，企业组织效能的起伏是对一个企业组织管理成败的重要考量。通过研究我们发现，企业组织随着组织脆性的集聚加剧了组织效能的跌落直至效能的消失，具体过程见图12－1。在对组织崩溃过程的描绘中，崩溃的第一阶段出现在组织没有意识到崩溃的信号时，这个时期是在企业组织的形成时期；在第二阶段，企业组织认识到变革的必要性，但是对于组织脆性相当迟钝，并没有采取行动；第三阶段，企业组织已经开始意识到组织脆性的发生，虽然在这个阶段组织采取措施，但是措施不当极易引发脆性的衍生并导致恶化加剧；第四阶段，由于脆性的衍生逐步导致脆性集聚，致使几乎无法实施人为控制的局面；第五阶段是脆性迸发，组织崩溃，企业组织没有任何选择的余地。在这里我们把组织的崩溃看作是一个持续衰落的过程：企业组织首先在组织脆性下的组织效能跌落织张力和组织效能方面出现问题，紧接着是极端的、变化不定的战略导致更多的难题，在脆性集聚达到一定程度之后，无法操控，组织就会崩溃。在企业组织的起源时期，不管是技术的、制度的，还是文化的、其他的，组织脆性的种子从组织诞生时就已经埋下；在企业组织的发展到衰落直至崩溃过程中，组织中的脆性是不断加深的。如果企业组织能够及时准确地掌握相关信息以及采取及时有效的措施，即使达不到充分的组织均衡，也会相应地延续组织的生命周期。

在整个组织效能持续衰落的过程中，人并不是不可为的，而是大有可为。组织效能的衰落过程中，如果组织效能衰落到组织效能警戒线，也即组织均衡均值（人为可控）之下，在每一个阶段作为管理者的人都可以掌控问题的主导权。尽管我们在第一阶段处于信心百倍并没有意识到脆性的由来，但是我们可以在第二阶段不变的麻木，敏锐的察觉脆性的发生并立即采取有效的措施来加以弥补，是组织效能达到接近于充分的组织均衡的状态。在采取立即行动的过程中，组织处于一种缓冲阶段，需要见微知著的考察企业面临的

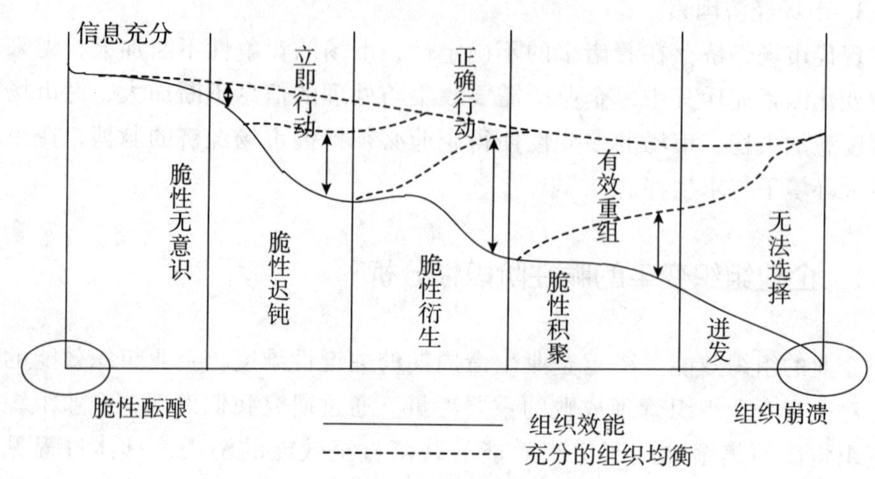

图 12－1　组织脆性下的组织效能跌落

状况，并作出有效的方案。在组织达到组织均衡之后，又一个组织效能衰落的过程在持续。在脆性衍生阶段，企业必须采取正确的行动以确保每一策略的正确性才能防止脆性的衍生扩散；在脆性集聚阶段，企业管理者面临的是巨大危机前的有效重组，以恢复企业组织的往日生机；在脆性迸发阶段，组织已无法人为的调控，组织面临的只有崩溃。而无论在哪个阶段，管理决策者只要进行了卓有成效的策略实施，都有很大可能使组织重获新生达到组织均衡的充分状态。为什么众多百年企业依旧伫立不倒，究其原因无外于它们在克服组织脆性持续着组织效能各个阶段的修复性的正确决策并始终维持组织效能均值之上。

在企业组织绩效的脆性演化过程中，我们特别对组织变革中的脆性问题进行了细致研究，发现一旦组织发生转变或变革，就会产生一个有趣的问题：新的组织形式是否会“重演历史”？是否会使组织因为他重新成为新生事物、面临很多不利条件而变得脆弱？尽管根据现有的证据还无法得出定论，资质规模和资源这类因素似乎能克服“新生事物”带来的这种威胁。同时，老的组织逐渐退化或衰老，因此产生脆弱性。面对环境压力，不同组织的脆弱性不同。组织对环境的依赖性越强，它就越脆弱，比如具有强大金融资源的组织比没有资源储备的组织抗御经济波动的能力要强。如果一个组织比较脆弱，它就会对环境作出反应。有若干项研究已经表明，组织正规化程度的不断提高和普遍的“紧缩”状态往往与强大的环境压力有关（Boddewyn，1974；Freeman，1973）。环境压力能产生这种作用是很奇怪的，因为结合松散的组织更容易适应环境，也更可能进行从长远来看或许能带来收益的革新。当然，如果革新不成功，脆弱的组织就会面临更大失败的风险。在组织为应对环境而发展的战略中，关键的一个战略是努力影响环境自身。组织力图得到并保持对它有战略意义的环境条件的影响力。组织环境会受到环境中的组织的操纵，这种操纵可能是实际上已经发生也可能还只是意图，甚至可能是无意识的。组织能否生存或者说能否避免死亡，是对组织最大的考验，但无论何时，除非死亡已经临近，组织的活动都是由于环境的压力和环境的驱使，进行变革的目的就是得到更多的利润或确保成员的安全。

12.5　企业组织脆性与“隐权力”

“隐权力”是吴钩先生率先提出并进行系统阐述的一个历史分析工具，也是继吴思先生的“潜规则”之后又一个颇具解释力与本土色彩的创造性概念。隐权力作为一种权力不正常的授予，在这种权力授予的过程当中，很多正式的权力其实是在流失的，同时是对企业组织脆性的一种诱导。权力掌控者及追求者最终所要达到的目的是权力欲望的满足感与自身利益的最大化。一家良性运作的企业往往是显性权力属于主流文化，如果隐性权力有与之显性权力相抗衡的趋势，这个企业就要考虑组织本身的缺陷或即将发生的颠覆性事件，隐性权力的扩张往往是一个企业发生问题的信号。如果隐权力的存在利用不当或者过度，最终侵蚀的是正式权力系统本身，造成的只能是组织效能跌落直至组织崩溃的结果。

企业组织的本质在于它作为分工与协调的社会载体，它是生产力与生产关系矛盾运动的平台；企业组织强调的是一种经济性组织，也即是一种具体的资源配置，其面临的关键一步是如何获取并最大程度地合理配置稀缺资源以确保企业组织存续问题，企业组织脆性缘起于此，而企业组织中的权力资源如何分配以及隐权力的存续都对企业的组织的脆性的诱发以及衍生有重大影响。从动态维度来看，隐性权力在一定程度上对企业组织脆性起到了引导作用，也即对企业组织如何分配权力这一稀缺资源以满足其需求的能力的巨大挑战。在组织脆性方面来讲，组织权力资源的基础在某一特定时间出现的实质性的、绝对的下降情况在企业组织起源时就已经在酝酿之中了，企业无法做到面面俱到，总有一点、两点或者更多的疏忽，即使做到了也会因为权力执行的误区（对上级文件的缺乏理解或者过甚、权力执行力度不够等）导致问题具备潜伏性，使得权力潜移默化地无形扩散。

12.6 本章小结

本章从企业组织脆性的历史说起，阐述了基于组织理论发展史的组织脆性分析，对各个历史阶段的组织进行了详尽的脆性分析，由此加以探讨企业组织脆性的概念，并指出企业组织脆性是伴着企业组织的产生而在一定的历史条件下相伴而生的，是对组织在环境的不确定性与信息的不完全性等多重作用下所产生的脆性积聚所能导致组织崩溃的抗击打能力，是组织的一种基本属性。基于以上的研究，我们结合前人的相关研究指出了组织脆性的几个特点以及组织脆性的成因进行分析。本章主要阐述关于组织脆性的相关内容，以为第 13 章基于脆性的组织变革模型构建做好准备。

13 企业组织变革中组织脆性模型与评价

企业组织脆性是伴着企业组织的产生而在一定的历史条件下相伴而生的，是对组织在环境的不确定性与信息的不完全性等多重作用下所产生的脆性积聚所能导致组织崩溃的抗击打能力。我们知道，力的作用是相互的，换句话说就是，在组织脆性积累到一定程度之后发生的崩塌是企业组织在受到组织脆性的干扰与主导之后，自身将在低于其本身受打击轻度情况下做应力的再分配，当组织脆性因素递增的速度超过应力再分配的速率时，企业组织就会面临崩溃的边缘。我们这章将会运用应力应变模型对组织变革中的组织脆性进行相关研究，并得出衡量组织脆性的一般性数学方法，为企业组织的发展提供有力的数据支持。

13.1 组织变革脆性模型引入

为了较好地测定企业组织变革在实际运作过程中组织所具备的理论结合强度与脆性对于企业组织所造成的冲击力大小，我们深入研究了材料力学中的应力应变的数学模型，在研究中我们发现，材料力学中的应力应变模型中所研究的材料脆性与我们研究的企业组织脆性关联度高，因此，我们在研究企业组织脆性的过程中借鉴应力应变模型进行详细分析，并得出了解释企业组织变革中组织脆性的一般数学模型，具体的数学模型如下。

$$\sigma = \sigma_{th} \times \sin\frac{2\pi X}{\lambda} \oplus \xi_i \quad (13-1)$$

$$w = \int_0^{\frac{\lambda}{2}} \sigma_{th} \sin\frac{2\pi x}{\lambda} dx \oplus \xi_i \quad (13-2)$$

$$\sigma_A = \sigma\left(1 + 2\sqrt{\frac{c}{\rho}}\right) \oplus \xi_i \quad (13-3)$$

在上述数学方程式（13－1）中，被解释变量 σ 为原子间的约束力，也即组织内部单元之间的结合强度。解释变量中 σ_{th} 为组织单元的理论结合强度，为了方便我们研究企业组织的理论结合强度，我们在这里定义其强度值 σ_{th} = [－1，1]，强度值越接近于零，表示其理论结合强度越强，反之，越接近于

1 或 -1，理论结合强度越低，同时我们在这里为了方便，仅研究 σ_{th} = (0, 1] 范围内的结合强度；λ 为正弦曲线的波长，X 为原子间的距离，也即组织内部单元之间或人员之间的离散程度。在数学方程式（13-2）中，被解释变量 w 为组织脆性对于组织所做的功，也即组织脆性对企业所造成的冲击力的的大小。在数学方程式（13-3）中，被解释变量 σ_A 为组织脆性的应力，也即对组织施加的冲击力，实际上是初始冲击力的扩展。解释变量 σ 为外加应力，也即对于组织产生冲击力的初始实际冲击力。解释变量 c 指的是组织脆性的波及范围，ρ 则是组织脆性的影响曲率半径。三个数学方程式中的 ξ_i 为随机扰动项，但在计算过程中，我们对随机扰动项加以剔除，并且在计算完成时对随机扰动项根据管理经验进行实际衡量与确定，对计算的结果进行适当的调整，为企业管理者作出正确决策提供有力的数据支持。

13.2 组织脆性个别变量定义

在组织的弹性限度内，应力与应变成正比，其比例系数称为杨氏模量（记为 E，也称弹性模量），用公式表达为：

$$E = (F \cdot L)/(A \cdot e)$$

其中，F 为组织所受到的脆性冲击力大小，它也可以近似地被 σ 来代替。L 为组织的横向业务外延，A 为组织的纵向扩展面，也即纵向历史下多次受到脆性冲击所形成的韧性程度的承受能力，e 为组织受到脆性冲力作用下变化程度。杨氏模量越大，表明组织受到脆性冲击力下的变化程度越小，也就是对于组织的影响越小。

式中 A 与组织内部的协作程度有直接的关系，它变化反映了组织内部的架构稳定性、受脆性状态的变化，随不同组织而异。A 所代指的含义为组织的结构稳定性力量的两倍必须大于组织实际所受应力和应变的比例与组织崩溃时所受冲击力的乘积，组织才能够保持基本的稳定状态；两者越相近，企业组织的离散程度越低，越有利于组织的发展。

13.3 组织脆性强度衡量

格里菲斯认为实际材料中总存在许多细小的裂纹或缺陷，在外力作用下，这些裂纹和缺陷附近就产生应力集中现象，当应力达到一定程度时，裂纹就开始扩展而导致断裂。根据 Griffith 微裂纹理论可知，断裂并不是晶体两部分同时沿整横截面被拉断，而是裂纹扩展的结果。材料的断裂强度决定于裂纹的大小，一旦裂纹超过临界尺寸，裂纹就快速扩展。

关于材料脆性断裂的基本根源，Griffit 认为实际材料中总存在许多细小的裂纹或缺陷，在外力作用下，这些裂纹和缺陷附近就会产生应力集中现象，当应力达到一定程度时，裂纹就开始扩展而导致断裂。这就是著名的 Griffith 微裂纹理论。根据 Griffith 微裂纹理论可知，断裂并不是两部分晶体同时沿整个界面拉断，而是裂纹扩展的结果。借鉴于 Griffith 微裂纹理论，我们细致地分析了企业组织对于脆性的抗击打能力，同时我们对于该理论详尽地研究并应用于企业实践分析中得出：

为了能简单、粗略地估计各种情况都适应的理论强度，Orowan 提出了以正弦曲线来近似原子间约束力随原子间距离 X 的变化曲线（见图 13－1），得出：

$$\sigma = \sigma_{th} \times \sin\frac{2\pi X}{\lambda} \tag{13-4}$$

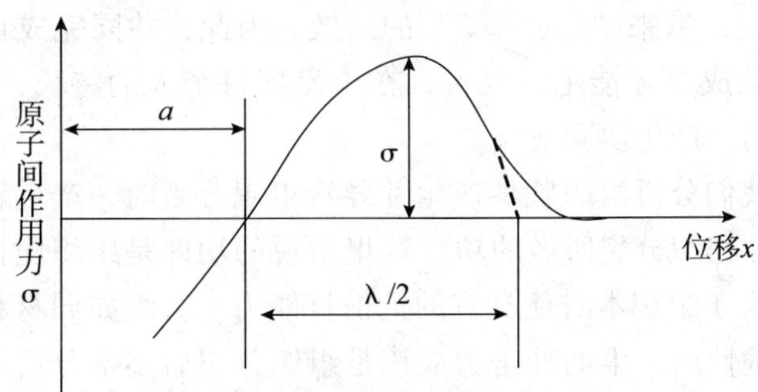

图 13－1　原子间约束力与距离的关系

我们根据在企业的实际经验（笔者始终致力于企业实践环节并在多家中小型民营企业担任企业顾问）的总结，设离散程度 $X=[-1,1]$，其中离散程度距离原点越远，离散程度越高，则组织内部之间的结合强度最高值为：

$$\sigma_{\max} = \sigma_{th} \times \sin\frac{2\pi X}{\lambda} = 1 \times \sin\frac{2\pi X}{\lambda}$$

当 X 趋近于 0 时，$\sigma \approx \frac{2\pi x}{\lambda}$

组织内部之间结合强度最低值为：

$$\sigma_{\min} = \sigma_{th} \times \sin\frac{2\pi X}{\lambda} = -1 \times \sin\frac{2\pi \times (-1)}{\lambda}$$

$$\sigma_{\min} \approx \sin\frac{2\pi}{\lambda}$$

或者，

$$\sigma_{\min} = \sigma_{th} \times \sin\frac{2\pi X}{\lambda} = -1 \times \sin\frac{2\pi \times 1}{\lambda}$$

$$\sigma_{\min} \approx -\sin\frac{2\pi}{\lambda}$$

由此我们可以得出，

组织内部之间的结合强度的取值范围为 $\sigma = [-\sin\frac{2\pi}{\lambda}, \sin\frac{2\pi X}{\lambda}] \cup [\sin\frac{2\pi X}{\lambda}, \sin\frac{2\pi}{\lambda}]$，其中 X 无限趋近于零，同时当 σ 取值越接近于 $\sin\frac{2\pi X}{\lambda}$ 时，组织内部之间的结合程度越是紧密，越是远离，其离散程度越高，这正与我们所强调的企业团队精神相切合。社会学实验表明，团队精神强调的不仅仅是一般意义上的合作与齐心协力，它要求发挥团队的优势，其核心在于大家在工作中加强沟通，利用个性和能力差异，在团结协作中实现优势互补，发挥积极协同效应，带来“1 + 1 > 2”的绩效。因此，共同完成目标任务的保证，就在于团队成员才能上的互补，在于发挥每个人的特长，并注重流程，使之增强凝聚力，产生协同效应。

在这里，我们分析组织脆性产生并导致组织分裂时，产生新的组织结构或崩溃，因此，组织分裂所做的功（这里所说的功即是组织脆性对组织的冲击力大小）应大于组织本身所具有的抗击打能力。组织如同材料一般被分裂为若干部分，脆性所产生的冲击力应该是组织分裂后多部分所具备的抗击打能力之和，组织才能脆性分裂或崩溃。

设组织脆性所做的功为 w，则

$$w = \int_0^{\frac{\lambda}{2}} \sigma_{th} \sin\frac{2\pi x}{\lambda} dx$$

$$= \frac{\lambda\sigma_{th}}{2\pi}\left[-\cos\frac{2\pi x}{\lambda}\right]_0^{\frac{\lambda}{2}} = \frac{\lambda\sigma_{th}}{\pi} \qquad (13-5)$$

设组织分裂后每一部分所具有的抗击打能力为 γ，则 $w = \sum\gamma_i$，即：

$$\frac{\lambda\sigma_{th}}{\pi} = \sum\gamma_i, \sigma_{th} = \frac{\pi\sum\gamma_i}{\lambda} \qquad (13-6)$$

接近平衡位置 O 的区域，曲线可以用直线代替，服从虎克定律：

$$\sigma = E\varepsilon = \frac{x}{a}E \qquad (13-7)$$

当 X 趋于 0 时，

$$\sin\frac{2\pi x}{\lambda}\approx\frac{2\pi x}{\lambda} \tag{13-8}$$

将式（13－6），式（13－7）和式（13－8）代入式（13－1），得

$$\sigma_{th}=\sqrt{\frac{E\sum\gamma_i}{2a}}+\xi_i \tag{13-9}$$

在企业实践中，我们发现计算出的杨氏模量代入式（13－9）时与实际情况有偏差，因此，这就需要组织的管理者根据实际的管理经验进行相应的主观上的调整，即ξ_i，使得计算得出的数据更加合理化，为正确的管理决策提供有效的数据挖掘与数据分析。

可见企业组织理论上的结合强度只与杨氏模量、抗击打能力和脆性间距（或者称为脆性的扩展半径）等脆性常数有关。

在研究具有脆性漏洞的组织结构部门的应力集中问题时，我们得到一个重要结论：企业组织的应力几乎取决于组织内部门的重要度和部门影响的曲率半径。在重要程度高且影响力大的部门中，设企业中有一潜在的组织脆性，不管所存在组织脆性是什么种类及形式，只要脆性的波及范围（$2c$）和影响的曲率半径ρ不变，则组织脆性的应力不会有很大的改变。根据弹性理论求得组织脆性的应力σ_A为：

$$\sigma_A=\sigma\left(1+2\sqrt{\frac{c}{\rho}}\right) \tag{13-10}$$

如果$c>\rho$，即为扁平的锐脆性（这中脆性如同芒刺在身，即使除去也会留下痕迹），则c/ρ将很大，这时可略去式中括号内的1，得：

$$\sigma_A=2\sigma\sqrt{\frac{c}{\rho}} \tag{13-11}$$

实际上，我们发现ρ是很小的，可近似认为与原子间距a的数量级相同，这样可将式（13－11）写成

$$\sigma_A=2\sigma\sqrt{\frac{c}{\rho}}=2\sigma\sqrt{\frac{c}{a}} \tag{13-12}$$

当σ_A等于式（13－9）中的理论结合强度σ_{th}时，脆性因子就会被引发而迅速蔓延，脆性扩展，使c增大，σ_A又进一步增加。如此恶性循环，组织很快就会面临崩塌。我们这里只考虑了脆性某一点的应力，实际上脆性的应力状态是很复杂的。

我们设：$W_e=\dfrac{\pi c^2\sigma^2}{E}, W_s=4C\gamma$

根据临界条件，临界应力为：$\sigma_c = \sqrt{\frac{2E\gamma}{\pi C}}$

其中：C 为脆性扩展半长，σ 为脆性冲击力，E 为杨氏模量，γ 为组织脆性迸发应力。

我们在这里可以得出组织脆性扩展的条件：组织内储存的弹性应变能力的降低大于等于由于脆性冲击而形成新秩序所需的抗击打能力。反之，前者小于后者，组织脆性不会扩展。也即，当 $d^{w_e}/(2dc) < d^{w_s}/(2dc)$ 时，为稳定状态，组织脆性不会扩展；当 $d^{w_e}/(2dc) = d^{w_s}/(2dc)$ 时，为临界状态；当 $d^{w_e}/(2dc) > d^{w_s}/(2dc)$ 时，组织脆性失稳并迅速扩散。因此，组织内储存的弹性应变能力的降低是组织脆性扩展的动力。在临界状态下，脆性源处脆性诱发处的应力 = 结合强度，组织脆性由点扩展并引起周围应力再分配，从而导致脆性的加速扩展，并最终导致突发性脆性崩溃。当脆性源处应力尚不足以引起扩展，但在长期受力情况下，会出现脆性的缓慢滋生。当受到组织脆性冲击的组织部分产生变化时，将同时产生具有组织韧性的弹性区域和产生组织刚性崩溃的硬性区域，并且随着脆性载荷额变化，两个区域的分界面也会产生变化。同时我们也可以得知，由于抵抗组织脆性的企业应变不可恢复，所以脆性对于组织致使的冲击力具有不可逆性，在组织脆性的加载与卸载的循环过程中其作用力时恒大于零的，这一部分的作用力被组织的应变损耗掉了。

13.4 组织变革中组织脆性的模型评价

企业的组织效能是企业经济利益的命脉，是决定企业生命周期的关键性维度之一，企业组织效能的起伏是对一个企业组织管理成败的重要考量。从研究中发现，从企业内部入手，只有克服组织内部的凝聚力，组织才能产生脆性。在通常情况下，大多数的良性企业组织在内外力的作用下很少出现有组织刚化及崩溃，即呈现出脆性。

在企业组织的起源时期，不管是技术的、制度的，还是文化的、其他的，组织脆性的种子从组织诞生时就已经埋下；在企业组织的发展到衰落直至崩溃过程中，组织中的脆性是不断加深的。如果企业组织能够及时准确地掌握相关信息以及采取及时有效的措施，即使达不到充分的组织均衡，也会相应地延续组织的生命周期。在整个组织效能持续衰落的过程中，人并不是不可为的，而是大有可为。组织效能的衰落过程中，如果组织效能未摔落到组织效能警戒线，也即组织均衡均值（人为可控）之下，在每一个阶段作为管理者的人都可以掌控问题的主导权，如图 13－2 所示（图中 O 点为原始点，N 点为 $d^{w_e}/(2dc) <$

$d^{w_s}/(2dc)$ 但其差值趋向于0，M点 $d^{w_e}/(2dc) > d^{w_s}/(2dc)$ 但其差值也趋向于0，G点Q点均为 $d^{w_e}/(2dc) > d^{w_s}/(2dc)$)。我们在创建企业的第一阶段处于信心百倍并没有意识到脆性的由来，同时在O点至N点之间的阶段，$(\frac{d^{w_e}}{2dc}) < (\frac{d^{w_e}}{2dc})$，组织脆性扩散、衍生的速度较慢，这是在组织的成长、成熟发展期。同时，有经验的管理者会敏锐地察觉脆性的发生并立即采取有效的措施来加以弥补，是组织效能达到接近于充分的组织均衡的状态。在采取立即行动的过程中，组织处于一种缓冲阶段，需要见微知著的考察企业面临的状况，并作出有效的方案。在N点至M点之间，$d^{w_e}/(2dc) = d^{w_s}/(2dc)$，这是组织处于一种临界状态，也即是组织脆性扩展与消亡的结合点，其发展方向有两个：一个是组织脆性的继续扩展并且速度加快，第二个是组织脆性随着管理实践者的一系列行之有效的措施逐步消亡，恢复部分组织效能并持续组织效能的循环过程，直至到达M到G点组织崩溃的边缘化，也即 $(\frac{d^{w_e}}{2dc}) > (\frac{d^{w_s}}{2dc})$。在脆性衍生阶段，企业必须采取正确的行动以确保每一策略的正确性才能防止脆性的衍生扩散。在组织达到组织均衡之后，又一个组织效能衰落的过程在持续，在管理实践者采取有效措施前提下其是一个不断循环往复的过程。

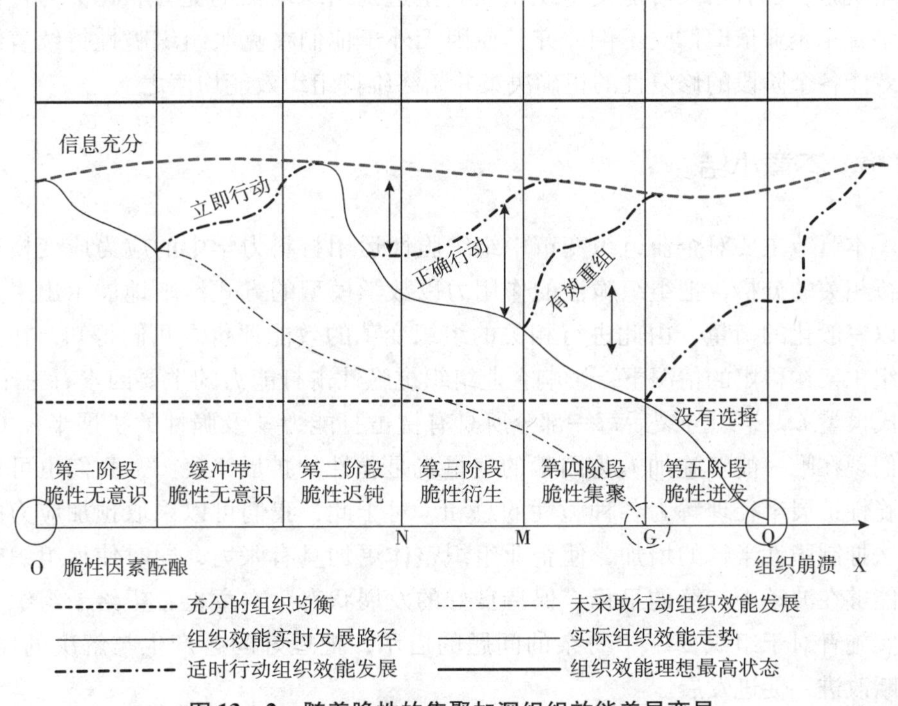

图13-2 随着脆性的集聚加深组织效能差异变异

我们看到，前三个阶段，也即脆性无意识、脆性迟钝及脆性衍生阶段，企业所凝聚的组织脆性是可以预期的，当然这需要管理者进行数据挖掘与分析及敏锐的直觉观察与经验，在面临这三个阶段中，企业适用于渐进式变革，也即通过局部的修补和调整来实现企业渐进式走入正确的发展轨道。渐进式变革实际上是一场不断进行的社会实验，既然是实验，失败便是占多数的结果，参与变革的各个利益相关方应认识这一点；这也是所谓“摸着石头过河”的含义所在；社会实验的最重要目的是从失败中学习，知道什么是不对的。因而如何低成本的试错，变成为自然而然需要关心的问题。我们认识到，渐进式的变革必须小范围进行，以确保对变革的目的、手段、对利益相关者的影响等可以做清晰的描述，如果不能描述，则须缩小范围；变革者应明白变革所受的各种条件的影响，明白发生的变化是在何种环境下进行是相当重要的，如果环境不同，则结果不同；变革者如不能够明白变革的各种环境条件的影响，则要缩小范围，并且要随时对变革进行评估，以比照预期与现实的关系。

在脆性集聚阶段，企业管理者面临的是巨大危机前的有效重组，以恢复企业组织的往日生机；在脆性迸发阶段，组织已无法人为的调控，组织面临的只有崩溃的边缘。而无论在那个阶段，管理决策者只要进行了卓有成效的策略实施，都有很大可能使组织重获新生达到组织均衡的充分状态。为什么众多百年企业依旧伫立不倒，究其原因无外于他们在克服组织脆性持续着组织效能各个阶段的修复性的正确决策并始终维持组织效能均值之上。

13.5 本章小结

本章节主要对企业组织变革中组织脆性运用材料力学中的应力应变模型进行相关的分析，把组织脆性的作用力以数学模型的方式清晰地展示出来并加以一般化的衡量，由此进行相关的组织变革的效能评价。我们得知，在企业组织架构稳定的情况下，影响企业组织抗脆性击打能力的主要因素有三个：杨氏模量 E，组织分裂后每一部分所具有抗击打能力 γ 及脆性的扩展半径 C。我们现在唯一能够施加人为因素的变量就是脆性的扩展半径 C，我们也可以把脆性扩展半径理解为各种脆性的总和。对于此，我们可以采取预加应力的方法抑制脆性半径的增加，使企业组织整体更加具有张力，同时使得组织效能能够在波动中持续的平稳，保持良好的发展状态。本章也希望给予组织变革实施者对于组织变革中纷杂的问题的启示，把握好问题产生与解决的度，不断改进，促进发展。

14 应对企业组织变革中组织脆性的策略

企业组织变革的最终目标是提高组织的核心竞争力，为了实现这一目标，我们以组织脆性为基础对企业组织变革进行研究并对组织变革中组织脆性的规避提出一些策略。本书前四章主要阐述了企业组织脆性的相关研究、企业组织变革与组织脆性的关系研究以及组织变革中的组织脆性的模型构建与分析。在此基础上，本章结合本人实际的企业实践对企业组织变革中所产生的组织脆性提出一些建议与意见并对企业组织变革研究中组织脆性的研究发展趋势进行简要的分析。

14.1 建立健全企业组织变革脆性预警机制

企业组织是一个庞大的系统，每一个子系统的成败得失都关乎整个系统的生存；在企业组织之中的组织脆性具有隐藏性、伴随性、连锁性以及子系统之间的非合作博弈等特点使得企业组织脆性预警机制的建立健全尤为必要。脆性预警机制包括信息收集、信息处理、识别可触发脆性、脆性报告及临时对策（见图 14－1）。

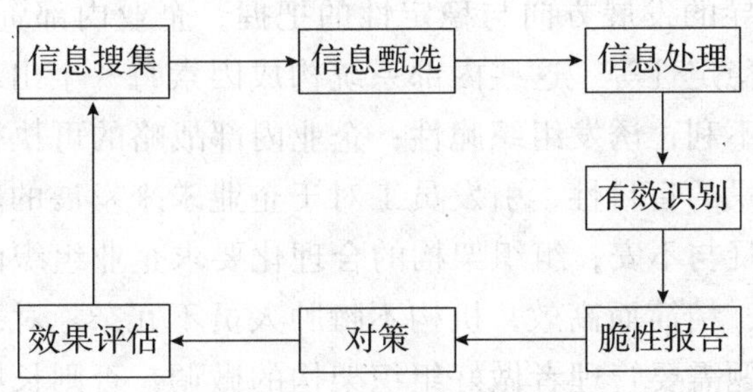

图 14－1 企业组织变革预警机制信息处理流程

企业组织中应该设立企业危机小组，从企业组织的各个层面收集大量的组织信息，当然这些信息的信息量是庞大的，其中，危机小组的关键工作就是通过信息分析与处理，识别可触发的组织脆性信息，形成脆性报告上报管理层并采取突发性事件的临时性应对措施。同时，危机小组也负责勘察企业组织变革中企业内外部环境的变化，收集基层、中层及高层脆性认知，分析组织变革中各项措施，监控企业组织的运行状况，及时向高层管理者汇报各项情况。

建立健全企业组织脆性的预警机制对于企业组织变革过程中及时发现组织脆性，规避企业风险，创造一个良好的企业内外部环境有着重要的现实意义。

14.2 强化企业组织结构要素的质量提升

组织系统要素所形成的结构要素质量包括各个子系统结构的优化程度、整体结构的优化程度及组织结构的优化程度。其中子系统包含了文化、物流、工作流程子系统等诸多的子系统，每一个子系统的机构质量都关系到企业组织的稳定性与正常运作；整体结构中的子系统间的联系紧密程度和匹配强度，这些子系统之间的密切合作使得企业的整体运作计划得以实施并高效运转，反之，则会导致人员惰性，财物配置效率低下，内部文化走形等，组织脆性的种子由此萌生；资源配置、权力配置与使用的优化程度，组织结构的优化程度是企业组织高效运作，保持日常运转的重要保障，其中资源的优化，权力的合理分配与使用对于组织结构优化有重要的意义，如若配给存在争议，则会引发一系列的争端。

系统构成要素基本包含了企业内部战略的可行性，企业组织架构的合理化，企业组织领导的发展方向与稳定性的把握，企业内部资源的合理流动，企业内部人员的稳定性等。这些内部系统构成因素每一个出现问题，都会对组织的发展产生不利，诱发组织脆性；企业内部战略的可执行性的力度不够就会导致目标前景的盲目性，引发员工对于企业未来发展的展望，势必会引起各级员工的猜疑与不安；组织架构的合理化要求企业组织内部的组织架构符合企业的发展，精简而高效，机构不臃肿人员不冗杂，对于长期运作而逐渐积累的架构问题需要管理者做好组织架构的微调，否则长期遗留下的问题日积月累，引发组织崩溃的可能性加大；一个企业的领导制定企业的发展方向，如何确定企业的发展方向与维护企业的持续稳定发展对于企业领导是一个现实的巨大挑战。

14.3　制定科学的组织变革方案，重视领导及文化的作用

科学的组织变革方案能够有效地减少企业变革中脆性衍生以最低程度的降低组织代价和损失。企业组织变革设计是一个复杂而漫长的系统过程。综合考虑各方因素，运用科学的方法和理论分析企业面临的问题，制订详尽完善的组织变革方案，权衡利弊得失是成功实现组织变革的有力保障。与此同时，完善的组织变革方案应该对组织震动较小且能够适应企业长期变革的发展需要。因此，制订组织变革方案应该从整体和长远考虑，力求化脆性因素为柔韧性，最大限度地降低企业变革中的阻力，妥善安置利益受损人员。

企业领导肩负着引导企业发展的重任，其能够更加准确地把握企业内外环境的变化，应对复杂市场的挑战，成为企业组织变革的先驱者。而且，企业组织变革战略和计划的有效制定和实施也离不开领导的作用。企业领导能够适时地与企业员工进行交流与沟通，化解他们的疑虑或抵触情绪，鼓励他们参与变革。同时，企业领导积极的投身组织变革之中，也会给企业员工以引导和示范的作用。作为领导者，要选择恰当的变革方式和时机；在企业组织变革的过程中，要经常分析内外环境的变化及其动力、阻力的强弱，把握可变因素与不可变因素，并将主要力量放在可控因素之上。此外，在组织变革过程中，还应把握变革的节奏，要有条不紊地稳步推进组织变革，如果变革太快，可能会激化矛盾，增加阻力，导致变革失败，如果变革太慢，又难以达到预期效果。因此，从某种意义上说，领导是否重视变革，是否积极参与变革，是影响企业组织变革成败的关键因素。

企业文化是企业成员共有的传统习惯、价值观、做事的方式和行为准则，对企业的经营和发展产生着深远的影响。在企业组织变革过程中，企业文化也应适时革新，与时俱进。独特的企业文化是凝聚企业员工，支撑企业发展的持久动力。僵化的企业文化会阻碍企业的组织变革进程，而革新的企业文化则是企业组织变革的不竭动力。企业组织变革的实施要自始至终不断地重视组织文化的变革，将企业文化的变革始终贯穿于企业组织变革之中，并在组织变革中对企业文化进行发展与创新，从而为企业塑造优秀的文化传承。

14.4　迅速行动并缩小组织脆性的扩展半径

企业组织变革中，与其说组织脆性对组织变革成败有着巨大影响力，不

如说组织脆性的扩展半径 c 对组织变革的影响更加确切。企业在受到 σ（外加应力，也即对于组织产生冲击力的初始实际冲击力）的脆性冲击时，起初的脆性冲击力的判断与衡量很重要，但更重要的是 σ_A，即为组织脆性的应力，也即对组织施加的冲击力，实际上是初始冲击力的扩展。也就是说，企业组织在受到冲击力时，所产生的对企业组织的后续作用的抑制而不致扩散至关重要。在 $\sigma_A = \sigma\left(1+2\sqrt{\frac{c}{\rho}}\right)\oplus\xi_i$ 公式中，人可以有较大影响的因素就是解释变量 c，也即组织脆性的波及范围。企业组织的管理者应该规避组织脆性由点扩展并引起周围应力再分配的扩展，在受到冲击后应迅速增强组织内储存的弹性应变能力，减小组织脆性扩展的动力，提高由于脆性冲击而形成新秩序所需的抗打击能力。企业管理者在决策时必须抑制阻止脆性半径的增加，使企业组织整体更加具有张力与弹性。

企业在出现组织脆性时应该及时迅速的采取行动，企业子系统或者整个系统应按照预警机制中的对策或者子系统掌控者采取临时措施抑制或者控制组织脆性的扩展半径，防止其扩散。

14.5 本章小结

本章节主要就前几章所阐述的问题，做了深刻思考并对如何应对企业组织变革中组织脆性的繁衍、发展以及规避做了几方面的对策建议：一是建立健全企业组织变革脆性预警机制；二是强化企业组织结构要素的质量提升；三是制订科学的组织变革方案，重视领导及文化的作用；四是迅速行动并缩小组织脆性的扩展半径。

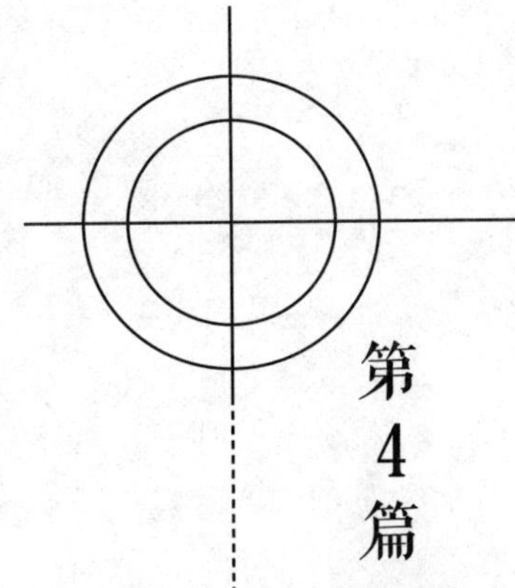

第4篇

基于环境不确定性的组织经营与组织变革趋向

15 不确定性环境下的企业经营趋向——电子商务

15.1 网络化、信息经济和电子商务的关系

15.1.1 网络经济、信息经济与电子商务的内涵

1. 信息经济的含义

经济的发展在经历了农业、工业经济以后，已经顺利地进入了以网络、信息为特征的经济时代，且日益成为经济增长、经济发展的一部分。自然地，信息经济这个概念也就为更多的人所听闻、熟悉、接受并了解和体会。信息经济的大发展是20世纪40年代开始70年代加速的信息革命的产物。

信息经济的内涵大致可以从宏观和微观两个层面来理解。宏观层面的含义指的是信息社会的经济，这需要从社会经济的宏观层次上去理解，我们也可以理解为是信息产业之间的联系和协调，即信息经济的广义概念。另一层需从部门经济的中观层次上去理解，也就是信息部门经济本身，而不涉及同时存在的农业、非信息制造业和服务业等其他经济部门，是信息部门的经济，也即是狭义的概念。

2. 网络经济的含义

网络经济在微观经济学角度来看是属于部门经济的范畴。狭义上的网络经济是指现代通信网络、电子计算机网络等各种网络部门以及部门内的一切经济活动。网络经济的具体内容包括以下几个方面：网络建设费用及收益、网络商品的生产、交换与消费、网络资源的供给与需求，以及网络资源的合理开发与利用。

广义上的网络经济则不仅仅包括物质方面，还包括非物质方面。广义上的网络经济主要是建立在现代通信网络、电子计算机网络，以及各种资源配置网络所形成的综合性全球信息网络基础之上的一国乃至世界范围内的一切经济活动。在这个意义上的网络经济表现在以下几个方面：银行的网络化、国际商务的网络化、国际金融活动的网络化、国际生产的网络化以及资源配

置的网络化，其根本就是经济活动的网络化。

3. 电子商务的含义

电子商务的概念有广义和狭义之分。电子商务缘起于因特网的发展，就电子商务自身的发展而言，其“初级阶段”在概念上对应于一种狭义的电子商务（Electronic Commerce），它是指通过因特网进行的商业交易活动，包括网上广告、订货、付款，以及相应的货物配送和客户服务等。这种电子商务实质上就是电子交易，它的范围仅仅局限于传统商业流程的电子化、网络化。广义的电子商务（Electronic Business），它是指利用因特网重塑各类业务流程，使它们实现电子化、网络化的运营方式。值得注意的是，显然，广义的电子商务的主体是多元的，功能是全方位的，它涉及社会经济生活的各个层面，并构成了一个庞大的整体性交流和交易系统。而驱动网络经济并对整个国家经济产生重大影响的正是这种广义的电子商务。

15.1.2 网络经济与信息经济的关系

网络经济与信息经济既有联系又有区别，下面即对两者之间的关系略作探讨。

1. 网络经济与信息经济的联系

（1）网络经济是信息经济的表现形式之一

以网络和信息技术为载体而发展起来的网络经济与信息经济，都是以电子信息技术为基点而发展的，随着网络经济的进一步发展，这种趋势会进一步增强。

网络经济是以现代电子信息技术为基础发展起来的，以信息产业和服务产业为主导，信息在网络经济中属于一种资源经济，而网络经济的发展就必须依靠信息资源才能得以实现。综上，两者的关系可以理解为信息经济包含网络经济，网络经济是信息经济的表现形式之一。

（2）目标相同

从网络经济和信息经济的含义中可以看出两者的目标是相同的。网络经济和信息经济的目标都是以促进知识以及信息资源的开发和利用，并在此基础上以推进经济向前发展为终极目标。

（3）都以信息技术为支撑

网络经济与信息经济是20世纪70年代信息技术革命之上而出现的新名词，以信息和网络发展为基础，因而，在一定程度上可以说网络经济和信息经济都是信息技术发展的产物。

2. 网络经济与信息经济的区别

（1）网络经济与信息经济是两个不同的概念

经济形态的发展历经了游牧经济、农业经济、工业经济、信息经济和知识经济等经济形态，而网络经济是在此基础上出现的新型经济形态，呈现出由信息经济特征影响下的新特性。

（2）产生时间不同并且相互依托得以发展

网络经济不仅是纯粹的信息活动，也包括着已经融入和能够融入到综合性全球信息网络框架下的产业部门及其他有关部门的一切经济活动，它是经济发展过程中一个特定的形态。信息经济的发展促进了网络经济的产生、形成和发展，同时信息经济又依托网络经济的发展而进一步发展。

（3）网络经济与信息经济研究基点不同

两者研究的基点存在差异，信息经济研究主要以信息产业的产生和发展为基点，主要在宏观的经济层面来分析这一新兴经济的特点；网络经济在研究中则主要是以经济活动来作为切入点进行研究，站在世界经济学的层面来分析整个经济发展到现阶段所表现出来的具体特点。

15.1.3　信息经济与电子商务的关系

电子商务应用的主体是企业，而信息化建设是企业电子商务良好发展的基础性条件。掌握电子商务与企业信息化之间的关系，有利于更好地把握企业未来发展的主要方向，进而也有利于更好地解决工作中遇到的难题和开展各项工作。

1. 信息经济与电子商务相互促进

（1）信息经济与电子商务的发展路径趋同

企业开展电子商务和加强信息化建设都必须基于网络来实现，包括内联网和外联网。企业逐步的加强信息化建设的同时企业的电子商务也得到了逐步的发展，所以在某种意义上来说，企业加强信息化建设的过程与电子商务的发展过程是趋同的，而且在这一过程中也极大地提高了组织的管理能力以及市场营销能力，大幅度地降低企业生产运营成本，提高了企业在同行业中的竞争力。

（2）企业信息化为电子商务发展奠定了技术基础

电子商务的发展毫无疑问离不开技术进步与互联网等信息化建设，随着内外联网的技术逐步建立与成熟，以此为基础的电子商务才得以获得发展的根基。未来随着知识经济、信息经济、网络经济的发展，电子商务也必将有着长足的发展。

企业开展信息化建设能够为电子商务的发展提供必要的技术支持和人员

支持，一旦缺乏信息化技术及专业的信息人员，企业的电子商务将无法开展，电子商务中涉及的通信技术、网络安全技术、电子支付技术以及身份认证技术等均需要技术基础，如果企业信息化的技术水平不高，电子商务的发展将十分艰难。因此，推进信息化建设是开展电子商务的首要条件。

（3）电子商务助推信息技术的发展

电子商务对企业信息化建设起到推动作用，能够为企业加强信息化建设提供所必需的信息、资金以及客户。同时，电子商务也能为企业降低运营成本、节约资金，而企业则可以将节约的资金投入到信息化建设中，形成一个良性循环。除此之外，电子商务经过一系列的发展已经形成了客户和信息基础，而这些信息又可以在企业信息化建设中进行应用，两者相互促进。

（4）电子商务与信息经济相互推动促进经济发展

国民经济信息化是未来的发展趋势，而企业信息化是国民经济信息化发展的基础，同时电子商务又是国民经济信息化的核心。合理的处理信息化与电子商务之间的关系，有利于使其两者相互促进共同发展。推进国民经济信息化的当务之急就是要抓好企业信息化、电子商务和金融电子化三个方面，其中企业信息化是国民经济信息化的基础，金融电子化是国民经济信息化的保证，而电子商务则是国民经济信息化的核心。对于国有大中型企业而言，企业信息化要配合企业改革，要借助现代信息技术、优化工作流程、引进先进的管理理念，最终要有助于企业增强竞争能力，实现提高经济效益的根本目标。

2. 信息经济与网络经济在一定层面上相互制约

从目前经济发展情况来看，企业信息化技术在一定程度上是制约了电子商务的发展，与此同时电子商务的发展也给企业加强信息化建设带来难题。一方面，电子商务的发展要依托企业的信息化建设，而正是由于许多企业信息化建设的水平没有达到应有标准，这一问题又反作用于电子商务，制约其进一步发展。另一方面，企业又致力于通过电子商务的发展来进一步推动企业的信息化建设，电子商务发展速度慢正是由于企业缺乏完善的信息化建设环境所导致的。电子商务的发展必然要求企业在信息技术、发展资金、技术人员等方面均达到一定水平，这使企业发展信息化建设面临较大的挑战。

15.1.4 网络经济与电子商务的关系

1. 电子商务是网络经济的基础和主要表现形式

（1）电子商务是网络经济的基础

从网络经济定义中可以看出，它是基于互联网的以电子商务为主体的一种经济形式。站在产业发展的宏观角度来看，网络经济属于网络产业，与电子商务紧密相连，主要内容不仅包括网络企业、网络银行、网络贸易这几个常见的部分，还包括网络基础设施、网络产品和设备等经济活动。这就是所谓的互联网经济，它具体可以细分为四个层面，分别是基础层、应用层、服务层和商务层。综上所述，电子商务是网络经济的基础，是网络经济的重要内容。

（2）电子商务为网络经济时代的主要经济表现形式

电子商务是在传统商务模式基础上依托互联网的发展出现的一种新型的商务活动形式，现代信息手段是其技术基础，通过通信网络和计算机系统来完成交易，这种交易模式改变了传统交易过程中以纸作为介质进行信息的存储、传递和统计等环节，实现了在商品交易过程中的无纸化和在线交易。电子商务与传统商务模式相比较最大的特点在于实现了信息流、物流和资金流的统一。电子商务的发展给人们的生活和工作带来了巨大的改变，电子商务的高速发展是网络经济时代真正到来的重要标志，所以说电子商务是网络经济的主要表现形式。

2. 电子商务对网络经济的驱动作用

（1）电子商务的发展彻底改变了传统的商业运行模式，将物流、资金流、信息流融合为一体，以网络为媒介开展商品交换活动。

网络经济以电子商务为核心，这种经济模式信息较为充分，所以市场模式较为接近完全竞争市场，而完全竞争市场状态下关于商品的各种信息能够在全球市场上得到广泛和即时的传播，具体信息包括商品和服务的特点、质量、种类、价格等许多方面，买卖双方能够根据信息充分比较、筛选，这就可以很大程度地促进企业竞争，并能够帮助买卖双方最终作出最优决策。

（2）电子商务的出现使信息产业在经济总量中的份额有所上升，网络产品和服务与各个行业相关并渗透其中，进而出现了网络经济这个新的经济增长点，所以，电子商务在很大程度上优化了经济结构。电子商务是数字化信息技术的主要应用领域，也是一个庞大的集成网络产品和服务的建设工程。从相互关系上来看，数字化信息技术和信息产业的发展促进了电子商务的出现和繁荣，而电子商务的迅速崛起也带动了信息技术及产业的更深层次的发展，这种良性的反馈环节构成了网络经济长远发展的内在动力，同时也促使全球经济结构的全面调整和升级。

（3）电子商务的发展困境催生了网络经济的完善。在电子商务的发展过程中，出现了一系列制约因素，尤其是速度、可得性等问题较为突出，这些都依赖着网络经济的发展，进而也为网络经济发展提供了前提，并进一步起到了推动作用。

15.1.5 网络时代企业发展的趋势分析

夏宽云在其文章《网络时代企业发展的三大趋势》中，将网络时代企业发展的趋势界定为商务电子化、管理数字化与财务网络化。就企业发展而言管理的数字化和财务的网络化都是企业管理的工具，归根结底是企业发展方式上的革新的产物，而商务电子化，也就是我们所说的电子商务才真正代表着企业未来经营管理的走向与发展趋势，尤其是随着网络经济的发展、信息经济的革新，基于此的电子商务必然会成为企业未来发展的必然选择，因此，电子商务是网络时代企业发展的趋势。

下面就电子商务的类型和特点做简要阐述。

上述所说的商务的电子化事实上也就是我们常说的电子商务，其本质就是应用电子信息等技术手段所进行的商务活动。进一步来说，指的是在经济高速发展的时代，在技术发展的基础之上，一些掌握了信息技术发展趋势与商业规则的人，充分利用电子信息等工具，高效且低成本地以从事商品交换为目的所进行的各种活动的统称。就目前电子商务的发展趋势而言，比较流行的是两种电子商务形式，一种是企业间（即 Business to Business，B－B）的电子商务和企业对消费者（Business to Consumer，B－C）的电子商务。除此之外，事实上还有政府与企业、消费者对消费者、政府对消费者等形式的电子商务。本书以企业为研究核心，所以主要探讨目前较为流行的两种电子商务形式，尤其是 B－B。B－B 电子商务主要呈现出如下一些特征：①消息灵通：传统商务活动受控于信息传输等技术手段落后，呈现出信息失灵、信息不对称、交易费用高、买卖双方沟通困难等特征，但是网路时代信息技术的发展，买卖双方可以通过网络迅速在全国各地甚至国际领域内寻找适合的合作伙伴并达成交易，这些都得益于信息在全球的自由流动。②交易便捷：B－B 电子商务的流程是买卖双方在网路上寻求适合的合作伙伴，当意向明确后，买卖双方签订合同，并且后续的生产、加工以及物流都可以有效运作，更可以在此过程中通过网络沟通信息并办理后续的支付等事项，这大大地便利了商务交易活动。③相关手续办理快捷：现今的网络时代由于电子银行、电子政务、电子税务、电子海关等的实现，企业与企业之间往往不用面对面谈判即可实现交易，这大大地简化了相关手续并缩减了成本。对于 B－C 电子商务而言，也大大地便利了人们的生活。人们只要产生了消费需求就可以通过各大网站查找物品信息，并对于众多卖家进行询价与对比，一旦交易达成，通过网上电子支付系统付款，待收到货物后确认付款即告交易完成。这样，消费者足不出户就完成了交易，同时也便利了整个商业世界，它也使得传统销售难、难销售的局面得到了有效的解决。目前电子商务正散发着勃勃生机，具备远见卓识的企业也正积极地发展电子商务，可以说，未来的时代就是电子商务的时代。

15.2 商业企业开展电子商务脆性评价研究

日前，一些有关淘宝信用的新闻一直充斥于我们的生活。“淘宝网曝出卖家不规范积累好评现象”，“淘宝网皇冠级卖家竟是骗子，被投诉数月仍在营业”等淘宝信用新闻屡见不鲜。这就不得不让我们思考一个问题，电子商务发展有其不可比拟的优势，但是信用和安全依然是买卖双方都热衷的问题。如果信用和安全问题得不到很好的解决，那么我们也不敢预言，目前发展势头良好的许多电子商务企业和网站会不会一时间倾塌。因而，我们要找出防止其倾塌的深层次原因，这也就是脆性的防范，因而本研究拟对商业企业电子商务脆性做一初探。

15.2.1 商业企业的概念

商业企业是企业的一种形式，它是专门从事商品交换活动和商业劳务活动的盈利性的经济组织。这里的隐含之意为商业企业是专门从事商品交换和商业劳务活动的经济组织，而不是从事商品生产或其他经济活动的经济组织，因而，这里显然不涉及生产环节，这也正是本书的研究对象。

15.2.2 电子商务的含义及形式

电子商务是指政府和个人通过计算机与网络技术实现商业交换和行政管理的一种固定模式。它包括：B2C、C2C、C2B、B2B、B2B2C、B2G、G2B、G2C、C2G 等模式。商业企业电子商务的模式主要包括 B2B 模式、B2C 模式、C2C 模式。本书的研究仅限于和商业企业有关的模式，即商业企业电子商务的 B2B、B2C 两种模式，前者是 Business to Business，即企业和企业间的交易模式，后者是 Business to Customer，即由企业直接通过网络销售给最终消费者的电子商务模式。

15.2.3 商业企业电子商务的实质

在商业企业中，电子商务一般是通过网络商店实现的，或者是实体店在网上开展电子商务。网络商店是通过互联网进行商品经营活动的一种商店形式。其交易过程大致是：商业企业在互联网上开设虚拟商店，建立网上营销的网站，上网的消费者可以根据网址进入网站访问，浏览商店的商品目录等各种信息，找到合意的商品可以发送电子邮件向商业企业订货，通过电子转账系统用信用卡付款。商业企业则通过邮寄或快递公司把商品递送给购物者。其交易流程见图 15－1。

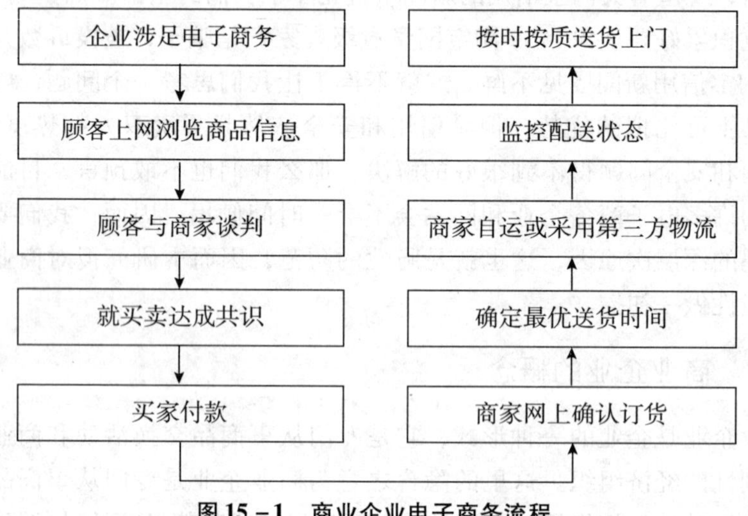

图 15－1 商业企业电子商务流程

商业企业电子商务具有独特的优势。事实上，纯粹的商业企业电子商务由于目前种种条件尚未成熟而发展有限，而真正发展迅速的是传统商业企业涉足电子商务，在网上开设网络商店，即实体店开设电子商务。

15.2.4 商业企业电子商务脆性

脆性是指复杂系统在受到外界的打击时容易崩溃的性质。即复杂系统在受到打击而崩溃以前，没有任何明显的征兆。脆性理论是研究系统在各种内、外损害因素的作用下，系统本身性能严重恶化的程度，以便使系统避免崩溃，并使系统恢复优良设计品质的理论。脆性理论已经被成功地应用到传染病的扩散，交通系统以及煤矿事故系统中。而本书将其用于商业企业的电子商务领域，希望通过探讨商业企业开展电子商务存在的脆弱环节及其控制来防范电子商务商业企业的瞬时崩塌，也就是脆性的爆发。而目前广泛存在于商业企业电子商务领域的信用及安全问题尤其成为脆性因素，因而对其研究也就具有了现实的意义。

15.2.5 商业企业电子商务脆性评价

（1）企业价值链模型

价值链分析法由迈克尔·波特（M. E. Porter）提出。他认为企业的活动是一个创造价值的过程，企业的价值链就是企业所从事的各种活动：设计、生产、销售、发运以及支持性活动的集合体，具体如图 15－2 所示。

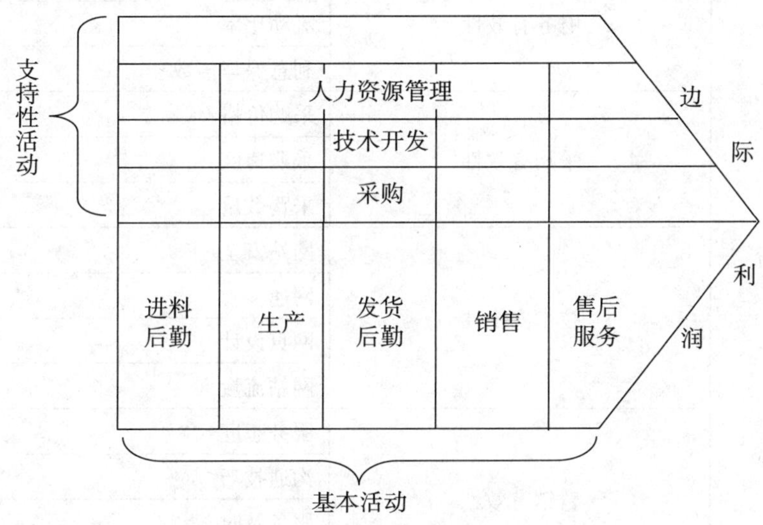

图 15－2 企业价值链模型

（2）商业企业电子商务脆性评价

关于商业企业电子商务脆性的评价，我们借助美国管理学家迈克尔·波特（M. E. Porter）的价值链分析法，对其进行评价。价值链分析是针对所有企业尤其是工业企业进行的，而对于商业企业来说，其活动范畴显然不包括进料后勤与生产，其余都会或多或少地涉及，而其中尤其以技术开发、采购与销售和发货以及售后服务为核心。于是根据上述分析，建立了商业企业电子商务评价模型如表 15－1 所示。

如表 15－1 所示，对于商业企业电子商务的评价可从战略、财务、采购、技术安全、销售、发货以及售后七个方面进行。从总体来看，战略、财务以及采购和技术安全都属于支持性活动，而非核心性活动，但对于电子商务企业来说，技术安全却是非常重要的一环。营销、发货和售后则是基本活动，因而经过上述分析我们可以得出这样一个结论：技术安全、销售和发货为电子商务的核心环节，而脆性的发生也最可能来源于这些环节，也就是脆性源。

表 15－1　　商业企业电子商务脆性评价模型

<table>
<tr><td rowspan="26">商业企业电子商务脆性评价</td><td>一级指标</td><td>二级指标</td></tr>
<tr><td rowspan="3">战略有效性</td><td>经营宗旨</td></tr>
<tr><td>扩张速度</td></tr>
<tr><td>扩张路径</td></tr>
<tr><td rowspan="3">财务有效性</td><td>速动比率</td></tr>
<tr><td>流动比率</td></tr>
<tr><td>利息保障倍数</td></tr>
<tr><td rowspan="3">采购有效性</td><td>采购价格</td></tr>
<tr><td>采购速度</td></tr>
<tr><td>采购数量</td></tr>
<tr><td rowspan="4">技术安全性</td><td>网站安全</td></tr>
<tr><td>网速</td></tr>
<tr><td>网页设计</td></tr>
<tr><td>网站流量</td></tr>
<tr><td rowspan="4">营销有效性</td><td>服务态度</td></tr>
<tr><td>沟通技巧</td></tr>
<tr><td>服务及时</td></tr>
<tr><td>信用问题</td></tr>
<tr><td rowspan="6">发货有效性</td><td>送货上门</td></tr>
<tr><td>及时送货</td></tr>
<tr><td>准确投递</td></tr>
<tr><td>物流人员态度</td></tr>
<tr><td>物流监控</td></tr>
<tr><td>运输费用指标</td></tr>
<tr><td rowspan="3">售后服务有效性</td><td>争议处理及时</td></tr>
<tr><td>处理使得顾客满意</td></tr>
<tr><td></td><td>退换货比率</td></tr>
</table>

对于战略有效性，我们从经营宗旨以及商业企业的扩张速度、扩张路径来考察。财务有效性，王军认为可以从盈利能力分析、清偿能力分析、外汇平衡分析和不确定性分析四方面评价，但是，因为研究对象为商业企业电子商务，因而其研究我们选择了速动比率、流动比率以及利息保障倍数。依照王顺波等人的观点，可以从质量、交货期、价格、运输状况以及其他方面来衡量，这里我们选择了采购价格、采购速度以及采购数量来衡量采购有效性。《我国企业的营销评价指标选择》一文指出，商业企业的营销指标可选择相对价格、相对消费者满意度、相对认可质量、每个合同的成本、分销渠道的建立和维护、货架占有量、产品仓储时间、脱销、中间商满意度、促销活动、新品满意度、新产品收益利润等指标。而针对我们的研究对象，我们最终确定用服务态度、沟通技巧、服务及时、信用问题四方面来评价。而发货有效性我们选择了送货上门、及时送货、准确投递、物流人员态度、物流监控以及运输费用指标等指标。售后服务主要选择了争议处理及时、处理使得顾客满意以及退换货比率三个指标。

需要说明的是，我们也曾经试图将这些指标变成一个最终的评价体系来说明一个商业企业开展电子商务的总体评价，但是经过深入的分析和研究后发现，现在还无法对这些指标进行科学界定，未能作出比较好的实证研究，有许多技术问题需要解决。因此，本书只是给出了这一体系中所包含的指标，对于如何应用合适的评价方法来解决此问题是我们接下来需要深入研究的问题，也是未来深入挖掘的课题。

15.3 中小型商业企业开展电子商务组织变革——物流方式甄选与评价

15.3.1 商业企业电子商务概述

1. 商业企业的概念及特征

关于商业企业的概念界定，到目前为止还是比较确切的，它可被认为是与工业企业相对的概念，工业企业是以生产环节为核心的，通过企业生产产品及提供相关服务进而实现销售而获取盈利的企业模式。而商业企业是企业的一种形式，它是专门从事商品交换活动和商业劳务活动的盈利性的经济组织。

2. 商业企业电子商务的含义及形式

要明确商业企业电子商务的概念首先要明确电子商务的概念及其形式，关于电子商务的概念及形式经过几十年的研究与发展已经比较明确和确定。电子商务是指政府、企业或个人通过计算机与网络技术实现商业交换和行政管理的一种固定模式，它包括：B2C、C2C、C2B、B2B、B2B2C、B2G、G2B、G2C、C2G 等模式，其中常用的主要是 B2B 模式、B2C 模式、C2C 模式。

15.3.2 中小型商业企业开展电子商务物流方式选择

在信息时代，网络购物将成为人们购物的一种未来发展趋势，尤其是商业企业的电子商务蓬勃发展，物流是制约电子商务发展的一个主要瓶颈。

1. 中小型商业企业开展电子商务物流方式探讨

第三方物流（Third - Party Logistics，简称 3PL 或 TPL）是由相对“第一方”发货人和”第二方”收货人而言的第三方专业企业来承担企业物流活动的一种物流形态。因而，从物流提供方的角度来看，可以由供应方、需求方以及第三方来提供。所谓第一方发货人物流，也就是商业企业的自营物流，即自建物流模式，是指电子商务企业为了更好地实现企业目标，而选择进行建设物流的运输工具、储存仓库等基础硬件的投资，并对整个企业内的物流运作进行计划、组织、协调、控制管理的一种模式。而我们通常所说的第二方物流也就是需方，即购买方自运物流。第三方物流则是由供需双方之外的物流公司通过与第一方或第二方的合作来提供其专业化的物流服务，它不拥有商品，不参与商品买卖，而是为顾客提供以合同约束、以结盟为基础的、系列化、个性化、信息化的物流代理服务。事实上除了上述我们所探讨的物流模式，随着商业经济的进一步发展，还出现了另外一种物流模式，即物流联盟。电子商务物流联盟模式主要是指多家电子商务企业与一家或多家物流企业进行合作，或多家电子商务企业共同组建一个联盟企业为其提供物流服务，为了实现长期的合作而组合到一起的组织方式。但是这种物流模式归根结底可归之于第三方物流，即非供方和需方交易双方实现的物流形式。本书所研究的商业企业开展电子商务的方式，由于受交易方式的限制，因而由需方自运几乎不可能。因而，也就只剩下商业企业自营和第三方物流。

2. 中小型商业企业开展电子商务物流方式层次分析

（1）商业企业电子商务物流方式层次指标架构

本书在研究了相关文献的基础上，并结合层次分析法建立了如表 15 - 2 所示的指标架构。

表 15 - 2 中，物流方式的合理选择为目标。准则分别为低运费（B_1）、快速送达（B_2）、准确送达（B_3）、安全送达（B_4）、优质服务（B_5）、灵活性（B_6）以及可控性（B_7）。低运费（B_1）是指运费的便宜程度，运费与物流成本密切相关。快速送达（B_2）以及准确送达（B_3）是指要求物流方式能够尽

可能快以及准确地传递物品。而物品传递过程中，要尽可能地避免货损，这就是安全送达（B_4）。针对目前物流中普遍存在的服务态度问题，提出了指标优质服务（B_5）。灵活性（B_6）指的是当用户发现合同条件出现差错时，商业企业能够予以回应的可能性。可控性（B_7）指的是商业企业和客户能够就合同达成的标的的物流过程进行监控的程度。

表 15－2　　商业企业电子商务物流方式指标架构

<table>
<tr><th>目标层</th><th>准则层</th><th>方案层</th></tr>
<tr><td rowspan="7">物流方式合理选择（A）</td><td>低运费（B_1）</td><td rowspan="3">自营物流（C_1）</td></tr>
<tr><td>快速送达（B_2）</td></tr>
<tr><td>准确送达（B_3）</td></tr>
<tr><td>安全送达（B_4）</td><td rowspan="4">第三方物流（C_2）</td></tr>
<tr><td>优质服务（B_5）</td></tr>
<tr><td>灵活性（B_6）</td></tr>
<tr><td>可控性（B_7）</td></tr>
</table>

（2）中小型商业企业物流方式层次分析

本书应用 AHP 方法对中小型商业企业物流方式进行了研究，其判断矩阵主要针对中小型商业企业作出。具体步骤如下：

①B 层对 A 层（B－A）层次分析

a. 建立 B－A 判断矩阵

本书在综合研究了相关的文献并征求专家意见后，建立了 B 层对 A 层的判断矩阵如表 15－3 所示。

表 15－3　　B－A 判断矩阵

A	B_1	B_2	B_3	B_4	B_5	B_6	B_7
B_1	1	7	1/3	1	3	5	7
B_2	1/7	1	1/3	1/3	3	5	7
B_3	3	3	1	3	5	7	7
B_4	1	3	1/3	1	3	5	5
B_5	1/3	1/3	1/5	1/3	1	3	3
B_6	1/5	1/5	1/7	1/5	1/3	1	1
B_7	1/7	1/7	1/7	1/5	1/3	1	1

b. B－A 指标权重以及一致性检验

$$\omega = [0.219 \quad 0.125 \quad 0.343 \quad 0.172 \quad 0.078 \quad 0.032 \quad 0.030]^T$$

$$\lambda_{max} = 7.72 \quad CR = 0.097 < 0.10$$

C－B 的指标计算方法如上所示，具体的判断矩阵以及权重的计算省略。

②C 层对 B 层（C－B）实证分析

C 层对 B 层（C－B）实证分析与 B 层对 A 层（B－A）实证分析同，这里略去。

③物流方式层次分析结果（见表 15－4）

表 15－4　　物流方式层次分析结果

B－A / C－B	B_1	B_2	B_3	B_4	B_5	B_6	B_7	C－A
	0.219	0.125	0.343	0.172	0.078	0.032	0.030	总权重
C_1	0.1	0.75	0.5	0.667	0.667	0.5	0.5	0.4849
C_2	0.9	0.25	0.5	0.333	0.333	0.5	0.5	0.5141

由表 15－4 可以看出，按照 AHP 方法进行的层次分析研究，最终结果是第三方物流方式是商业企业开展电子商务的最佳选择。

3. 中小型商业企业开展电子商务第三方物流原因探析

研究结果显示开展电子商务的绝大部分商业企业，尤其是中小型商业第三方物流是其最佳选择。但是，从表中的总权重数据来看，自营物流 48.49%，而第三方物流的权重也只是 51.41%。从物流方式的选择而言，虽然第三方物流是最佳选择，但是自营物流和第三方物流之间差距却并不大。因而，这是一个令人疑惑的问题，因为自营物流从理论上来讲也是不错的选择，因而我们需要进一步对于原因进行探析。

第一，中小型商业企业电子商务经营特点决定第三方物流较为适合。第三方物流有其特定的优势，主要体现在其作业具有专业性，只提供物流服务，因而能够节约成本；另外就是服务面广。而中小型商业企业电子商务的典型特征是，商业企业一般自身规模较小，而客户可能遍布于全国各地，每笔交易量又比较小，这就决定了依靠自身物流进行物品的传递成本过高，而且也不利于集中精力搞好订单接纳业务。这可能是中小型商业企业开展电子商务选择第三方物流的最为重要的原因。

第二，中小型商业企业自营物流的优势不足以跨越成本障碍。其实，就电子商务物流的要求而言，运费低、快速送达、准确送达、安全送达、优质服务、灵活性以及可控性这七个方面，自营物流除了在运费这方面，也就是物流成本上具有绝对的劣势外，其他方面都具有显著地优势，但是，和物流成本比较而言，对于开展电子商务的中小型商业企业，这可能是不可逾越的障碍。

15.3.3　中小型商业企业开展电子商务第三方物流评价研究

如何评价第三方物流企业的优劣、选择最佳战略伙伴已成为困扰电子商务企业的重要问题，而第三方物流选择评价体系的建立将对解决该问题大有裨益。中小型商业企业电子商务第三方物流评价研究的出发点是以中小型商业企业为核心，从中小型商业企业的角度来研究第三方物流的评价问题。

1. 中小型商业企业开展电子商务单项业务物流评价

（1）客户交易后对于物流绩效评价的体系设计

根据张哲在《电子商务企业物流绩效评价体系设计》中所设计的评价体系，其评价指标包括成本费用利用率、资产负债率、存货周转率、交付速度和可靠性、配送范围、互联网订货处理、交付信息准确率、配送差错率、订单完整性、送货完好率。因为本研究的出发点是作为一个中小型商业企业在开展电子商务的过程中，对于其物流过程中所采用的第三方物流企业的评价，而其评价指标来源于其顾客的客户评价，因而指标设计应立足于客户与商业企业的需求，因此，其中某些指标并不适用，一些指标含义相同但由于立场不同则需要转化。另外结合笔者的其他研究，提出对于中小型商业企业开展电子商务的设计如表 15 - 5 所示的评价体系，也可以说是一份面对顾客的市场问卷调查。

表 15 - 5　　中小型商业企业开展电子商务客户对物流的评价体系

序号	评价指标	权重	满分	得分
1	物流价格	0.10	10	
2	准确送达	0.10	10	
3	物流速度	0.15	10	
4	送货上门	0.15	10	
5	服务态度	0.15	10	
6	货物完好无损	0.15	10	
7	灵活性	0.10	10	
8	网络跟踪的准确性及及时性	0.10	10	

（2）评价体系用于单项业务评价

表15－5可以称为一份面对顾客的市场调查问卷，是因为，如表15－5所示的客户评价体系，拟运用于用户在购物后对于中小型商业企业的评价当中。中小型商业企业若想改进目前第三方物流处于商业企业电子商务的瓶颈问题，意在物流层面进行大范围革新的前提下，可将原有的信用评价改为对于其物流的评价，抑或可将其作为对其信用评价一部分独立出来单独对其评价。其做法是，每一位在店铺购物的用户，购物后都希冀其做一份对于物流公司评价的明细，即表15－4。这样，中小型商业企业则可以将所得结果作为商业企业开展电子商务第三方物流总体评价的第一手原始材料，运用一系列的方法展开中小型商业企业第三方物流的总体评价，另外也可作为对于本公司所采用的第三方物流公司业绩的评价，并在一定程度上作为对于物流公司的约束。

2. 中小型商业企业对于物流公司的评价

作为一个从事电子商务的商业企业来说，对其物流的评价首先所涉及的层面就是对于不同第三方物流公司的评价，这部分内容即所谓的中小型商业企业对于物流公司的评价。换句话说，虽然中小型商业企业开展电子商务离不开第三方物流公司，那是毫无疑问的，但是在众多的第三方物流公司当中，如圆通、顺丰、韵达、中通、申通，甚至可以是EMS，还包括宅急送等，具体选择哪一家或者是哪几家为本公司服务，却是商业企业自己的选择，这部分即可以解决这一问题。

假设某一个开展电子商务的中小型商业企业，其在一定时期内，共使用了a、b、c、d、e、f、g七家物流公司为其提供物流服务。假设在这一时期内，针对第三方物流公司a共回收有效问卷份数为n，用x_{ij}代表第i位顾客对于第j项指标的评分，则这里i的取值范围为［1，2，…，n］，而j的取值范围为［1，2，…，8］，用p_j代表每一项指标的权重，如表15－5所示，$P_1=0.10$，$P_2=0.10$，$P_3=0.15$，$P_4=0.15$，$P_5=0.15$，$P_6=0.15$，$P_7=0.10$，$P_8=0.10$，则对A物流公司的总体评分（以Y_a表示），$Y_\alpha=\frac{\sum_{i=1}^{n}\sum_{j=1}^{8}X_{ij}P_j}{n}$。以此类推，可分别计算出$Y_a$，$Y_b$，$Y_c$，$Y_d$，$Y_e$，$Y_f$和$Y_g$。

上述计算结果主要有两种用途：①Y_a，Y_b，Y_c，Y_d，Y_e，Y_f和Y_g的数值选取大于7的，作为判定合格物流企业的标准，否则则考虑改用其他物流。②按照Y_a，Y_b，Y_c，Y_d，Y_e，Y_f和Y_g数值大小进行排序，数值越大，则物流绩效越高，否则较低。在后续的交易中，尽可能给予排名靠前的企业以较多的订单。

3. 中小型商业企业第三方物流总体评价

上述的评价层面是对于单个物流公司的评价，而本节旨在对于中小型商业企业所采用的物流进行总体评价。

假设一个中小型商业企业共有 m 个第三方物流公司为其提供物流服务。按照上述方法对每个物流公司进行评价，得出 Y_i 值（i 的取值范围为［1，2，…，m］）。则对于这个商业企业的物流总体评价值 $Y=\frac{\sum_{i=1}^{m} Y_i}{m}$。

Y 值也有两种应用方法：①若 Y 值 < 7，则企业物流有待改进。若≥7，则情况较好，但是还要进一步强化，Y 值越大越好。②另外一种用法就是对于 Y 值进行纵向比较，将今年与去年及以前数值比较，数值大于以前，则物流有所改进，否则，则思考并深入挖掘其中的原因，并采取相应策略予以改进。

总之，对于中小型商业企业物流方式进行了实证研究，得出第三方物流为商业企业电子商务物流方式最佳选择的结论，并进而对原因进行了探讨。继而对于第三方物流给出了评价方法，希冀对于商业企业开展第三方物流的评价有所借鉴。具体的评价，商业企业可参考上述方法，收集第一手资料后应用。

15.4 本章小结

电子商务根源于网络经济、信息经济，所以本章首先阐述了网络经济、信息经济与电子商务的关系，进而论证了不确定性环境下企业经营趋向——电子商务。关于电子商务组织变革问题，分两个层次：一个是商业企业开展电子商务脆性评价研究，另外一个则是中小型商业企业开展电子商务组织变革—物流方式甄选与评价。对于商业企业开展电子商务脆性评价研究，先阐述电子商务的含义及形式、商业企业电子商务的实质以及商业企业电子商务脆性，然后在此基础上进行了商业企业电子商务脆性评价。基于企业价值链模型，设计了对于商业企业电子商务的评价指标，主要包括战略、财务、采购、技术安全、销售、发货以及售后七个方面的指标。至于中小型商业企业开展电子商务组织变革，主要对物流方式甄选与评价进行了探讨，发现在自营物流与第三方物流两者之间，评价结论是第三方物流是企业首选，但是与自营物流的差距并不大。进而分析了原因，主要有两点，中小型商业企业电子商务经营特点决定第三方物流较为适合，以及中小型商业企业自营物流的优势不足以跨越成本障碍。关于第三方物流评价主要涵盖三个层次，中小型商业企业开展电子商务单项业务物流评价、中小型商业企业对于物流公司的评价以及中小型商业企业第三方物流总体评价。

16　不确定性环境下的企业经营趋向二——供应链经营

16.1　供应链及供应链脆性防御评价理论

16.1.1　供应链内涵及其特征

1. 供应链内涵及供应链结构

纵观供应链的相关理论，对于供应链的研究开始于20世纪80年代，而本书对供应链脆性进行研究，首先应对供应链的含义有个具体的界定。根据供应链协会（Supply Chain Council，SCC）的定义，供应链包括了从生产至运送最终产品至客户手中这一过程的所有活动，并把供应商的供应商到最终客户的所有成员链接在一起。供应链不仅包括制造商，而且包括分销商、零售商和顾客，即有如图16－1所示的供应链环节。供应链包括了从商品生产直至流通的所有过程，可以看做是一个包括不同环节之间持续不断的信息流、产品流和资金流的一个庞大的动态系统。

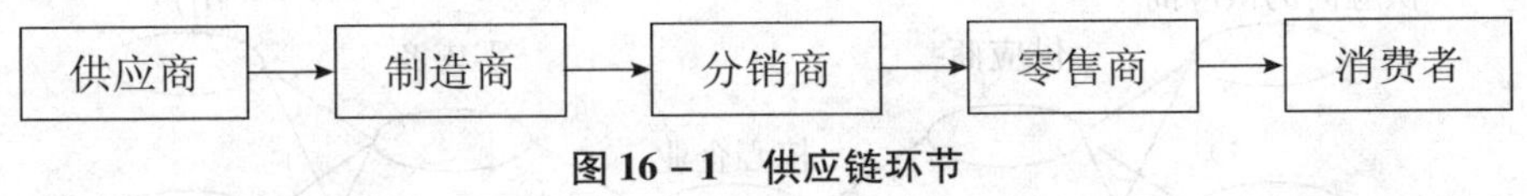

图16－1　供应链环节

经过进一步的发展，人们将此模型无论从内涵或是外延上都进一步拓展为图16－2，之后又进一步演变为图16－3，至此完善了我们所说的供应链结构，这也是目前理论或是实践界所普遍接受的观点。

2. 供应链的复杂性特征

（1）系统性。系统是由相互联系、相互作用的两个或两个以上的要素所组成的整体。而我们所研究的供应链就是由彼此存在着复杂的联系的各个节点企业（要素），组成的一个复杂的大系统（供应链）。按照系统的观点，各个节点又成为组成大系统的子系统。因此，研究供应链就应当利用系统的观点来看待供应链，进而用系统的方法来研究供应链。

（2）耦合协调性。供应链中包含有很多主体，比如供应商、核心企业以及用户甚至包括供应商的供应商以及用户的用户，他们组成了一个大整体，整体中各个节点企业可能为数众多，如此庞大的一个整体，必须形成一定的耦合，分工合作并且节点企业要与供应链整体形成协调一致的步调，向供应链整体要利益。

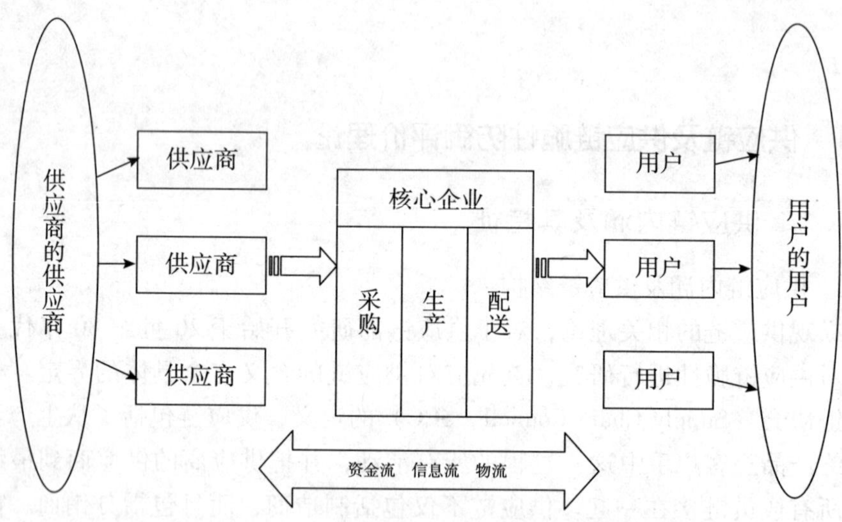

图 16－2　内涵与外延完善后的供应链链条

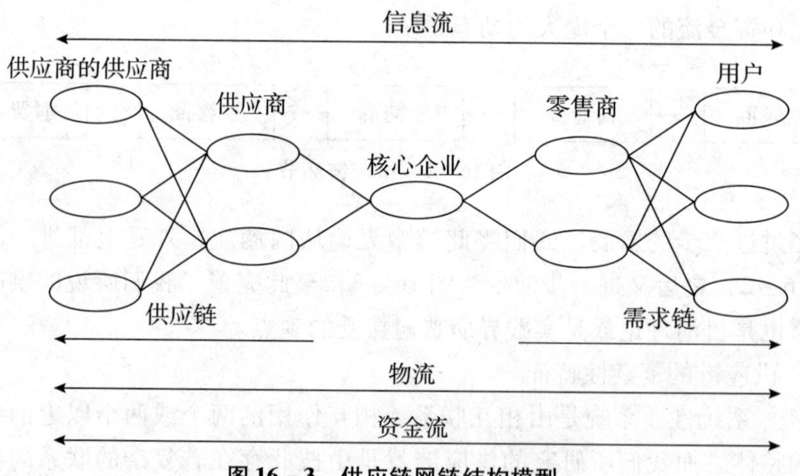

图 16－3　供应链网链结构模型

（3）动态选择性。供应链中的节点企业不是硬性分配的，而是在合作与竞争中相互选择的过程，要在众多的合作伙伴中选择供应链中的成员，这种合作关系是非固定性的，同时也是动态性调整的，说得更确切些，某种程度上可以说是随时择优选择和重组。所以供应链要随目标的转变而转变。

（4）复杂与虚拟性。供应链虽说是由节点企业所组成的一个链条，但是就每一个供应链条来说，因其供应链节点企业组成的跨度不同，供应链往往有多个、多类型甚至多国家企业构成，因而供应链结构模式比一般单个企业的结构模式更为复杂，这便是复杂性特征；同时，它是一个协作组织，而不是一个企业结构，这种协作组织以协作的方式组合在一起，依靠信息网络的支撑和相互信任关系，为了共同的利益，优势互补，强强联合，协调运作，因而又具有虚拟性。

（5）交叉性。节点企业可以是这个供应链的成员，同时又可是另一个供应链的成员，这是单一节点企业的交叉性，同时这也决定了众多的供应链形成交叉结构，而良好运作的供应链应该以用户需求为基点。

16.1.2　脆性概念界定与供应链脆性

关于脆性的概念，有如下一些观点：脆性是指复杂系统在受到外界的打击时容易崩溃的性质，即复杂系统在受到打击而崩溃以前，没有任何明显的征兆。脆性理论是研究系统在各种内、外损害因素的作用下，系统本身性能严重恶化的程度，以便使系统避免崩溃，并使系统恢复优良设计品质的理论。复杂系统在受到内部及外部环境因素的影响，使系统内部某一个或某一部分子系统脆性被激发而导致发生崩溃，从而导致系统内更多的子系统遭受外部打击，最终引发了整个复杂系统内部更多的子系统发生崩溃。复杂系统由于受到打击而发生崩溃的这个性质我们称为脆性。脆性理论已经被成功地应用到传染病的扩散，交通系统以及煤矿事故系统中。而本书将其用于供应链系统领域，希望通过探讨供应链系统存在的脆弱环节及其控制来防范供应链的瞬时崩塌，也就是供应链脆性的爆发。而目前企业之间的竞争已经由原有的企业之间的竞争日益演变为供应链与供应链之间的竞争，供应链系统中主体众多且有各自的经济利益与发展战略，且供应链脆性一旦发生波及范围广等效应，就使得供应链脆性评价与防御具有了广泛的理论与现实意义。

16.1.3　供应链脆性防御层次分析模型评价步骤

1. AHP 评价方法

许多评价问题的评价对象属性多样、结构复杂，难以完全采用定量方法或简单归结为费用、效益或有效度进行优化分析与评价，也难以在任何情况下，做到使评价项目具有单一层次结构。这是需要首先建立多要素、多层次的评价系统，并采用定性与定量有机结合的方法或通过定性信息定量化的途径，使复杂的评价问题明朗化。

在这样的背景下，美国运筹学家、匹兹堡大学教授 T. L. 萨迪（T. L. Saaty）于 20 世纪 70 年代初提出了著名的 AHP（Analytic Hierarchy Process，解析递阶过程，通常意译为“层次分析”）方法。

AHP 方法把复杂问题分解成各个组成因素，又将这些因素按支配关系分组形成递阶层次结构。通过两两比较的方式确定层次中诸因素的比重。然后综合有关人员的判断，确定被选方案相对重要性，确定备选方案相对重要性的总排序。整个过程体现了人们分析—判断—综合的思维特征。但是，这种方法的一个显著缺点就是受主观因素影响较大，因而本书将其与专家意见方法相结合进行研究，以避免由于个人因素而造成的非客观性。

由于供应链具有复杂性、整体性、动态性，它包含了从原料供应、产品生产与销售的全部运行过程，而且彼此之间相互影响、相互作用、相互制约，因而完全可以将其分解为各个因素并确定其中各个因素对供应链有效运行的影响比重。

2. 供应链脆性影响因素理论

杨华，汪贤裕将供应链风险因素划分为三种类型，环境风险、链风险和节点企业风险三类。又进一步阐释了财务风险、信息风险、市场风险、效率风险和惰性风险 5 个风险因素。李艳在其研究中综述了供应链研究的理论，认为供应链应该具备动态性和网络建设性。上海宝钢集团公司董事长、总经理谢企华认为供应链条的有效运行对于所有节点企业都很重要且受节点企业的影响。刘文龙、周琴音指出供应链应该具备动态性和协调性。关于供应链影响因素的理论很多，这里不再一一赘述，借鉴相关理论研究成果并进行综合归纳，本书提出了供应链系统脆性防御的目标、准则与影响因素。

3. 供应链脆性防御模型构造与运用步骤

供应链脆性防御模型构造与运用的步骤为：首先，对供应链脆性的影响因素进行分析，据此来确定供应链脆性层次分析结构模型。其次，再由相关专家和供应链从业人员用打分确定权重和建立评价矩阵，这种做法是为了弥补 AHP 方法的不足。再次，通过应用 AHP 评价方法计算出评价结果。最后，根据评价结果结合供应链运行中的有效实践确定出供应链脆性防御的具体措施。

16.2　供应链系统脆性防御层次分析模型构造与评价

16.2.1　供应链系统脆性防御层次分析模型的构造

结合相关领域专家的意见以及借鉴相关的理论，本书对于供应链影响因素的内涵界定如下。供应链作为一个系统，最核心的是确保整个链条能够有效运行，也就是本书所指即脆性防御（下文中有效运行与脆性防御同义）。所谓有效运行是指供应链不会断裂，并且具有活力，能够有效沟通。这里将目标设定为有效供应链（A），即脆性防御，是指单个供应链以及由单个供应链所组成的供应链系统能够有效运行，也即要求整个供应链能够做到有效传递。由此引出它的第一个准则，即供应链的有效衔接（B_1），如果供应链发生中断，则不可称之为有效运行的供应链。同时，作为一个有效运行的链条，必然要有动态扩展能力（B_2），即供应链除了既定的现有的供应链条外，还应确保现有链条有一种动态扩展能力，即还应注意建立并发展新的链条而不是固守着现有的门路，不思发展。另外，还应保持上、下级链主体之间的有效沟通（B_3），所谓的有效沟通，以分销商为例，不仅应与其所处链条的上级链主体——制造商之间就生产状态、存货情况、市场信息等进行有效沟通，而且还要保持与其下级链主体——零售商之间就分销价格、货源情况、运输状况进行有效沟通。这就决定了一条有效的供应链应具有有效衔接、动态扩展及有效沟通三大特性，且缺一不可。缺少任何一个准则，整个供应链系统若非缺乏紧密性，则缺乏活力。要保证供应链系统有效衔接，即货物、服务能准时、准确运达目的地，与此相关的就是货物的运输方式。如靠传统交通运输方式的货物的运达，较现代的网上销售及与货物运输密切相关的工作人员素质，因而形成交通运输、网络建设、工作人员素质对供应链有效衔接的影响。供应链系统的动态扩展能力，即建立新的供应链的能力，又与整个国家的经济水平、市场竞争环境（经济结构和竞争结构）、市场信息（与供应链主体决策相关的各种信息）、决策人员素质（供应链主体决策者具有的领导、决策、判断、沟通的能力）息息相关。此外，系统主体的有效沟通，除必然受市场信息、决策人员素质影响外，还涉及国家法律法规（对系统主体之间沟通合法性保障及相关法律政策）、商业信用（这里仅指社会个体对自己商业承诺的惯有履约或违约作风）两个必不可少的要素。

通过以上对供应链系统的分解，笔者试图建立如图 16－4 所示的结构模型。

16.2.2　供应链系统脆性防御层次分析模型的评价

对图 16－4 应用 AHP 方法评价，根据专家小组和供应链相关从业人员对各因素指标进行独立打分，确定出各指标的权重，即专家心中的风险因素的重要性。由于篇幅所限，判断矩阵以及计算过程在此不再赘述。经计算，所有的判断矩阵、权重确定均通过一致性检验，最终的计算结果如表 16－1 所示。

16.2.3　供应链系统脆性防御评价结果分析

结合图 16－4 与表 16－1，A 层与 B 层之间的数字代表 B 层各要素对 A 层的作用大小，从表中可以看出，B_3 对 A 的作用度最大为 0.593，其次是动态扩展，再次为有效衔接，这意味着若要达到 A 目标，主要的准则应是 B_3。C 层对 B 层的作用同理，最后一列数字代表 C 层通过 B 层对 A 层起作用的总作用程度。于是，我们得出如下的结论：C_6、C_7、C_9 对于系统有效性的贡献最大。当然也不能忽略其他因素对供应链的作用，这就要求针对这一具体计算结果，给出具体的应对措施。

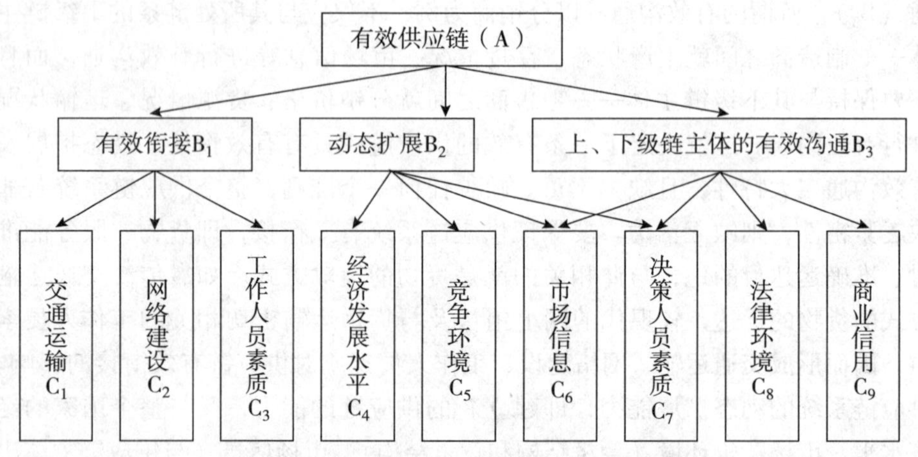

图 16－4　供应链系统脆性防御层次分析模型

表 16－1　供应链系统脆性防御层次分析模型的评价结果

B / C	B_1	B_2	B_3	W_i
	0.157	0.25	0.593	
C_1	0.388	0	0	0.061
C_2	0.169	0	0	0.026

续 表

C \ B	B_1	B_2	B_3	W_i
	0.157	0.25	0.593	
C_3	0.443	0	0	0.070
C_4	0	0.443	0	0.025
C_5	0	0.087	0	0.022
C_6	0	0.533	0.121	0.203
C_7	0	0.30	0.469	0.352
C_8	0	0	0.053	0.031
C_9	0	0	0.357	0.210

16.3 供应链脆性防御措施

从以上的分析可以看出，决策人员，即供应链主体厂商决策者对供应链有效运行的影响最大，其次是商业信用，再次为市场信息，其对供应链的推动作用分别为0.353、0.211、0.204，因而有必要据此结论给出具体对策。同时，对供应链以上因素起作用的一是政府，二是供应链主体，因而就从以上两方面着手进行分析，并且将相应的举措划归为不同主体以加强决策的归属性与针对性，希望对供应链脆性防御起到些许作用。

16.3.1 供应链脆性防御中政府作用探析

1. 加强供应链运行基础设施建设

结合图16-4与表16-1可以看出，虽然交通运输、网络建设在促进供应链有效运行（脆性防御）中不起主导作用，但他们总体对供应链的促进作用接近0.078，而且它直接影响到供应链的有效衔接，如果只有有效的决策却不能保证货物、服务按时运达，将直接影响到供应链的传输，甚至导致合作关系的破裂，即会导致脆性发生。因此，政府必须大力加强对各地区公路、铁路、航空设施的建设，以此来促进供应链的有效运行。与此同时，可以通过对基础设施的建设，带动一系列建筑、建材、劳动就业等相关产业的发展。同时，完善网络设施建设，目前网络不仅深入到了千家万户作为日常交流的工具，更深入到商业经营的各个环节，尤其是作为商业经营趋势体现的供应链，更应强调节点企业之间的信息网络建设。信息网络建设可以说是将来决定供应链竞争的至关重要的要素，加强网络建设将是政府作为基础设施建设的一大举措，应发挥国家与企业双方实力来完善网络建设。

2. 加强教育投入与教育政策变革

从表 16－1 中可以清晰地看到工作人员素质、决策人员素质对供应链的有效运行（脆性防御）是至关重要的，作用比率分别为 0.07 及 0.353，这也正体现了现代经济的人文性，人力资源越来越成为经济的主导因素。要完善教育建设，应该着重从两方面入手：其一，加强对教育的投入。就这一点而言，我国的教育正在向着良好趋势运转，除了政府为主体的教育之外，涌现出更多的以企业为主体参与教育事业的行为，政府应继续采取措施推动这一趋势。其二，进行教育体制改革，教育体制改革一方面涉及教育内容、考核方式等的创新，另一方面涉及的更是教育的公平性，这又和目前的农村城镇化、“三农”等热点问题紧密相关，培育更多的具有良好业务素质、决策素质与道德素质的物流人才。

3. 完善法律法规建设

供应链的有效运行涉及经济各个领域，国家及政府必须制定相应的法律法规，规范经济主体的行为，给经济发展提供一个有序的规范的运行空间。完善相关的知识产权法、专利法，以保障合法的知识产权得到有效的保护并能够转化为现实的生产力；完善相关的劳动法、企业法、合同法等法律法规建设，以保障劳动者、企业的合法权益以及两者之间的良好的合作关系，避免纠纷的发生。

4. 政府应培育一个宽松的竞争环境

流通的这种行业性质决定了垄断的无效率性，因而政府所能做的，就是通过相关的法律法规或政府权力控制垄断的形成，使其呈现出一种垄断竞争的状态。就这一点而言，政府应完善相关的法律法规，并且在这样的行业中垄断并不是最有效的运营方式，政府尤其要完善反垄断法等法律建设，以创造一个规范的竞争环境。

5. 加强市场信息建设

从表 16－1 中还可以看到，市场信息对供应链的影响程度可达 0.204，加强信息市场的建设，应通过有效传媒及建立咨询机构，加强网络建设等措施加速信息传播，努力降低信息的交易成本，繁荣供应链运营，防止脆性发生。

16.3.2 节点企业供应链脆性防御应对措施

节点企业是指处在整个供应链条上的以供应商、制造商、分销商、零售商以及顾客等形式存在的供应链主体。基于这样一种界定，由于供应链主体是人的因素，因而是最活跃的，其对供应链有效运行可采取如下的措施。

1. 加强节点企业自身运输条件建设

由于我国经济发展水平并不高，采用现代化货物运输手段滞后，还长期采用以铁路、公路运输为主的传统货物运输方式，这就必须加强企业自身运输设施的建设。例如，批发商自身车队的建设，配送中心集货、储存、挑选、流通加工、分拣、配送相关的运输建设等。这里还涉及运输人员工作效率的问题，应选用工作效率高、素质好、富有责任感的专业运输人员，以加快整个货物运输的进程，做到货物传输及时、无误、高效。

2. 加强节点企业决策者自身素质建设

结合图 16－4 与表 16－1 可以看到对整个供应链网络脆性影响最大的便是决策人员的素质这一因素，对供应链的推动作用达到 0.353。对于以体力劳动为特征的基层工作人员来说，政府加强义务教育的作用可能更加明显，但就本书所指的决策人员素质而言，更多地则是强调决策者具有掌握市场信息，并据以作出快速准确的判断能力及与他人有效沟通的能力，这就不仅与基础教育有关，更强调企业应给予自己的决策人员更多的职业技能培训，资助进修高水平专业知识、给予更多的实战机会等内容。因此，供应链主体的各企业内部应具备一套完备的对高级经理决策人员进行培训的运作机制，在基础教育之上，推出一批具有杰出领导才能的高素质综合物流管理人员。

3. 节点企业务必注重商业信用

20 世纪七八十年代一度出现中俄贸易的繁荣局面，尤其是黑龙江省黑河市的确从双方贸易中得到了实惠。然而，当时处在中俄边境的商人以次充好，不守商业信用，甚至出现了欺骗乃至诈骗等贸易手段，攫取暴利，最终导致中俄贸易的衰败。由此可见，商业信用的重要性。这在国内市场交易中的道理是完全相同的，一旦合作关系破裂，则很难再在合作上彼此之间建立起信任。完善商业信用制度，单靠政府制定相关的法律法规是远远不够的。因为，商业信用不仅体现在书面合同上，更多地可能是一种人为的口头承诺，况且没有一家企业愿意为微不足道的赔偿耗费相应的财力、物力，最重要的还是精力，这是需要所有从商人员审慎考虑的问题，所有企业都应注意商业信用日益成为企业长远发展与立足之本。

16.4 本章小结

本章的主题是不确定环境下的企业经营趋向二——供应链经营。本章首先探讨了供应链内涵及其特征，进而构建了供应链系统脆性防御层次分析模型，结论是决策人员，即供应链主体厂商决策者对供应链有效运行的影响最大。其次是商业信用，再次为市场信息，其对供应链的推动作用分别为0.353、0.211、0.204。进而探讨了供应链防御的措施，防御措施第一层面是供应链脆性防御中政府作用探析，政府作用主要体现在加强供应链运行基础设施建设、加强教育投入与教育政策变革、培育一个宽松的竞争环境、完善法律法规建设等。第二个层面是节点企业供应链脆性防御应对措施，主要包括加强节点企业自身运输条件建设、加强节点企业决策者自身素质建设以及强调节点企业务必注重商业信用。

17　不确定性环境下企业组织变革趋向三——网络化组织及虚拟组织

17.1　网络时代企业的竞争思路

17.1.1　网络时代企业竞争的基本思路是企业自身的强大

网络时代企业竞争一切以实力为准，因而企业首先要想的事情就是如何实现自身强大，包括实现低成本或者差异化或是采取目标集聚战略。对于大型的工业企业而言如何运用规模经济降低成本以实现强大。对于商业企业而言如何运用范围经济以及借助企业活动间的规模经济，包括运用连锁优势以求得发展成为了企业的主题，总之，网络时代企业自身的强大是企业竞争的基本前提。

17.1.2　以客户需求为终极目标且引领顾客需求

在传统的卖方市场上，企业经营的重心放在卖什么，强调卖而不是强调如何卖出去。而在由卖方市场转向买方市场后，企业的经营重心已经转向了如何卖，如何卖的学问就在于如何能满足顾客需求，以客户需求为终极目标。现在，企业竞争的时代已经进入了第三个阶段，以客户为终极目标的宗旨不变，但是要想在网路时代取得竞争，更应该强调如何引领顾客需求。

17.1.3　以社会责任为企业使命

企业使命指的是企业在社会以及经济发展过程中应该担当的责任和义务。传统情况下企业会将股东以及员工作为自己的责任，但是随着网络时代的到来，企业信誉将是决定企业成败的关键。传统情况下的那种纯粹以利润为目标，置环境污染于不顾的经营模式再也不能适应网路时代企业竞争的需求了。因而企业应该以对社会负责任的态度进行企业经营。

17.1.4　将员工视为企业合作伙伴

传统企业管理模式下，员工被企业视为从事经营管理的工具，从事一系列企业职能，承担各自的工作，各司其职。但是这种仅仅将员工视为工具的思维不再适应现代网络竞争的需要，合理的思路是将员工视为自己的合作伙伴，以提升员工积极性。员工的积极性才是企业竞争的根本。

17.1.5 以竞合策略取代纯竞争思路

传统企业的竞争就是你死我活的市场争夺战，在竞争中往往采用的就是非输即赢的竞争策略，但是网络时代的竞争这种非输即赢的策略已经不再适合企业竞争思路了。企业越来越发现企业间通过合作获取竞争成为了企业的必选之路，也就是竞合战略。竞合战略指的是企业既竞争又合作的战略，在竞争中合作，在合作中竞争成为了企业竞争的思路。

17.2 企业组织结构的发展历程与发展趋势

自古以来，组织的发展大致历经了三种管理结构。一种是禅让型的管理结构也叫V字形管理结构，以中国上古时期的尧帝和舜帝的管理结构为代表。这种结构的特点是最高领导在组织层级上处于高位，但是从权级上来看却是把权利下放给下属使下属的利益处于高位，强调位高者要尊重别人，更是奉献于他人，权利的转让特征是只要发现周边有比自己强者，就主动将权力谦让。以此为特征的管理结构不仅出现于国家管理，在后来的经济组织中也是不少见的。他们当中主要是改革开放后的一批早期创业者，他们的禅让是为了自己企业的发展，求贤若渴，但最后往往因过于轻信形成大权旁落，创业者不得不另起炉灶。基于以上原因，V字形管理结构往往是不长久的，很难长期维持。

顺次发展下来的第二种管理结构可以称之为A字形管理结构，这种管理结构的特点是自上而下的森严的组织结构，直接性的命令性指令，甚至是独裁统治，领导者往往高高在上直接指挥一切，我国古代帝王的管理结构就是这种管理结构的典型代表。

在过去几百年的企业发展历程中，A字形管理结构不仅为大企业所偏爱，同时也赢得了各种各样的小型企业所采用，因为其严格的管理能够节约成本、高层决策机制可以适应快速决策的需求。但是这种条块分割、等级森严的金字塔型的组织结构存在着固有的弊端：

首先，管理权力高度集中于上层。在这种管理机构中，企业组织呈现出典型的金字塔型的架构，而作为企业权力而言，却又高度集中在组织上层。

企业的管理往往通过高层的统一决策而逐层传递，在传递过程中，由于等级链条过长，也就避免不了一个问题那就是信息传递的失误，从而反映在企业决策的执行力上，就是执行力较差。

其次，机构臃肿、效率低下。在这种管理体制下，领导层高度依赖等级连来进行经营与管理，同时在这种管理体制下，使用这种组织管理体制的企业绝大多数面临管理层次过多的问题，命令的上传下达必须顺次经过整个链条，费时费力，成本增加但效率却低下。在处于不确定性环境下的今天，企业的发展、外界环境可谓瞬息万变，如此低效率的决策制定、决策执行，不再能够适应快速决策、快速响应的时代。

最后，组织僵化更容易滋生本位主义、官僚主义。在这样的管理体制下，由于严格的等级链条的限制，本位主义明显，更容易导致论资排辈、官僚主义、缺乏团队合作意识、限制过多而束缚员工行为、缺乏对市场动态的跟踪等等问题。由此可见，如此严格的管理体制，束缚了员工的手脚，限定了员工的创新与智慧，根本无法适应如此多变的现代社会需求，唯一的出路就是对于组织架构以及管理体制进行根本性变革。

第三种管理结构是 M 型管理结构，也称为扁平管理结构。在现代网络时代，随着互联网技术的迅猛发展和信息传播速度的增快，竞争企业越来越表现为时间、速度、创新竞争，在企业中没有决策大小问题，而只有决策速度、能否创新的问题，以及创新速度的问题，最终的较量就取决于是谁首先发现需求，并以最快的速度设计产品与服务去满足这种需求。

扁平组织的最新形式：

（1）无边界组织

所谓无边界组织是指其横向的、纵向的或外部的边界不由某种预先设定的结构所限定的或定义的这样一种组织设计。在今天的环境中要能最有效地运营，就必须保持灵活性和非结构化。对这些组织而言，理想的结构已不是那种刻板的、预先设定的结构。相反，无边界组织力图取缔指挥链，保持合适的管理跨度，以授权的团队取代部门。

（2）网络组织

网络组织特指有一群地位平等的“节点企业”依靠共同目标或兴趣自发聚合起来的组织。这里的网络不仅指“互联网”，也指这种相互关联而没有中心的特定形态。

网络组织是目前发展起来的最新型的组织结构形态，尤其在跨国公司中居多。它使得越来越多的企业通过合作以及企业边界的逐步弱化实现资源共享和合作，并同时能够发挥节点企业各自的优势，实现资源互补，并且有利于企业在链条之上的竞争优势塑造。它代表着未来组织的走向，但是从根本上说它并不是一种成型的或者特定的组织结构形式，更应该将其视为一种全新的管理理念和管理思想。由此而引发了一场在组织结构上的新变革。

(3) 虚拟组织

虚拟组织是一种区别于传统组织的一种以信息技术为支撑的人—机一体化组织。其特征以现代通信技术、信息存储技术、机器智能产品为依托，实现传统组织结构、职能及目标。在形式上，没有固定的地理空间，也没有时间限制。组织成员通过高度自律和高度的价值取向共同实现在团队共同目标，是由多个企业或企业群体基于市场需求和发展机遇而结成的一种动态的经济联盟。从企业组织角度来看，即虚拟企业。

为了进一步理解虚拟企业的概念，我们需要进一步了解虚拟企业的特征：首先，虚拟企业并不具备法人资格，也因为一般来说虚拟企业没有组织实体，所以只是某种动态性联盟，也不是法律层面上完整独立的经济实体。虚拟企业可以是企业的供应商，可能是顾客，更可能是同一行业中的竞争对手。这种新型的企业组织模式打破了传统的企业组织界限，使企业界限变得模糊。其次，在运行中采用并行运作而不是串行运作。虚拟企业在面对项目或任务运作时，采取的是将工作或任务分解为独立的小模块，由不同企业分担模块，同时运行。这样就保证了任务的高效完成，同时成员企业不必担心核心技术、技术诀窍等的泄露，同时又能够保证技术的尖端性。与此同时，任务由特定的虚拟企业中的核心企业进行分工并在此过程中运用现代化的通信设施进行沟通协调，既保证了项目的高效，又保证了各模块间的良好契合。总体而言，虚拟企业保证了任务完成过程中优势资源的应用，同时也保证了低成本高效率运作，实质上是虚拟组织运作中各企业的资源互补和充分利用。

网络化虚拟企业作为新型的组织形式，其竞争优势主要体现在以下几个方面：首先，虚拟组织成员企业界限模糊，传统企业间的界限不再重要。其次，虚拟企业运作过程中实现了不同成员企业的资源整合，利用不同企业的核心优势以高效完成组织任务，同时降低了成本，组织柔性大大增强。再次，由于虚拟组织的虚拟性，企业之间只是一种合作关系，所以可以随时依据市场环境、市场需求变化调整，组织的合作和解散都比较容易，可以有效实现快速响应。最后，虚拟企业组织运用网络化优势，将不同企业优势资源进行整合，所以成员企业也可以规避企业劣势集中于优势资源，用其他企业之长补企业发展短板，取得系统化运营的效果。

而随着组织网络化的进一步发展是组织的虚拟化。组织虚拟化后成员间的合作关系比较短暂，往往是一个项目完成后关系即告解除，成员则根据自身的资源禀赋和市场机会重新组合，采用这种组织形式的企业往往被称为“虚拟企业”。企业的虚拟化是通过组织内、组织间高度的网络化形成的，网络使企业把雇员与雇员、雇员与客户直接联系在一起，减少了传统企业通过上下级构成的纵向联系环节和部门间的横向联系环节，使企业组织本身成为“空壳型组织”。

(4）学习型组织

学习型组织是指由于所有组织成员都积极参与到与工作有关问题的识别与解决中，从而使组织形成了持续适应和变革能力的这样一种组织形式。他要求企业所有员工，从高层到中层直至基层甚至直至员工都具有学习的能力，从而使企业具有学习的氛围，并成为企业竞争优势的来源。

17.3　企业组织模式创新的动因及变革措施

17.3.1　企业组织模式创新的动因

自20世纪90年代以来，企业生产的技术基础和成长环境之所以发生了巨大变化，是由于电子技术的飞速发展，逐步形成全球网络社会。为了缩短国内外企业之间的距离，以及企业与消费者之间的距离，可以广泛运用国际互联网、局域网和企业内部网等达到局域范围内的沟通。金融资本的全球流动、跨国公司的国际间经营、科学知识的无国界传播等，均可表明经济全球化业已成为当今世界的一个重大特征。

1. 全球经济一体化的影响

各种生产要素或者资源在世界范围内自由流动，实现了生产要素或者资源在世界范围内的最优配置，表现为生产、贸易、投资、金融等经济行为在全球范围内的日益增强，这就是所谓的经济全球化。虽然经济的金球化有利于资源在各国之间合理地流动，但对企业的管理与组织理念造成巨大的冲击，是因为市场竞争规模的空前扩大和竞争领域的不断延伸，导致市场保护和地理隔离等不复存在。在这种形势下，企业一方面要实行对外开放的战略，另一方面要注重制度和组织的创新，这样不仅仅顺应经济全球化潮流，同时逐步与国际现代企业的要求接轨。经济全球化使企业内部的组织结构和外部的竞争方式正在进行巨大的调整与变革。

2. 网络技术的推动

信息技术的迅猛发展，除了极大地改变了人们生活方式，更加引起了企业内部的一场“横向革命”：在跨国公司里，内部网的使用不仅把世界各地的员工紧密地联系在一起，还将各项指令都简捷地、迅速地传达，一步到位，从而极大地提高了工作效率；开放的网络技术，可以将企业与供应商、销售商和商业伙伴更加快捷、方便地连接在一起，不仅可以将买卖双方的交易成本降低，还可以使交易速度加快；在将来，企业欲想对迅速变化的市场作出快速反应，适时地了解顾客的有关信息及顾客需求，并能马上生产和提供用户满意的产品和服务，就需要端到端网络化企业的出现。这场革命“称得上是一次社会经济革命，其规模和影响都堪与前两次工业革命媲美”。它对企业组织模式产生的巨大影响表现在：

（1）智力资本成为企业制胜的关键

智慧、科学、知识已成为越来越重要的生产要素。厂房、机器设备等有形资产的投入多少，已不再是衡量一个企业实力的标志，关键是企业在运营中现代科技知识所占的成分有多大。科学家指出，当今美国从事处理资料和信息工作的，绝大多数工人是“信息工人”。值得注意的是，今天的第一职业是文员，他们代替了过去占主导地位的工人和农民。我们不再处于蓝领阶层充斥的社会，经济的发展更加依靠科学知识资源，不再是主要依靠有限的资源或凭借区位的优势。未来企业制胜的关键因素，是加大对智力资本的投入，以及注重劳动者综合智能的开发。

（2）柔性生产方式的运用引领生产领域变革

进入21世纪以来，人类社会步入了信息时代，我们面临着一场“智能革命”。像是微型机器人、采矿机器人、遥控机器人、海底机器人、核电站机器人和空间机器人这些智能工具的使用，使人类不再亲自从事体力工作，而是用脑力解决问题。这些智能工具也使人类的“触角”伸向了超越人体极限的范围。新型可视化技术、产品市场的工作模拟、快速装配与产品生命周期监测等工具的使用，以及电子邮件、团队工作模式和其他媒体工具的利用，加强了组织协调沟通，提高了组织运作的可靠性和生产速度，使企业的运作模式发生了本质上的改变。在工业经济时代，人类选择的是福特流水线作业制，这种生产方式成本较低而且便于管理，适合较大规模的企业进行批量生产。随着信息技术的飞速发展，使用电脑编程改变生产方式为柔性，以“批量定制”取代了传统的“批量生产”，这种生产方式相对灵活，具有普遍适应性，可以生产出更加具有创新性和独特性的产品，可以满足不同消费者的多元化需求，体现了企业独家特色，提高竞争优势。现代企业不仅仅是要生产优质产品，更要迎合不同层次的消费者的多方面需求。

(3) 知识型管理模式的需求

在信息革命的推动下，使得传统企业开始转向为知识型企业，一种新型管理理念开始出现并逐渐成型，就是“知识管理”。像是一些国外的企业，例如微软公司、惠普公司、布兹—爱伦—汉密顿咨询公司等企业，国内的企业如北大方正、亚信集团、清华同方等都已成功应用知识管理理念对企业进行管理。企业要意识到智力和知识资本的重要性，并在企业管理中加以运用，这将成为企业长远发展的重要手段。

所谓知识管理，就是以平时累积的知识进行交流和共享，来提高企业相关能力，如应变管理和创新思想等。知识管理不仅要对企业的人员进行管理，还要将信息和人力连接在一起进行共同管理，就是要将企业的信息进行处理，与人的创新能力相融合，提高企业面对各种环境的适应能力。知识管理要求企业不仅仅是一个生产经营的组织，而是要求企业全员学习更多的专业知识，使企业成为一个学习型组织。据国外相关企业调查表明，对员工进行培训可获得更高的收益，因而许多国内外著名公司，如摩托罗拉、西门子、海尔等，都有企业自己内部的培训学校，微软公司还独具战略眼光成立了中国研究院。这些企业注重企业内部的研发能力和人才培养，使企业内部员工培养终身学习的行为习惯。另外，知识管理企业的另一特征是选拔出了专门的“知识主管”，如可口可乐和通用电气专门请了高级专业人才来做“知识主管”或是“智能资本主管”，这可以提高企业的竞争力，适应当今形势的需要。企业进行有效的知识管理，发现企业自身优势，引领员工进行创新，实现企业整体的知识共享并加以有效应用，提高了企业在市场中的竞争优势，帮助企业实现利润的可持续增长。

17.3.2 网路时代企业组织变革的措施

网络时代摆在所有企业面前的一个问题就是如何竞争，选取相应的组织结构成为了亟待解决的问题。更甚者组织应该明确从传统组织向新型组织转化的组织变革中应该注意的问题，下面仅就这一问题做简要的探讨。在组织变革过程中：

首先，应是企业中的关键决策者必须意识到变革的重要性和必要性，具有变革的紧迫感，并有变革的决心。

其次，应根据变革的需要组建有能力的团队指导变革，制定变革目标、实施方案，该团队的人员主要应包括外聘的专家顾问、企业各部门的骨干人员等。

再次，变革团队人员应深入各部门沟通变革的思想。让企业的所有人员都意识到变革的必然性和紧迫感，他们就会为了一个共同的目标齐心协力地工作，使组织整体充满活力，目标明确，力量集中，为变革的成功提供保障。

最后，再根据计划逐步实施变革策略。

17.4 本章小结

本章主题为不确定性环境下企业组织变革趋向三——网络化组织及虚拟组织。首先阐述了网络时代企业的竞争思路，进而阐述了企业组织结构的发展历程与发展趋势，指出企业组织变革趋向为扁平型组织，主要包括无边界组织、网络组织、虚拟组织以及学习型组织。

最后探讨了企业组织模式创新的动因及变革措施，变革措施首先应是企业中的关键决策者必须意识到变革的重要性和必要性，具有变革的紧迫感，并有变革的决心。

18　不确定性环境下企业组织变革趋向四——战略联盟

18.1　战略联盟是网络化的产物网络组织与战略联盟伴生

从目前为理论界和实践界所普遍接受的观点来看，战略联盟是两个或两个以上的经济实体（一般指企业，如果企业间的某些部门达成联盟关系，也适用此定义）为了实现特定的战略目标而采取的任何股权或非股权形式的共担风险、共享利益的长期联合与合作协议。它是两个及以上的企业出于对市场前景的展望以及为企业利益考虑，通过股权参与方式或契约联合方式建立起来的合作与伙伴关系。战略联盟的实践虽然是兴起于20世纪80年代，在当时主要应用于跨国公司海外扩张，但它从某种意义上来说是20世纪的企业组织变迁的进一步延续，研究它的演变历程有必要从组织变迁的过程追溯起。

在20世纪30年代之前，大多数美国公司的组织架构形式是U型结构，也就是单一部门组织。这种组织结构形式是依照企业职能所做的划分，比如人事、采购、库存、生产、财务以及营销等，其优点在于可以发挥专业管理技能。大约在1930—1960年期间，随着企业规模的迅速成长、产业复合多元化和跨地域扩张，企业内部决策控制问题变得更为复杂化。从而，战略决策、控制决策和经营决策进一步分离，组织结构从单一型的U型结构向多部门的M型结构转变。M型组织是现代大型工商企业尤其是跨国公司基本的组织形式，其具有半独立自主经营的分部与公司总部的战略控制适应了激烈的全球化竞争中多方面的要求，如效率、灵活性和创新学习能力。从U型向M型组织的转变，体现了企业内部决策控制和管理职能分工合作的深入，由此带来的管理协调的效率的提升是企业竞争力的主要来源。但M型组织并没有突破企业传统的疆界，没有涉及企业与市场、企业与企业之间的协调问题。20世纪60年代中期，介于市场与企业之间的组织开始出现，这种“混合治理结构”表现出复杂和多变的形式，如合资合作企业，特许经营，以生产、营销、产品开发等目的结成的联合体等，这些都是战略联盟的雏形，而真正的战略联盟起源于日本企业争相成立合资公司的热潮中，战略联盟的观念虽然起源于日本，但首先是受到美国企业的青睐，在美国企业界大行其道。20 世纪 80 年代早期，一年所成立的合资企业数量就比过去 15～20 年的还要多。但在同一时期，全球掀起了兼并和收购浪潮的势头远远超过战略联盟，这是因为“战略联盟从理论到实践还是困难重重，有待于其他理论（如组织理论）的突破和基础设施（如信息与通信设施），相关法律（知识产权保护）等支撑条件的进一步完善”。20 世纪 90 年代开始，得益于现代通信技术的发展，战略联盟优于并购的低风险、易操作的特点使其成为与并购并驾齐驱的企业扩张方式，不仅数量上大大增加，而且形式愈加多样，战略联盟的发展进入了一个新的时代。现在战略联盟涉及领域之广，无所不及，在不同的产业、不同的国家和地区，我们看到了一幕幕握手言和的情景。研究表明，今后十年，战略联盟有望超过兼并、收购，成为企业间合作的主流。

18.2 网络化环境下企业战略联盟的动因及风险分析

18.2.1 网络化环境下企业战略联盟的动因

1. 开拓新市场

企业要想生存，就必须争夺市场，在其国内市场达到饱和之后或者为了进一步开拓市场，企业就必须向国外市场扩张。事实上，企业无论是在国内还是在跨国经营过程当中，尤其是在世界经济一体化中，企业都需要找到联盟伙伴，共同参与竞争，共赢市场。企业间为了追求在竞争中取胜，就需要找到联盟伙伴，共同开拓市场，这尤其体现在国际市场上的战略联盟中，而开拓新市场是国际战略联盟的主要动因。

2. 分散并降低经营风险

风险是指由环境不确定性而导致的发生损失的可能性。这种风险在现代经济当中既可能是经济风险、社会文化风险、技术风险，甚至更可能是政治风险。经济风险即指市场风险，由于在市场中激烈竞争的结果而导致的由于各种各样的市场因素，比如价格、汇率以至于自然环境的因素、地域的因素而导致的经济风险。社会文化风险指的是由于社会文化、习俗、宗教信仰的不同而导致的企业竞争中违反了经营当地民俗、风俗而导致的企业经营风险，比如滞销、引起当地民众公愤等。尤其是在跨国经营过程中，企业在东道国政府经营，必然受控于东道国政府的政策约束，这种政治风险对于企业影响是巨大的。目前，国际政局很不稳定，政治局势也势必会对公司国际化经营带来风险。为了规避政治风险，更有很多企业通过合同方式，或者与东道国企业结成战略联盟以规避这样的风险。

当前企业的竞争已转变为速度的竞争、创新的竞争，哪个企业迅速创新，那个企业就能迅速满足顾客需求并赢得竞争优势。而这种竞争优势的赢得需要付出巨大的成本，包括创意、研发、技术转化等成本，这种成本的高昂程度很多时候已经超越了企业实力，因而要想在竞争中取胜，越来越多的企业选择了战略联盟以分摊风险。

3. 提升企业综合实力与竞争力

现今，企业的竞争已不是企业间的竞争，更是供应链与供应链之间的竞争。传统情况下，企业与企业之间在产品、价格、技术等层面上激烈竞争，但是这种你死我活的企业之间的竞争目前正在为供应链间的竞争所取代。而供应链间通过战略联盟的形式实现了战略伙伴关系，同时增强了多方的竞争实力。这也是战略联盟的主要目的。

4. 实现资源互补

企业间的资源配置总是非均衡的，或拥有优势，或存在资源不足，优势资源要做到物尽其用，资源不足则需要想方设法弥补，无论是哪种情况，战略联盟都提供了一种实现资源共享、资源互补的方式。战略联盟的形式如联盟伙伴、合资或许可证等联盟形式可使联盟方共享互补性资源、技术，通过技术等资源共享可生产出更为优异的产品来满足大众普遍需要。其遵循的一般规律是，从产品研发到生产最后到销售环节都是实现优势资源互补，通过共享，企业也分享或交换了市场。

5. 分担研发费用并促进技术创新

目前，国际化竞争已经从最终产品之争、核心产品之争转向了技术之争，尤其是转向了技术创新的速度之争，科学技术仍然是第一生产力。随着技术创新与普及速度的加快，经营企业在对原有技术充分利用并不断改进基础之上，必须不断搜寻并不断创新，努力拓展全新的技术领域。但随着新技术与技术产品的开发与利用费用日益增多，单一企业恐怕难以负担如此高昂的研发费用。同时在技术创新与利用过程中，各种尖端技术又呈现出交叉态势，技术产品也日益朝着综合化方向发展。单一企业可能无力去从事每一项高科技项目研发，也就决定了单一企业很难做到对于技术的长期垄断，既然单一企业无法做到对技术的垄断，那就需要通过国际联盟伙伴的合作来实现分担研发费用与研发风险并持续进行创新。

6. 避免过度竞争

在传统市场上，企业之间为了目标市场以及市场份额激烈竞争，而种种竞争以价格战为代表，但是所有的企业都明白，任何一个企业在激烈的竞争中都无法获得可观的利润，而唯有通过合作和战略联盟才能够获得竞争的胜利。同时，战略联盟伙伴关系的形成必然是具有竞争关系的企业间的联盟，这些企业传统情况下是激烈竞争的，但是与其在市场上激烈竞争，不如形成战略伙伴关系，同时也在整个市场中减少了竞争对手以避免过度竞争。

18. 2. 2　网络化环境下企业战略联盟的风险分析

企业战略联盟本是企业为了避免竞争或者是为了获得竞争优势的一种选择，但是，在与其他企业所形成的战略联盟中不可必免地也要面临一些风险，现将这些风险，或者说造成战略联盟失败的原因总结如下：

（1）战略联盟伙伴间的矛盾冲突。战略联盟的形成基于不同企业的不同目的，真正的原因除了显性原因之外，也可能会存在很多隐性原因，真正的原因只有企业才清楚。也会有很多企业加入战略联盟的主要目的不是表面性的，也可能是借助战略联盟所获得的优势去从事其他项目。如果战略联盟中存在很多这样同床异梦的联盟伙伴，都企图将联盟引向自己感兴趣的技术等的合作，可能会导致企业资源等的共享与战略联盟的最初目的相去甚远，从而使企业蒙受不该有损失。

（2）联盟伙伴文化上的差异导致的联盟失败。当联盟伙伴间文化差异较大时，由于企业间不同的文化背景，而在联盟中，文化的差异必然会表现在日常的经营管理中，也表现在联盟各方的沟通交流中。如果联盟各方之间的文化差异比较大，就必然在各方的沟通交流中产生大大小小不同程度的摩擦，甚至也会常常表现在联盟伙伴员工行为间的冲突。当这种大大小小的文化冲突达到一定程度而无法沟通协调时，联盟伙伴就可能不得不选择退出战略联盟而使联盟破裂，进而会导致联盟伙伴利益受损。

（3）被联盟伙伴兼并收购。虽然企业加入战略联盟的本意是想通过联盟伙伴的资源优势来获得自己对市场和对利润、利益的需求，有时对于企业来说，往往是可望而急切的。所以，在有这样的机会时，企业总是急切地加入而忘却了某些潜在的风险。但是，企业在加入战略联盟之前，必须考虑清楚一个问题，那就是企业在面对联盟伙伴的时候，是不是真正具有这些优势。如果企业没有进行详细的研究和分析就盲目加入战略联盟，当有一天被联盟伙伴发现，往往会成为被联盟伙伴利用的机会，被联盟伙伴兼并和收购。除此之外，企业即使在联盟前具备着某些核心的技术和知识，包括市场优势，但是如果在战略联盟中不懂得如何保护自身资源与技术优势，导致技术与技能外泄，也可能会成为被其他企业兼并和收购的对象。

（4）未来合作走向不确定性。企业战略联盟的构建都是有其基本溯源的，这种战略联盟关系的构建必须建立在双方互信的基础之上，并且也是考虑到了未来环境不确定性因素基础上，对未来可能性进行预判的基础上建立的。但是，目前所处的状态和未来环境的走向并不是确定的，而且也是难免的，因而预判和未来的不一致也是可以理解的。既然未来的环境不确定是客观存在的，这种不确定性不仅体现在环境非可控上，更体现在企业随着战略联盟的发展，自身的战略联盟定位以及目标也可能会发生变化，因而企业要想在未来的战略联盟中取得良好的合作，就必须对未来环境的不确定进行估计，并做好应对准备，草率只能导致联盟的破败，并且企业需要承担额外的损失。

（5）战略联盟伙伴战略意图转变的适应性。战略联盟伙伴关系的建立要基于联盟各方所要获得的战略利益，然而，随着时间的推移，联盟各方实力和需求也会随之发生转变。举例来说，比如联盟某一方在战略联盟中学习能力很强，迅速地改变了资源或技术劣势，这样，这一方的战略联盟意图就会明显弱化，在合作过程中也会弱化合作性的努力，而转换其战略联盟合作方式，弱化合作意图。这样，战略联盟的基础就发生了变化，另外的联盟伙伴也要改变其合作方式，否则就会导致战略联盟的解体。

（6）突发意外事件造成的联盟裂变。每一个加入到战略联盟的企业都很注重各自的利益，但是一旦联盟伙伴遭遇突发事件，本能的反应就会采取相应措施保护自己的利益，这样的做法很可能会使联盟各方南辕北辙，最后导致联盟裂变。另外一个导致联盟裂变的原因就是当面临危机事件时，联盟各方推脱责任，最后导致事件无人问津，无人理会而引发的联盟裂变。在此过程中，联盟各方都彼此知晓了对方的行事风格，同时也失去了战略联盟最为重要的根基即信任，这往往是战略联盟失败的根本原因。

（7）联盟外部的竞争与分化。企业战略联盟中联盟企业一定要协调好相互之间的关系，除此之外还要防备竞争对手的恶意分化与瓦解。关系不确定性与恶意分化并行，这就给联盟组织的发展带来了更大的不确定性。战略联盟也只不过是联盟企业为了应对竞争对手竞争增强企业实力的手段。在战略联盟中，竞争对手并不乐见战略联盟的存在，要么也与其他企业形成联盟应对对抗，要么就是对于战略联盟进行分化瓦解。联盟企业一定要防备自己的竞争对手对自己联盟伙伴利用更优异的利益诱引所进行的分化瓦解。这在以往的战略联盟中也并不少见。

18.2.3 战略联盟伙伴冲突的成因

自从企业战略联盟形式诞生以来，成功的事例不胜枚举，但是失败的案例也不在少数，这种风险在上述内容中已经有所讲述，联盟的失败主要源于联盟伙伴间的冲突，冲突的原因主要包括：

（1）由于利益不一致而导致的信任冲突。在战略联盟中，联盟双方或各方都依赖其他联盟伙伴，他们之间相互作用、相互依赖，联盟成功也依赖其他联盟伙伴，这也正是联盟冲突的根基。首先，如果联盟某方因为短期自身利益而作出有损联盟总体效益的决策，必定会引发冲突，从而弱化信任机制。其次，在战略联盟中，联盟各方实力不均衡也是常有的事情，也必然会导致联盟话语权的争夺，在此过程中实力强的企业欲想通过权利制衡其他联盟伙伴，而联盟伙伴也会防止这种被制衡的风险，因而由此引发战略冲突。再次，联盟伙伴必然在联盟中依赖对方企业、对方的资源而发展，在此过程中由于力量不对等的限定，弱方易猜忌强方没有倾全力于战略联盟中，而强方也容易因为实力而要挟弱方，这一切都可能引发冲突，成为战略联盟的不确定性因素。

（2）联盟伙伴合作目标存在分歧。在战略联盟初期，联盟伙伴都是本着双赢的宗旨而走到一起的，最初的目标一般也会高度一致，但是，随着联盟的实践，联盟企业的战略目标都有可能由于环境变化而发生偏移，就会或多或少导致联盟企业目标不一致。即使大目标一致的情况下，也可能会存在隐性目的，企业往往会在联盟中作出对本企业最优的博弈决策，但是却可能因此而损害联盟整体利益。除此之外，当联盟伙伴一方已达到联盟目的，其在战略联盟合作中就会弱化这种联盟的努力，也会引发冲突。最后，随着战略联盟的进一步发展，企业的目标都可能会偏离原来的目标，甚至企业的目标会存在冲突，一方的成功就可能以另一方的损失为代价，此时，联盟企业间就会努力争取自身利益，针锋相对。

（3）联盟伙伴决策过程冲突。战略联盟可能是两方更可能是多方，这些主体都是互相独立的，战略决策必须通过联盟企业的协商作出，联盟伙伴的目的、信息获取的程度、认知差异等都会影响到决策。首先，这种决策冲突可能来源于信息的不对称。联盟各方由于所获得的信息的多寡、详尽、可靠程度的不同，就会使得各自依据自身获得的信息作出不同的决策。其次，联盟各方信息传递失真，沟通不畅。所有的联盟企业都是在独立条件下运作的，信息的传递需要传递渠道，由于传递渠道的接洽程度远远不如在一家企业内的信息传递，可能会出现信息传递的失误，结果会更遭。此外，又由于各自立场、处事风格、思维习惯、沟通方式的不同等都会引发决策过程中的决策冲突。

（4）联盟伙伴沟通失误。有效解决冲突的必备法则就是沟通。良好的沟通能够让所有联盟伙伴通过信息共享而解决信息失真、信息不对称等引发冲突的问题。良好的沟通也可能让联盟伙伴彼此了解自身决策的合理性，决策的本意，这些都有利于解决沟通失误引发的冲突。现如今，引发沟通失误的因素有很多，比如没有良好的沟通渠道、沟通方选择性屏蔽信息、沟通接收方选择性地听取、沟通双方职位上的差异、语言不通或语言文化等的差异，所有这些因素都可能会导致沟通失误。

（5）联盟伙伴文化差异。在企业战略联盟中，联盟各方以合作为前提，但冲突却不可避免，文化差异是一个重要原因。文化的差异主要来源于如下几个方面：一是国家间文化的差异性是客观存在的，也形成了合作与决策风格上的差异，而这种差异往往成为冲突的根源；二是不同国家企业间由于价值观、道德观以及行为方式的不同而导致冲突的发生；三是语言、表达习惯、语言表达方式上的差别和信息领悟与理解上的差别所引发的冲突；四是文化差异客观存在但联盟伙伴却不自知导致理解失误，对此问题的不正确理解可能使冲突的频率、范围和可能性都增大。

（6）联盟成员间利益协调失败引发冲突。联盟各方参与战略联盟都有其本身的意图，想要取得的联盟利益也会有所差别，但是追求利益最大化是所有联盟各方的意愿，这就要求在战略联盟中协调联盟成员间的利益分配，许多冲突都来源于利益分配。这种利益冲突可能产生于如下几个方面：联盟各方只站在自身利益上考虑问题，用自我标准来衡量收益和成本，主观认为成本大于收益；主观认为联盟伙伴所获得的联盟利益远远大于自己而导致的心理失衡；联盟中联盟各方由于对战略联盟的贡献不一致，既得利益不一样也很正常，但是战略联盟企业都希望获得最大的利益，如此都会导致冲突发生。除此之外，在联盟利益分配方面引发的冲突一般随联盟成员增多而增大。因为联盟伙伴数量少，彼此之间容易沟通，也容易解决冲突。但是联盟数量多的情况下，就不容易沟通也极易因为冲突而导致联盟失败。

18.3 网络化环境下企业战略联盟的特征

战略联盟自诞生以来，呈现出一系列的特性，具体表现为机动灵活、高效运作以及边界模糊等特征。但是，在网络化环境背景下呈现出了一些别样的特征，具体来说大致可以概括为变被动性行为为主动、虚拟联盟形势增强、知识联盟为核心。

18.3.1 变被动性行为为主动

网络时代企业战略联盟中战略合作伙伴在战略联盟形成中更多地体现主动性行为，企业越来越多地变被动为主动，主要体现在如下一些方面：

（1）传统企业突破思维局限努力寻求合作伙伴。在战略联盟的整个发展历程中，起始于小企业，是小企业联合起来抗衡大企业的一种普遍做法，大企业在整个过程中主要扮演的是对抗小企业联盟。但是，随着网络时代的到来，企业间竞争加剧，越来越多的大企业也逐步意识到战略联盟的重要性。也逐步增强与竞争性企业的联合，目前网络环境下企业战略联盟成为了企业主动地寻求竞争合作的趋势。

（2）联盟伙伴的寻求主要依赖主动出击策略。传统战略联盟往往依靠的是以某一家企业为主导通过联合其他企业或联合某一家企业而形成的。而目前的形势是所有的企业都有了利用战略联盟实现资源共享以及增强竞争实力的意识，更多的企业选择主动出击寻求联盟与合作的机会。

（3）战略联盟主体数目呈现增多趋势。在当今这个高度依赖创新而生存的时代，企业要想在竞争中成就长远优势，就必须依赖竞争中的合作，也就是战略联盟，不会放弃任何一次可以与其他企业形成联盟获得合作的机会。因而，企业联盟不是浅尝辄止的，而是一家企业同时与很多个其他企业形成战略联盟，这样就形成了你中有我，我中有你的局面。在某项战略联盟中，一家企业将很多的竞争对手变成自己的联盟伙伴，同时将企业的利益相关者比如供应商、批发商、零售商甚至是自己产品的需求方都纳入自己的战略联盟中，导致联盟主体数目不断增多。

18.3.2 虚拟联盟形势增强

在战略联盟时代发展之初，联盟以实体联盟居多，然而随着网络时代的到来，企业发展不确定性增强，传统实体联盟转向虚拟联盟。虚拟联盟一般是指两个或两个以上的公司，出于对全球化市场发展的预期和实现各自公司经营目标的考虑，为达到共创市场、共享利益等战略目标，在某些利益共同点的基础上建立的一种合作形式。这种虚拟战略联盟企业在有限资源的条件下，为取得最大的竞争优势，以自己拥有的优势产品或品牌为中心，由若干规模、专长各异的企业，通过信息网络和快速运输系统联合起来实现全球竞争优势。虚拟联盟的虚拟体现在联盟各方沟通联系的形式上分散性、松散性。事实上，在虚拟联盟中，由于通信技术、信息技术等的高度发展，联盟成员间通过先进的信息通信设备可就具体方面设计等反复沟通，省去了传统联盟中许多沟通的麻烦，这正是对快速顾客响应时代的一种适应。总之，现今的战略联盟日益转变为虚拟联盟。

18.3.3 知识联盟为核心

企业间的战略联盟大都开始于工业时代，工业时代的战略联盟也多以生产性合作为核心。联盟企业通过生产联盟，实现生产性联合以是实现范围经济与规模经济，从而提高了生产效率并降低了企业的生产成本，从而获得成本优势，以此来赢得竞争优势。而在知识经济时代，联盟的核心从生产环节转向了技术性的联盟，这正是工业时代向知识经济时代转变过程中战略联盟的一大转变。知识联盟以其独特的特征正适应着这一时代：首先，联盟合作以知识为核心。现今的战略联盟强调其知识含量，多以技术性联盟居多，也就是从业务性联盟转向了高端知识与技术的联盟。以此为核心，在战略联盟中联盟伙伴都可以通过与其他企业的战略联盟，相互学习、相互促进，从而推动技术在更高层面上的发展，从而促进了知识与技术的研发与传播，同时培养了企业的创新与学习意识。其次，联盟伙伴关系因为知识联盟而变得密不可分。在传统战略联盟时代，一个企业往往拥有技术而利用另外企业在生产方面的先进性而实现联盟，这样的联盟形式使得战略联盟较为分散。但是到了知识经济时代，战略联盟以技术为核心，联盟各方需要在技术联盟过程中进行同步沟通，这些都密切了企业之间的关系。当然这种密不可分也在一定程度上依赖于现代通信与信息技术的发展。

总之，不确定性环境下企业战略联盟呈现出从被动性行为转变为主动性行为、虚拟联盟形势增强以及以知识联盟为核心等特征，这也是企业战略联盟的未来走向。

18.4 不确定性环境下企业战略联盟中企业应对策略

18.4.1 明确企业战略联盟需求与能力

企业选择战略联盟来发展企业时，一定有企业自身的目的性，这个目的性直接决定了企业战略联盟成功与否。这就要求企业在选择战略联盟伙伴之前，明确企业战略联盟的目标，并且对于利用联盟伙伴能够实现目标的可行性进行深入研究和考察，之后重点考察联盟伙伴是否能满足自己的联盟需求，以此明确联盟伙伴特征。同时，联盟伙伴也会对企业有着这样或那样的需求，在选择联盟伙伴时也要对联盟伙伴的需求了如指掌。这个层面主要是考察自己能否满足联盟伙伴的需求。同时，企业还要信守合作承诺，通过合作努力对外建立起可信任的形象。

18.4.2 谨慎选择联盟伙伴

1. 潜在联盟伙伴是否具备满足本企业联盟需求的特征

企业参与战略联盟的主要目的必然是想通过战略联盟来弥补自身所缺乏的某种资源或能力，比如管理团队、管理经验、技术秘诀、技术诀窍、生产能力、研发能力、营销网络等。那就要求在选择联盟伙伴时，明确本企业的联盟需求，选择最能够与本企业形成资源或技术等互补的合作伙伴。换句话说，如果联盟伙伴不能提供本企业所需的某种技能，联盟也就失去了其根本价值。

2. 本企业能否满足潜在联盟伙伴的需求

参与战略联盟的企业都怀揣各自的联盟意图，任何企业都不例外。既然本企业在选择战略联盟中第一考虑因素就是联盟伙伴能否满足自身需求，同时，换位思考，企业第二个需要考虑的问题就是本企业能否满足联盟伙伴的需求。这就要求企业在选择联盟伙伴过程中也要明确联盟伙伴的战略意图，其真正的需求是什么。尤其是当本企业急需联盟伙伴的某些资源或技能时，企业要想方设法明确对方需求并清楚企业能否满足这种需求。在企业的战略联盟伙伴选择过程中，绝大多数企业考虑的是甚至也只考虑对方企业能否满足本企业需求，却很少考虑本企业能够满足对方需求，事实上，这一点对于联盟成败也很关键。因为，如果本企业无法满足对方需求，对方也会减少与本企业合作的意愿，从而联盟也无法成功。甚至更糟的情况是，企业在联盟中并不具备合作优势，联盟伙伴因为对本企业失望而本企业又不具备牵制联盟伙伴的优势而被联盟伙伴淘汰出局，自己的战略目标也无法实现。

3. 本企业与联盟伙伴目标兼容性

在前述我们讨论到联盟冲突成因中已经明确联盟企业间战略目标不一致而导致的联盟失败。也正因如此，企业在选择联盟伙伴时，必然要保证企业和联盟伙伴目标的一致性。在选择联盟伙伴过程中，为了确保联盟目标的一致性，需要作如下考察：联盟伙伴的真正意图是什么；联盟伙伴的近期战略目标是什么；联盟伙伴在战略联盟中输入的核心资源和技能是什么；联盟成员的战略优势和劣势是什么；联盟伙伴是否有强烈的参与意愿；联盟企业的企业文化和本企业文化是否相容。另外，也要有这样的意识，盲目追求目标的一致性也不太现实，只要能够保证主目标相同，局部的战略不一致也是可以接受的。

4. 联盟伙伴是否具备合作意识

战略联盟追求的就是竞争中的合作，这是毫无疑问的，但是在竞争和合作之间，合作才是主流，因而在选择联盟伙伴的过程中，必须对于联盟伙伴的合作意识予以考察。联盟伙伴是否具有合作意识的考察可通过如下途径：首先，对于联盟伙伴是否诚信做考察，企业的诚信就正如个人诚信一样，联盟伙伴在日常经营中能够一贯坚持诚信，那么我们也可以相信他在战略联盟中也会信守合作。其次，通过联盟伙伴利益相关者，比如供应商、分销渠道主体乃至用户做调查以考察联盟伙伴的诚信度。再次，战略联盟合作力度应该由浅入深，在此过程中对于联盟伙伴的合作程度做进一步考察。

5. 本企业与联盟伙伴企业文化是否相容

由于战略联盟伙伴在长期的企业经营实践中形成了自己独特的文化，或者在此过程中形成了一套独特的管理模式、并进而形成了特定的规章与制度，这些企业在战略联盟中沿袭这套做法，从而导致了在文化上的这种差异。这种差异在联盟中不可避免会造成冲突，所以在战略联盟伙伴选择中要选择文化兼容的合作伙伴。与此同时，还应该采取各种措施以减少这种文化的差异。这些措施包括：首先，联盟企业都要有这样的一种意识那就是企业文化差异是客观存在的，任何一家企业在长期的企业经营和管理中必然形成了自己独具特色的经营模式、管理模式，在合作中要尊重对方企业的企业文化。其次，文化差异并不可怕，但是联盟各方在联盟中要充分注意文化的差异，希望能够通过有效的沟通和理解，求同存异，尽量在产生分歧时达成共识。再次，要清楚联盟只是一种合作的形式，却不能以合作取代竞争，绝对不能因为合作和战略优势而干预联盟伙伴的经营活动并给予对方以绝对的尊重。最后，要牢记联盟伙伴有着不同的利益，各自的利益，但是联盟是为了获得共同利益，所以联盟各方一定能够为了共同利益而不断协调和沟通以获得联盟成功。

6. 避免选择投机伙伴

战略联盟产生的根源在于合作各方出于各自利益考虑而形成的联盟。在战略联盟伙伴的选择过程中，一定要对战略联盟伙伴进行仔细的甄选。一个重要的原则就是要避免选择投机性的伙伴。如果战略联盟合作伙伴完全以投机性为目的，那么就完全以利益为目的，指望着在联盟中搭便车，这样的战略联盟是不可能长久的。所以对于联盟伙伴在战略联盟中的动机务必要仔细审核，只有这样，联盟各方才能在联盟中开展合作并实现多方共赢局面。

7. 联盟各方是否具备实力对等

所谓实力对等，是指联盟各方在企业规模、企业实力以及业绩上的实力相当，应该选择与自己实力相当的战略联盟伙伴。当战略联盟各方实力差距过大时，就形同"象—蚁"联盟，这种联盟往往会出现大公司控制整个战略联盟，而小企业则只能跟随大企业之后失去联盟主动权，甚至可能会导致小企业有被吞并的风险和可能。作为我国企业，在战略联盟中尤其应注意这个问题，与知名企业合作联盟是好，但是也要防备这种风险。这里所说的实力，指的就是企业的竞争力，这种竞争力主要体现在如下几个方面：首先，体现在销售额、利润率、市场占有率、技术水平、企业规模、资源充裕度、美誉度等方面。其次，企业信誉是企业竞争力的另一体现，在现今这个不确定性的时代，企业美誉度、信誉度成为衡量企业竞争实力的另一个标准。再次，竞争能力还体现在企业的创新程度。在这个不确定性占据主流的时代，只有不断创新，始终走在创新的前沿才能立于不败之地。只有在联盟合作之前，对于竞争对手深入了解，知己知彼，才能够为未来的合作奠定坚实的基础。

18.4.3 建立并完善联盟信任机制

信任是任何良好关系的基础，在战略联盟中尤为重要，因为信任是联盟合作的前提，更是保证联盟快速成长并取得成功的关键。但是也要明确这种联盟信任机制的建立是非常不容易的，但是企业可以为此而作出应有的努力。良好的信任机制可以有效地避免冲突，即使冲突发生也能够保证联盟各方能在信任的基础之上进行沟通。具体可采用如下方式建立并维护这种信任：首先，绝对没有任何根基就存在的信任，所以联盟企业在战略联盟中一定要本着合作的态度，绝对不能作出有损联盟利益的事情并且有时也需要为了联盟而作出让步，在战略联盟中如果各方都遵循这样的原则处理战略联盟事宜，则久而久之就容易在各方间建立起信任。其次，寻找与本企业文化高度一致的企业作为联盟伙伴。因为文化的一致性决定着企业的行事风格、管理风格以及企业决策的思维方式，这有助于减少分歧也同时有助于建立互信机制。再次，在战略联盟中应该建立起一套逆向选择预警与防范机制。如果战略联盟企业对其他联盟伙伴信任度较高，就会相信合作会顺利进行。但是，联盟也并不是一帆风顺的，联盟外部竞争对手的分化，外部诱惑的增多，都使得信任具有很强的脆弱性。所以，联盟各方应该在合作中建立起一套防止欺骗与逆向选择、投机主义的联盟行为预防机制。典型的做法就是增大对于违约风险的赔偿，这可以有效地阻止逆向选择行为。

18.4.4　积极转变联盟方式

在今天这个不确定性加剧的时代，企业的战略联盟也日益呈现增强趋势。企业联盟的形式很多，从联盟企业间的参与程度、联盟的亲密程度来看，有许可证合同、特许经营、项目合作直到合资经营到股权参与等形式，按照这个顺序，联盟伙伴参与程度也越来越高。这里所说的积极转变联盟方式，也就是说，在战略联盟中，联盟伙伴期待联盟成功，应有的思路是逐步采用更为紧密的联盟方式。

18.4.5　在战略联盟中向联盟伙伴学习并营造学习型组织

在战略联盟中，虽然联盟的目标很明确，但是如果仅仅是为了联盟的目的而单纯地从事合作，也就是说，在联盟中仅仅利用对方来满足联盟需求这只是初级联盟，如果想在联盟中获胜，就必须在联盟中学会向其他联盟伙伴去学习，而这种学习能力是联盟成员获得成功的关键。所以联盟伙伴要在战略联盟中利用一切机会向联盟伙伴学习，目的是当战略联盟结束后，企业已经具备联盟最初联盟伙伴所提供的能力，这才应该是企业战略联盟的最终目的。企业只有怀揣着这样的意识，在战略联盟中向联盟伙伴学习，才能真正的实现企业战略联盟，并以此方式实现企业实力的增强。

战略联盟的第二个目的，除了学习到企业所需的能力之外，还应该努力在战略联盟中营造“学习型组织”。所谓学习型组织的构建，需要在实践中练就，可通过如下几个方面构建学习型组织：首先，在战略联盟中不断向联盟伙伴学习。其次，在以知识联盟为核心的时代，学习应该成为企业的一种习惯，这也是学习型组织构建的根本。再次，企业也应该利用联盟之机，进行各种培训以形成企业学习型氛围。

18.4.6　协调战略联盟伙伴间利益分配

在战略联盟的运作中，利益分配从来都是一个棘手而关键的问题，这也是联盟运作失败的主要原因。企业战略联盟从实质上来说就是战略联盟伙伴间的合作博弈。所以，有效地进行联盟利益分配，需要遵循如下原则：首先，利益均沾原则。在企业战略联盟中，联盟各方都要遵循这一原则，只有既得利益能够在联盟伙伴中分享才能确保联盟有效运行。其次，协调好利益结构分配。这里所说的结构分配，指的是联盟利益在联盟伙伴中的分配结构，这一分配结构的确定需要依据联盟伙伴对战略联盟的贡献作出，与联盟贡献成正比。再次，结构分配与风险利益分配相结合原则。利益分配不仅要与贡献成正比更应该与风险成正比，即利益贡献越大，风险越大，企业越应该获得更大利益。最后，企业参与战略联盟所获收益应该大于不参与战略联盟的收益，也应该大于参与战略联盟所造成的企业成本。

18.4.7 在战略联盟中保持独立性和弹性

战略联盟，毫无疑问，联盟的目的是为了合作获取各方所需，所以合作是前提，但是，这种联盟往往是竞争性企业之间的联盟，因此，竞争也是必需的，这就是战略联盟中的竞合，即既竞争又合作。而且很多时候这种联盟合作并不影响联盟各方在市场中的竞争。竞争环境的这种动态性以及不确定性，就要求企业必须要迅速地适应环境，与战略相适应。但是，竞争也是不可避免的，所以联盟各方除了要合作外，更要在联盟中保持灵活性和独立性、弹性等。原因在于一旦联盟伙伴中一方失去其独立地位，战略联盟也就变成了购并，这样，各方的目的就以一方对另外一方的制约与控制为结果。因此，虽然合作是必要的，但是，在联盟中一定要保持一定的独立性与弹性。

18.4.8 适时选择战略联盟退出时机

所谓未雨绸缪，不打无准备之仗，企业在选择进入战略联盟的同时，就必须想好退路。如果联盟企业在联盟过程中发现自己的盟友有违背联盟的意图或者存在这种风险时，应尽可能地想方设法设置各种障碍阻止联盟伙伴这一意图。如果这种努力失败，企业一定要适时退出战略联盟或者适时终止战略实施。否则，企业可能就要面临被兼并、收购的风险。由此联盟各方必须设置联盟的预警体系，并评估联盟退出的代价，以尽可能小的代价退出战略联盟，这一时机非常重要。

18.5 本章小结

本章的主题为不确定性环境下企业组织变革趋向四——战略联盟。首先探讨了网络化环境下企业战略联盟的动因及风险分析。动因包括开拓新市场 、分散并降低经营风险、提升企业综合实力与竞争力、实现资源互补、分担研发费用并促进技术创新以及避免过度竞争。风险主要包括战略联盟伙伴间的矛盾冲突、联盟伙伴文化上的差异导致的联盟失败、被联盟伙伴兼并收购、未来合作走向不确定性、战略联盟伙伴战略意图转变的适应性、突发意外事件造成的联盟裂变以及联盟外部的竞争与分化。最后探讨了不确定性环境下企业战略联盟中企业应对策略。这些措施包括：①明确企业战略联盟需求与能力。②谨慎选择联盟伙伴，谨慎措施体现在：潜在联盟伙伴是否具备满足本企业联盟需求的特征；本企业能否满足潜在联盟伙伴的需求；本企业与联盟伙伴目标兼容性；联盟伙伴是否具备合作意识；本企业与联盟伙伴企业文化是否相容；避免选择投机伙伴以及联盟各方是否具备实力对等。③建立并完善联盟信任机制。④积极转变联盟方式。⑤在战略联盟中向联盟伙伴学习并营造学习型组织。⑥协调战略联盟伙伴间利益分配。⑦在战略联盟中保持独立性和弹性。⑧适时选择战略联盟退出时机。

19　不确定性环境下企业组织变革趋向五——网络危机管理

19.1　网络危机的内涵与特征

19.1.1　网络危机的内涵

网络危机可以理解为由网络时代所引发的由网络传播、扩散与升级过程中所产生的各种严重威胁以及危及企业生存的或耗费企业资源、实力的各种不确定情形。这一概念有如下三层含义：第一，网络危机起因于网络时代信息的传播、扩散与升级；第二，危机形式指危及企业资源、企业实力甚至危及企业生存的各种不确定性情况；第三，不确定情况有很多形式，比如负面新闻报道、各种突发事件、财务危机、管理危机以及破产风险等。

19.1.2　网络危机的特征

网络时代对企业的影响主要体现于网络给企业带来的各种各样的变化与不确定情况，这些不确定性主要体现在如下几个方面：

1. 信息传播速度如此之快

所谓如此之快并不是危言耸听，网络环境之外的信息传播以电视、报纸、广播等形式呈现，但网络时代信息媒体传播速度之快可能是我们始料不及的。究其原因，有以下几个方面：

（1）传播信息的媒体数量如此之多，尤其是网站数量如此之多以至于信息量巨大，并且中国的网民也是最多的。

（2）网络媒体的监管体制没有传统媒体严格，以至于有许多未经证实、查实的信息在网上逐步传播，甚至是对企业造成了损失但信息源头却无法查实。

（3）博客、论坛、微信、BBS、彩信等都具有互动性，是网络时代危机最大的起源地。在这些领域，网民可以自由地跟随帖子，发表自己的观点，以至于传播速度如此之快。

（4）媒体传播成本较低，甚至无成本，且不受内容形式限制，网民只要参与互联网就可以导致信息的传播，传播速度之快更是始料不及的。一条信息经转发用不了多长时间就会变得家喻户晓。

（5）网络时代信息传播手段多样化。网络时代信息传播方式包括电话、邮件、BBS、各种论坛、各种网络社区，以及各种即时通信方式等，不同传播手段特点不同。但是，一旦将这些传播方式都用上，那么对于任何一家企业而言，信息都是不可控的。

2. 传播范围如此之广

传统媒体传播手段受到各种限制，在传播范围上有限，但是网路时代信息传播范围可以无限化。

（1）突破地域国别限制。网络时代，以互联网为媒介的网络信息传播的特征之一就是没有地域、更没有国别的限制，人们只要登录互联网就可以浏览国内外任何地域的任何信息。一旦信息被曝光，就可以迅速地为国内外的个人、企业所获知，也可以说，在网络时代没有任何信息是纯秘密性的，能够为企业所掩盖的。

（2）影响范围广。一则信息无论通过传统媒体还是网络媒体报道后，都会受到其他媒体的关注，同时也会在社会中形成相应的社会反响。一则在小地方发生的新闻，经过媒体的跟进，各大网站的转载和传播发布，就会理解成为区域性的、遍布全国的甚至是跨国性新闻。所以，这对于企业而言，一旦企业出现问题在较短的时间内就可以在更广泛的范围内让世界所知晓，这也就进一步加大了网络公关的难度。

3. 信息量巨大且不易消失长期保留

网路时代互联网的显著特征就是可以通过文字、图片、链接、视频，或者视频和声音相结合的方式传递大量内容极其丰富的信息，其信息容量可能是其他传统媒体无法匹敌的。这也是与传统媒体有明显的区别。除此之外，信息一旦被发布就会迅速得到传播且极易被拷贝并备份，而这种存储特性是其他媒体所不及的。

4. 评判权、决定权以及发言权转向了社会以及普通民众

传统媒体下，所谓社会层面的评判权、发言权主要由媒体以及一些大机构或政府机构主导，但是在网络时代，网络媒体全民参与性、互动性以及开放性等使得信息的来源与可信性几乎是不可控的，信息过滤的难度极大，这也使得肆意的攻击与批评变得更为容易。由于这种传播的互动性等，有时这些被大众所主导的信息成为了社会主流信息，甚至有些时候会主导政府性决

策，因此，在这个时代利用掩埋手段进行的危机公关也显得不再那么有效了。

19.2 网络时代危机公关面临的挑战与成因分析

19.2.1 网络时代危机公关面临的挑战

1. 纷繁复杂的信息爆炸

在网络时代，危机公关时，企业面临的首要问题就是信息爆炸性的挑战。这里所说的信息爆炸性是指网路时代信息环境越来越复杂，这种复杂性体现在：

在网络时代，各类信息传播具有不可控性。传统媒体阶段与网路时代传媒有很大的区别。在传统媒体阶段，传媒手段主要掌握在社会主流或者在社会上有影响力的主体手中，公众在整个媒体传播中的能量太过有限，也就是基本上反应的都是权势主体的声音，这种情况下，媒体信息的传播就具有较强的选择性、倾向性与可控性。这样，传统组织在面临危机事件时，完全可以通过控制信息出处的途径以解决危机。但是在网络时代，由于信息传播常常是无意识与有意识的结合，当企业遇到危机时，往往无处寻找媒体出处，且传播速度也很快，因而信息更具备与众不同的特性，其中最为明显的就是不可控性，而这种不可控性主要体现在传播来源、传播事件以及传播内容和速度的不可控性。

（1）信息传播来源无从入手。在传统传媒时代，信息的来源主要有大众媒体，比如电视、广播、报纸、杂志等，舍此则基本无其他信息传播途径。但是，在网络时代，信息的传播路径除了传统传媒以外，更可能来源于其他搜索功能等，包括微博、空间等途径，可谓不计其数，又由于网络的虚拟性，既可以发布信息又可以随时删除信息，这就使得对于信息的追根溯源成为了不可能，查找信息的源头也就无从入手。又由于在网络时代，网站提供了强大的搜索功能，人们也可以在网络上随意地跟发帖子，发表看法、发表文章等，这就使得信息的传播速度极为迅速，同时人们也可以不用付费的方式就可以自由随意地下载各种软件、文章以获取大量信息。这样，公众需要在众多的纷繁复杂的信息堆中辨别信息真伪；同时，从另一方面说，有些信息也可能是竞争对手刻意制造出来的信息以误导竞争对手错误地采取或者不采取某些措施的信息。那么企业在遇到危机时，也要甄别一下这是不是竞争对手刻意的行为。在某种程度上说，企业也要在危机管理与应对上投入更多的精力和成本。

（2）信息传播随时可行随处可见。在传统传媒时代，信息的传播受控于特定媒体比如报纸、电视、广播等时间上的局限性，信息的传播有很大的滞后性和延迟性，这也就使得企业组织在面临危机时能够有更多的时间来反应并赢得处理危机的时间并采取响应的措施。而在网络时代，信息的传播不再受控于这些传统媒体传播的滞后性和时间性。一旦有危机信息或者哪怕是危机矛头的出现，信息就会第一时间在网络上传播并且这种传播速度是我们所控制不了的。同时，对于企业来说，一旦有危机事件的发生，企业想通过掩埋、抓住源头的方式来应对已变得不再可行。唯一的做法就是企业一旦面对危机就必须当机立断采取措施化解危机。这个时候的任何迟疑都可能使企业陷入危机之中而不可自拔。也就是说，这给组织危机处理中反应速度及应急措施提出了更为严峻的挑战。

（3）信息传播的内容不再可控。在传统传媒时代，通过传统媒体所进行的信息传播需要经过层层把关，由于这种审核的制度的存在就使得某些不被大众所接受的信息无法通过正规媒体途径进行传播，也为企业在面临危机时寻找危机解决提供了一种可屏蔽信息的危机解决途径。但是，在网络时代，信息传播的途径如此之多，如此广泛，网络媒体也缺乏审核审查的制度，甚至也缺乏立法的规制，这样就给信息的传播等既提供了机遇同时也带来了诸多的挑战。机遇在于可以得到很多信息，有利于企业各方面的业务发展，但是，挑战就在于任何人任何时间在任何地点都可以随意地发布网络信息，经证实的或未被证实的，善意的或刻意为之的，随意性非常大，所以对于信息的传播内容不具可控性。更为严峻的是，如果面对媒体的攻击采取错误的应对措施，可能会漏洞百出，反而成为了企业的把柄握在公众手中，无法公关。

（4）信息可以被无限制地复制和保存。在传统传媒主导的时代，信息的保存性较差，一些历史性的信息经过了年代的洗涤，若想对信息进行追溯往往很难，这是由于保存性较差导致的结果，这样对于企业来说很容易通过控制内容的留存性来消除危机。但是在网络时代，网络传播的特点就是大量信息一定会保留在网络平台或者被某些人、某些机构处于任何目的进行保存，并且也可能由于某些目的而进行广泛的传播。这样的网络信息的特点决定了在网络时代企业通过信息消弭方式进行攻关不再可行，这也就在一定程度上对于企业的危机公关提出了更高水准的要求。

以上的诸多特征决定了网络信息的爆炸性，这给企业的危机公关制造了太多的麻烦，也产生了无与伦比的危机。

2. 利益相关者的联合对抗

网络时代与传统媒体时代的主要区别还有一点，那就是传统媒体时代，面对危机企业面对的对手往往是单一的，但是在网络时代，更多的企业通过网络信息传播以及战略联盟的建立，彼此信息沟通，在面对某些危机时，往往采取联合对抗的方式来应对危机。在传统媒体时代，企业面对危机往往是单打独斗居多，这样企业以一人之力应对危机往往能力有限，企业往往可以采取各个突破的方式来解决危机。但是，处于网络时代的企业，对于组织来说，单打独斗的情况不再现实，这样企业采用传统方式应对危机不再有效。

面对网路时代的这种危机，所有企业都要有防患于未然的决心和态度，采取各种措施应对危机。当不能够有效地将竞争对手进行分化的情况下，企业就要想好面对危机的预警措施，或者谋划出一旦引起竞争对手联合反击时的应对策略。从总体而言，企业面对危机应该更多地考虑利益相关者的利益，在此之上进行危机公关。

19.2.2 网络时代危机公关面临挑战原因分析

1. 外部原因

网络时代企业危机管理面临的两大挑战如上所述，比如信息的爆炸性以及利益相关者的联合，下面我们需要对于这两个挑战发生的原因阐述如下：

（1）普通公众有了更多地表达声音的信息平台

在传统媒体时代，普通公众根本对于信息没有话语权，甚至是当自身权利受到侵害时，更多的时候也是申诉无门，这就是传统传媒时代普通公众的悲哀。

但是，在网络时代，普通公众找到了申诉、抱怨的路径，比如移动通信、论坛、短信、微信、博客，这些通信工具也迅速得到技术提升、发展与普及。在网路时代，这些通信工具所具有的开放性、便利性、交易低廉性、易得性等特性，给普通公众开创了一个能够自我表达思想、意愿的良好平台，也使得普通公众能够利用这样的平台自由表达自我思想，在此过程中，从某种程度上来看，在传递话语权上，普通工具有了发声的条件。如此说来，与传统传媒相比，对于普通公众来说，网络平台是可得的、也是亲切的，是真真正正属于他们自己的，进而也打破了传统传媒时代信息传播与普通公众之间的距离感与不可得等的局限性，为普通公众提供了一个更为自由、更为公正的发声平台。

（2）普通公众在信息传播内容上有了更多的自由度

说明这个问题，我们还是要从传统传媒与网络时代网络传播的比较来阐述。在传统传媒时代，首先，进入到信息沟通渠道的信息必须经过审核，而这种审核只有信息符合组织宣传的目标，符合组织偏好口味、且不违背社会道德伦理等标准才能被发布。其次，不说传媒渠道的问题，如果大众想要通过传媒表达声音，首先就必须面临把关人的审查，这就需要按照把关人的标准对于内容甚至是形式进行修改和调整，这就在内容和形式上极大地限制了信息传播。此外，在传统传媒时代，传媒信息发布、意见表达是具名的、公开的，普通个人即使是获得了向大众公开表达个人意见的机会，但是出于各种风险的考虑，在信息表达的广度和自由度上总会受到不通程度的限定，除此之外，由于传统媒体的资源局限，也使得公众在信息传播与表达的形式上受限。

但是到了网络时代，信息传播不再受控于上述传统传媒的控制，此时把关人角色不明，政府的监控难度也加大了，反而是普通公众赢得了相对的自由。由于网络信息传播的匿名性与虚拟性，使普通受众可以直接从移动通信、论坛、短信、微信、博客等多种形式的载体中自主选择合适的方式就自己所关注的话题自由地表达观点并进行有效信息传递。也就是说，普通受众无论在信息的传递还是在信息的选择上都拥有了较大自主权，普通公众可以自主选择信息的传递内容，也可以自由地发表对事件的看法和观点，另外意见的表达角度也更加的自由、多样化，尺度也变大了。此外，在网络信息传播中，话题的传播广度，不再是由传播者决定的，决定者是普通公众，若引起普遍关注，就会自然而然地成为网络甚至更成为整个社会热议的话题，也就是话语权直接交给了普通民众。这样，就对网络时代企业公关带来了很大的不确定性和信息不对称性。

(3) 普通公众有了更多形式多样的信息表达方式

在传统传媒时代，由于传媒资源的特性、传媒技术本身的局限性以及传媒信息传播的高成本等特性，使得普通公众即使是获得了通过大众传媒传播信息的机会，但是在表现形式上也往往只能采用图片、文字以及视频等某一单一表现形式，略显单调。

然而，在网络传媒时代，传媒技术的发展和传媒资源的充裕都有了很大的加强，使得普通公众信息传播的技术和方式更为多样化，普通公众可通过网络载体，同时使用声音、图片、文字和影像视频等多样的表达形式，即不再限于某一单一表现形式，就极大地增强了宣传效果。

(4) 网络信息的互动性带来的信息传递便利性

传统传媒时代，普通公众是很难通过大众传媒直接表达自身的看法与观点，对于信息的告知与传递，也往往处于单向发布的角色，一般很难及时获得互动反馈。而交互性恰恰是网络时代与传统传媒时代最大的区别，传统信息传播的单向线性的传播方式也被网络传媒的双向互动甚至是多方互动传播方式所取代。这样，网民之间、网站与网民之间都是可以通过移动通信、论坛、短信、微信、博客等工具实现即时沟通与互动。这样，普通公众就可以对形形色色的视频资料、新闻稿件等方式即时发表评论或展开讨论，也可以说是网络传媒给了大家一个可以充分互动与交流的契机，进而也实现了普通网民与媒体的互动，而这种互动形式既包括了个人之间的信息互动，同时也包括个人与组织、群体之间以及一对多与多对多等形式的互动。

（5）传播范围扩大化

传统传媒时代，公众的语权常常会被剥夺或仅限于较小范围内的传播，诸多新闻事件、信息、意见等的表达大都局限于普通公众间个人的、群体的传播，这就造成了不论在传播幅度还是在地理范围方面都受到了极为严格的限制和约束。然而，在网络环境时代，网络信息传播的互动性、开放性、自由性给群体化的信息传播赋予了全新的内涵。在传统传媒时代，如果说小规模的群体间传播局限在小范围内又或者说只在本区域内部进行群体间的传播，而如今这种群体间的地理范围也在不断扩大。网络时代，凭借网络手段，某一区域性公众话题就可能会在更大的范围内进行群体间的传播，这样一来，也使得传播范围得以不断扩大，这种主要以兴趣爱好为关注点建立起来的群体传播渠道突破了地域的限制，从而实现了在更大群体间的传播。尤为重要的是，网络的普及为世界各个角落的机构和个人获取信息、输出信息提供了前所未有的便利，公众的话语传播可以不受时间和空间的限制，可以随时随地传播到世界各地，通过网络，实现无疆化、跨区域化乃至全球化的传播，使得企业的危机为更多的人所关注，使得危机的处理难度呈几何级的变化。

（6）自然环境引发的危机

企业的发展历程不可能是一帆风顺的，所要考虑的因素非常多，任何一个因素都可能对企业造成不可逆转的影响。其中，最为难以预料且不可抗的就是自然环境变化所引发的企业危机。自然环境的变化最为激烈的莫过于自然灾害，比如 2008 年南方多地市的雪灾、大地震以及后续流行疾病的暴发。这些危机的突发性和不可抗性，使得处于其中的企业只能被动地等待环境的变化趋向转好，从时间上来看，一旦危机爆发，企业需要用几个月甚至更长的时间来等待，还会经历后续很长时间的恢复期，在如此漫长的历程中，许多企业因为无力承担违约等风险以及高成本问题，甚至最终引发企业倒闭。

(7) 社会环境变化引发的危机

在网络时代，一个想要发展壮大的企业要想获得快速发展，就必须与社会环境好好相处。所谓好好地相处，即基本底线是不能和社会环境发生冲突，尤其是面对普通公众的冲突。因为一旦触犯了普通公众的容忍底线，就会受到社会的负面关注，也会受到大众的抵制消费。除此之外，社会环境，还包括竞争对手、消费者、政府等主体，这些社会环境的变化也会影响企业经营，尤其是政府政策的改变，如最低工资限定、新劳动法出台等，都会对处于网络环境的企业产生巨大的影响；除此之外，银行停贷、员工罢工、供应商抬高价格、媒体的曝光、合作伙伴的突然退出等都会影响到企业的经营成效，网络危机也往往无法规避。

2. 企业内部原因

网路时代企业危机的表现形式和原因都是多样的，具体原因主要包括以下几个方面：

(1) 组织经营管理问题

企业作为社会基本细胞组成，大小规模不一。在企业的发展历程中，企业一定会经历初创期、成长期、成熟期和衰退期四个历史阶段，企业在此过程中会不断发展壮大，导致企业部门林立、组织庞大而臃肿，就不免会爆发一系列的组织经营与管理问题，分析原因大致可归纳如下：

①领导层危机

首先，领导层问题的第一表现即缺乏合理的企业长远规划与战略。企业高层在企业的整个组织架构中至关重要，思考的都是关乎企业生死存亡发展的大事，要为企业把好舵并指明未来企业发展方向。企业长远规划与战略为企业未来制定了一个宏伟蓝图，并进一步明确企业每一阶段每一层次以至每个人的未来目标。但是，有关研究却发现只有70%的企业有这种发展战略，30%的企业甚至只满足于目前的发展而停滞不前，这是领导层的一大失误。

其次，决策较为盲目，缺乏科学性。毋庸置疑，良好的企业决策决定企业的命运，而一次决策的失误也可能会置企业于危险之地。而网络时代，企业面临的影响企业决策的因素越来越多，而且相互掺杂，难以分辨，就使得决策的难度越来越大，企业如果没有科学手段用于决策则会导致决策的盲目性，甚至会产生决策失误。

企业决策中最重要的决策就是中高层决策。而谈及危机这一话题，就决策层面而言，往往与领导者的素质以及经营经验息息相关。一个优秀领导者可以保证企业发展蒸蒸日上，每一个决策都是明智而富有成效的，甚至可以让一个企业扭亏为盈，起死回生。但是，相反地，一个不称职的领导也可能使得一个企业陷入重重危机，甚至也可能会走上溃败之路。这就要求，作为一个企业的领导者必须具备必要素质以带领企业在科学决策下蒸蒸日上。

②管理体制陈旧

所谓管理体制，指的是一个企业经营组织的方式和管理模式，决定着企业如何实现经营管理，而管理体制的好坏决定企业的生存和发展。尤其是处于网络时代，新的管理理念层出不穷，发展日新月异。好的管理体制能够使得每个人各自其责，工作有序进行，并进而会导致高效率、高效益并起到节约成本的目的。但与此相反的，一个落后的管理体制，则会导致人浮于事、部门间互相牵扯，管理成本增高、效率低下，与此同时可能会极大地降低员工工作的热情和创造力。这些问题都容易导致管理危机的发生。

③机构设置不完善

在企业管理中，组织结构的设置的目的就是各司其职，一旦企业某一环节出现问题，即有相关部门出来处理问题，并且使损失降到最低。而在日常的经营环节中，这样的部门能够对各自的职责很好地进行监管，能够保证企业良好运作。随着网路时代的到来，企业环境越来越复杂，甚至有很多企业在其原有的组织架构上增添了危机管理机构来应对这一外部环境的变化。有了专门的危机管理机构，制定一套危机预警预案，可以有效地预防危机的发生，一旦有危机出现也能有相应的应对措施。因此，每一家企业都需要有一个组织协调、运行高效、职能齐全的机构设置，各部门职能机构间相互协调、有效配合来更好地促进企业发展。

（2）财务管理危机

企业财务危机大致主要来源于两个方面：一个是企业完全依靠自有资金发展；另一个就是企业过度依赖负债经营。第一个极端在我国企业中还是比较常见的，企业固执地认为如果企业依靠自己资金进行发展，则不会陷入财务危机中。因为绝大多数的企业危机都来源于无力偿还企业债务。第二个极端是指企业过度依赖用钱生钱的理念。过度强调企业留有大量资金就是资源浪费，一旦有机会就扩张企业，导致企业缺乏资金就用渠道贷款，而一旦企业某一个链条出现失误，则会引发一系列危机，导致链条断裂，从而引发企业危机，这就是我们传统的企业危机。针对企业财务危机，企业最好的做法就是要在自有资金和贷款间寻求一种平衡，企业必须时刻关注企业发展和经营，避免财务危机，需要在资金的占有和使用上量力而行，在财务上游刃有余。

(3) 人事危机

在企业当中，人们能够注意到各种危机，尤其是财务危机、信息危机、环境危机等，但是事实上企业也可能一时间爆发人事危机。对于企业而言严重的人才流失会造成企业大量的招聘、培训成本上升。除此之外，尤其是企业核心员工的流失对企业来说更为危险。因为核心员工掌握着企业大量的商业机密，如果这样的核心人员为竞争对手所接纳，后果更糟，他会使得商业机密泄露，并且为自己企业培养了大量的竞争对手。

19.3 网络时代危机处理与应对原则

19.3.1 前馈控制原则

按照控制论，控制可以分为前馈控制、现场控制以及反馈控制。所谓前馈控制目的是防患于未然，采取各种预防措施防止危机事件的发生；现场控制是在事件发生的过程中采取措施控制事态发展与蔓延；而反馈控制，指的是在事情发生之后采取措施予以补救。反馈控制不如现场控制，现场控制不如前馈控制。在网络时代，控制的第一原则就是在事情还没有发生之前就将问题扼杀在摇篮中。这就要求网络时代的企业上至高层下至员工的所有人，都应该有危机意识，时刻关注外部环境的变化，用较少的成本用于事前预防，而不是当事情发生之后再花大量时间、经历和成本去补救。

19.3.2 责任担当原则

责任担当，这是企业面临危机时的首要态度。在做人方面，诚信担当是最重要的，这个问题放在企业中同样适用。不光是面临危机这个问题时，企业要想在激烈的市场竞争中脱颖而出，做大做强，就必须坚持企业使命的原则。企业使命就是企业在社会经济发展中所应担当的责任和义务。企业的面临危机时，如果一贯采用推诿责任、强硬公关则是不合适的，一个企业只有在危机过程中勇于承担责任，留给大众一个负责任的印象，才能扭转危机下的企业形象，更可能成为企业发展的转机。

19.3.3 效率为先原则

在当今这个时代，速度成为决定企业成败的重要因素。企业的生命周期从几十年、几年过渡到年度甚至是几个月，所以危机解决的速度愈发重要，要秉承效率为先原则。效率为先原则要求企业在危机事件爆发后，要第一时间掌握实情发展缘由，第一时间澄清事实，把事态控制在最小的范围内，也就是把事件的负面影响减少到最小限度。进一步，对于企业各部门的具体要求就是各个相关部门形成速战速决的行事风格。其次，各个部门要密切配合，尤其企业要建立危机管理专门部门，专门负责危机公关，这有利于在危机处理中累积经验。

19.3.4　全局掌控原则

全局掌控原则就是要求企业要有大局观，从企业整体利益出发考虑问题。企业是一个由许多层级、许多部门、更是许多职能和员工所组成的一个社会大系统，企业的利益与问题往往是牵一发动全身的，这就要求企业在处理危机时要有大局观。大局观在危机处理时讲求的就是要局部利益服从整体利益。避讳的问题就是为了局部利益而冒企业信誉和形象的风险。甚至在某些情况下，宁可舍去局部利益也要照顾整体利益，这也就是为什么很多企业面对危机宁肯抛出事件主要负责人也要保证企业利益的原因所在。

19.3.5　有效沟通原则

冲突的发生往往来源于误会或者不理解，而有效地解决问题的原则就是沟通。企业的沟通对象包括与员工、与其他企业以及与媒体、普通民众的沟通。与员工的有效沟通就是强调员工需求，增强员工的满足感、归属感。与其他企业的沟通就是要公平竞争、诚信经营。与媒体的沟通，就是要采取合作态度，更要与媒体形成良好的关系。与普通民众的沟通就是要以负责任的态度诚信经营，绝对不做危害消费者利益的事情。

19.4　网络化环境下企业危机的应对策略

网络时代，网络成为企业危机的起源地，但是，处理网络危机，网络也可能成为网络危机的消弭方式。这是因为网络危机传播范围广、速度快的特征，同时也具有强互动性、高效性等特征，这可以成为企业利用网络来应对企业危机的契机。在目前的网络时代，网络技术应用以及遵循危机处理的上述原则，可转化为企业的实际应对措施。

(1) 建立应对网络危机的预警体系。任何危机，尤其是网络危机的一大特点就是突发性，爆发性，这种危机往往是不可预测的，但是，企业一定要想方设法地将可能的危机淹没在萌芽之中，这需要建立一套完善的、实时的网络危机预警体系。网络危机预警体系的建立应该首先从查找危机信息源开始，也就是对于来自网络系统，论坛、博客、微信等等渠道信息进行有效过滤，发现那些能够对企业造成潜在威胁的领域信息。其次，一旦发现有可能危及企业经营的信息，比如企业产品质量遭到投诉、自己担心企业存在的任何潜在威胁等，要严密监控这些信息，抓住问题根源，防患于未然。对于如上的一些信息，一定要提醒并警示相关人员引起重视，这是应对网络危机的核心环节。针对这个问题，企业也要有一种意识，不能草木皆兵。对于任何企业而言，负面信息是不可避免的，要对众多的负面信息进行过滤，但是，对于容易造成大趋势的信息而言，一定要将问题扼杀在萌芽中。

（2）面对危机临危不乱且要要有责任担当意识。随着社会经济的发展，人们素质的普遍提高，消费者维权意识逐步增强，从某种意义上说，企业危机意识也需要增强。在如此纷繁复杂的社会中，出现对于企业的某些负面报道和负面信息也寻常，但是，在面临负面信息、负面报道时企业采取什么样的态度应对就显得尤为重要了。在所有应对危机的态度中，以责任担当为首要。在面对危机情境时，很多企业已经习惯用对抗、掩埋、粉饰、高调抗衡、置之不理的态度应对，但是在网路时代，这样的态度再也不再适合危机处理了。而如果企业一贯采取这种态度，一次次地将可能造成危机的事件平息，那么日积月累，千里之堤溃于蚁穴，当这诸多负面效应累加到无以复加时，企业再想控制事态，可能已经不可能了。正确的应对危机的态度，应该是主动承担起自己的责任，只有这样，哪怕是暂时来看企业受到了损失，但是从长远看，良好的危机解决却可能成为企业形象宣传的良好契机。

（3）迅速控制事态，有效解决危机。凡是危机的发生必然是偶然事件所引导的，企业事先没有任何预兆，而且网络时代这样的事件传播速度呈几何式、蚁群效应明显，迅速控制事态防止事态进一步蔓延成为了危机解决的关键。在网络时代，危机处理最好的方式就是在危机爆发后迅速查找危机发生的原因，并且第一时间主动向外界公布事实的真相，澄清猜测和各种谣言。同时，企业要按照第二项处理危机的原则，企业要勇于承担起自己的责任，并且适时地采取各种有效措施，争取公众和当事人的理解，再不济可以争取公众的同情，并且将事态控制在最小范围内，只要有了这样的态度，才能够有效解决网络时代的企业危机。

（4）要善于用网络手段解决网络危机。既然网络是网络危机的起源地，那么也要适时地利用网络的手段来解决这一危机。解决方式包括：首先，如果能够用后台操作的方式，删除某些不利于企业的信息，或者也可以采用后台回复功能等来解决这一危机，但这应该是最初级的危机处理方式；其次，也可以用网络形式向网民和公众澄清有关企业危机的某些事实，这是澄清事实的最快捷的手段。

(5) 采取和媒体合作的态度而非强势抗衡。网络危机发生后，企业立刻就会成为媒体和网络的焦点，必然会受到更多的关注，企业的每一项举措、企业的任何信息都可能会成为企业危机进一步衍生的导火索，企业如果仅存侥幸心理，用侥幸态度来应对危机往往会导致更为严重的结果。这一时期采取和媒体合作的态度有利于事态控制，阻止其进一步蔓延。首先，应该查找问题的来源，找到对口部门进行问题解决，主要通过深度沟通方式和具体负责人对话，最好通过网络技术方式解决。其次，和媒体合作将事实真相传递给消费者、普通公众等，以消除事件的负面影响。与此相反，如果选择和媒体强势抗衡，回避、采取强硬态度向媒体和有关部门施压是不合适的网路公关方式，也容易破坏企业信誉和形象。

(6) 利用第三方企业进行危机公关。危机事件爆发后，消费者和民众对于企业的任何宣传、任何举措、任何话语的可信度大打折扣，这时候如果能出现第三方企业站出来为企业说话，效果比企业自身措施更有可信度，也有利于消除顾客的戒备心理。具体的举措包括：首先，如果有条件的话，可以邀请有关专家、社会名流、资深人士等撰写博客、文章等，或发表评论，这可以起到舆论导向的作用和效果。其次，先从具有影响力人员入手，让他们了解事实的真相，发动他们来为自己澄清事实，使事态向着有利于企业发展的方向发展。甚至，企业也可以有意地聘用许多网络人士专门发布对于企业有利的信息，为企业营造良好的企业形象，这一点事实上目前许多企业也正在使用。

在目前的网路时代背景下，不计其数的企业实例告诉我们，网络能给网络时代企业创造了前所未有的市场机会、营销机会以及企业发展平台，但是同时也给企业的发展带来了严峻的挑战。网络时代的每个企业都要有一种意识，那就是既要利用网络提供的机会又要防备网络带来的新的企业危机，企业只有怀揣着这样的危机意识，才能正确地利用互联网来应对网络上的各种危机。其实，在网络时代企业遇到危机也是稀松平常，但是最可怕的就是企业处于危机下却没有危机意识，不了解危机的事实，缺少危机意识。因此，网络时代每一家企业都应该有危机的意识，防患于未然，才能使企业立于不败之地。

19.5　本章小结

本章的主题为不确定性环境下企业组织变革趋向五——网络危机管理。首先分析了网络危机的内涵与特征，进而分析了网络时代危机公关面临的挑战与成因，指出网络时代危机处理与应对原则。网络时代危机处理与应对原则包括：前馈控制原则、责任担当原则、效率为先原则、全局掌控原则、有效沟通原则。最后探讨了网络化环境下企业危机的应对策略，包括：建立应对网络危机的预警体系；面对危机临危不乱且要有责任担当意识；迅速控制事态，有效解决危机；要善于用网络手段解决网络危机；采取和媒体合作的态度而非强势抗衡；利用第三方企业进行危机公关。

20 不确定性环境下企业组织变革趋向六——责任型组织

20.1 责任型组织的相关概念

20.1.1 责任

责任是一个完整体系，主要包括责任意识、责任能力、责任行为、责任制度、责任成果五个方面内涵。

责任是一种职业精神的体现，要求每一个职业人能够对组织负责，对自身负责。在工作出现问题的时候，不能推脱责任找理由，而要主动担责。事业上的任何一项工作都要有人担当。岗位的重要程度、职位的高低、权力的大小都直接影响职责的轻重。但是，无论职位高低，组织成员都要自觉树立“责任在我”的强烈意识，形成良好的责任文化氛围。

责任能力。能力是承担责任的前提保障。强烈的责任心和责任意识更多的是对职业人的道德要求，而职业者的判断能力、行动执行力等则是个人取得成功的重要基石。因为责任心不是说出来的，而是作出来的，是用事实来证明，用业绩来体现的。能者上，平者让，庸者下，是以能力为基础的责任文化的必然要求。

责任行为。一沓纲领不如一个行动。责任意识、责任能力，离开责任行为都是无法体现的。听其言，还要观其行。责任制度保证“可干事”。必须做的，要有制度保证；不该做的，也要有制度约束。组织建立责任体系，就是将流程管理和责任制度结合起来，明确具体的工作职责、任务标准、运行程序、时间要求、考核标准、奖惩办法等，形成环环相扣、责任明晰的执行责任体系。

责任成果。责任意识、责任能力、责任行为、责任制度几方面有机结合、相互作用的最终结果是责任成果。从广义上讲，责任文化应该包含责任成果，因为文化从广义上讲是人类创造出来的所有物质和精神财富的总和，因此，广义的责任文化自然也应包含物质文明和精神文明的成果。

20.1.2 组织

1. 组织定义与分类

根据《现代汉语词典》中的解释，组织是指安排分散的人或事物使具有一定的系统性或整体性。从组织管理学的视角来认识和理解它，组织的内涵及其意义就更加凸显出来。在泰勒和法约尔看来，组织是一个围绕任务或职能而将若干个职位或部门联结起来的整体。詹姆斯·穆尼认为："组织是每一种人群联合为了达到某种共同的目标的形式。"而美国现代著名管理学家哈罗德·孔茨则认为："组织结构的设计应该明确谁去做什么，谁要对什么结果负责，并且消除由于分工含糊不清造成的执行中的障碍，还要提供能反映和支持企业目标的决策和沟通网络。"他把"组织"定义为"正式的有意形成的职务结构或职位结构"。被称之为现代管理理论"鼻祖"的巴纳德则把组织定义为"有意识地加以协调的两个或两个以上的人的活动或力量的协作系统"。肯尼斯·博尔丁认为："任何一个组织都是为了实现某种目标而创造出来的。组织因为无法实现这一目标而难以生存下去。"

总之，由于人们研究的视角不同，对组织的定义各有千秋。然而，我们从中仍然可以获得对组织内涵的基本理解。马奇和西蒙曾经指出："组织的定义并没有多少目的，一个更为理性的认识是，它们提供了我们理解所研究对象的基础。"

"组织"一词的最初含义，在汉语中是指把丝麻编织成布的意思，组织就是通过编织，把纬线和经线组合起来，将丝织成布帛。在英文中"组织"（Organization）一词则是从"器官"（Organ）引申而来，实际上是在向人们说明，生物有机体是由一个个器官组织而成的。现在，"组织"一词的使用，主要包括以下三个方面：第一，生物学中有机体的组织。如皮下组织、肌肉组织等由细胞组成的活组织。第二，动物的群体组织。如一窝蜜蜂就是一个以蜂王为核心、秩序井然、纪律严明的群体组织。第三，人的组织。这是组织的最主要含义和最基本的内容，也是本书所论述的组织。

组织是人类社会的组成单位，人类组织最基本的特征就是：目的性和群体性。随着时代的发展。人们对组织的认识在不断地深化，组织概念也经历了由传统向现代的转变。

在组织理论出现于20世纪初之时，很多学者就已开始探讨组织的含义。不同的管理学派从不同的研究角度对组织都有不同的定义，管理也从此走上丛林时代。本尼斯提出的组织"内协调"过程，认为对于任何组织而言，组织的目标都应该是具体的、既定的，但组织成员加入组织的个体动机却是不一样的，并且各自的个体需求也千差万别，所以在既定的组织目标和多元化的个体需求之间就必然会存在一定的冲突或矛盾，如何通过相应的组织原则和运行机制来协调组织和个体之间的关系，成为组织研究所要解决的首要任务。詹姆斯·穆尼说："组织是为了达到一个共同目标的人们联合的形式。"肯尼斯·纳姆认为："任何一个组织都是为了实现某个目标而创造出来的，常常组织因为无法实现这一目标而难以生存下去"。巴纳德说："组织是有意识地加以协调的两个或两个以上的人的活动或力量的系统"。传统的组织概念认为组织是为了达到特定的共同目标。经由各部门分工合作和不同层次的权力与责任制度而协调一群人活动的结构系统。这一定义强调组织具有三个特征：①组织必须有共同的目标，人们是为了实现共同目标而协同活动；②组织结构包含不同层次的分工，这种分工又是由相应的权力和责任制度来加以保证的；③组织的功能在于协调各层次人们的合作、调动各岗位人员的积极性，去实现共同目标。这个概念主要是从组织内部来描述组织所具备的特征。

现代的组织概念是在传统理论基础上进一步发展，认为组织是一个开放的动态的系统。它包括以下特征：①是社会实体；②有确定的目标；③有精心设计的结构和协调的活动系统；④与外部环境相关联。

现代的组织理论认为：组织有各种各样，如学校，机关，医院和企业等，它们都有现代组织概念提出的所有共同特征。组织的关键要素不是一个建筑和一套政策和程序，而是由人以及人与人之间，或者人与物之间形成的系统。人是组织的主体。无论从何种角度对组织进行理解，组织研究的核心都是要解决组织成员和组织之间的关系问题。对组织而言，强调权力多一点，那组织就呈现出明显的控制型特点；强调责任多一点，则呈现出明显的人性化管理特征。

2. 组织的分类

组织按照组织职能可分为：政治组织，它是一种为了某个阶级的政治利益而服务的社会组织，国家的立法机关、司法机关、行政机关、政党、监狱、军队等都属于政治性组织；经济组织，它是一种专门以追求社会物质财富的社会组织，它存在于生产、交换、分配、消费等不同领域，工厂、工商企业、银行、财团、保险公司等社会组织部属于经济性组织；文化组织，它是一种人们之间相互沟通思想、联络感情，传递知识和文化的社会组织，各类学校、研究机关、艺术团体、图书馆、艺术馆、博物馆、展览馆、纪念馆、报刊出版单位、影视电台机关等都属于文化性组织。

按照组织目标可以分为：盈利性组织，如企业，银行等；服务性组织，如社会中介类的职业介绍、律师事务所等；公益性组织，如政府、公安消防等；互利性组织，它是以组织内部成员互利互惠为目标的组织，如党派，工会，行业团体等。

20.1.3　责任型组织

责任型组织是指具备完备的责任体系，具有健全的责任履行机制，所有成员具有高度责任感，能够充分履行社会赋予的各种责任的组织。责任型组织的提出主要是解决在组织高度分工状态下的有效协同问题。当组织规模急剧膨胀，组织内外部的复杂程度和动态性越来越难以控制和把握的时候，组织对分工体系的要求就越来越高，权力机制在解决高度分工下的组织成员协同问题上遇到了很大的困难和障碍，甚至影响到组织运作的系统效率，权力组织中依赖部门分工、对上级负责的现象在很多新型组织中已逐渐成为影响系统效率发挥的制约因素。责任型组织的本质特征就是通过流程传递组织责任，实现高度分工状态下的有效协同。

从组织内外部的关系考察，组织本身就是一个责任共同体，它的存在就是要完成对外界的责任承诺，即组织都有自己的责任，组织责任就是指组织内部人对组织目标（反映的是组织能够在社会中存在的价值和理由）的承诺以及该承诺转化为结果最终得以实现的程度，它是组织内部和外部诸要素之间发生关系的过程。组织责任来源于组织的存在性，是组织存在和持续发展的必然要求。一旦责任成为组织各种关系协调的基本原则时，我们就可以意识到，组织中的权力是基于责任的，权力的存在不能脱离责任，并且其本质是责任的履行，责任和权力的关系发生了本质的变化。

20.1.4　责任型组织的表现特征

责任型组织还在组织运作过程中具体表现出很多不同于以往传统组织的外在特征，主要包括以下几个方面：

（1）领导角色的转变。领导权威的形成关键在于是否能够通过人力资源价值链反复循环增值的方式使下属发挥组织人格，对组织进行了承诺，不断超越自我，承担起责任。所以领导的职能更多地从原有控制、监督的角色转变为合作、辅导的协同领导角色，形成责任共同体，使员工成为自愿的跟随者，持续地为组织贡献绩效。

（2）自我参与型组织文化的形成。责任组织的价值哲学是基于员工的自我参与，所以能够影响员工行为模式的企业文化应该是更加开放，更加积极的。员工对组织使命和目标的理解要上升到共同愿景层面，所谓的愿景就是员工能够在组织的领导下，通过更多的参与和努力就可以实现的内容，它是客观存在的，能够激发员工内在承担责任的冲动，并且有着强大的外在感召力。

（3）组织形态出现新的变化。基于责任型组织范式，各类组织在形态上出现了多元化的发展方向，为满足客户不确定性需求而增强其外在适应性。包括一些传统企业组织形态都从原来满足分权需要的职责体系演进为更加注重客户价值从外向内传递的流程体系，使组织形态出现扁平化、弹性化、虚拟化、网络化趋势。

（4）形成基于自我控制基础上的信息系统。因为责任组织中的每一个成员都是信息传递和处理的重要环节，信息加工能力是一个责任组织是否能够形成的重要条件。这就要求整个信息系统是处于有效控制状态的，信息来源单一、能够实现多路径查询、并且可以适时共享。而不是传统权威组织中从上向下或从下向上的单一路径，这种单一路径往往是和权力体系紧密相连的，所以总是出现信息衰减和信息失真的现象，难以支持组织成员有效地承担责任。

（5）有效的学习机制和个人成长路径。对于责任组织而言，每个个体都应该具备承担责任的能力，因此伴随组织的发展，个人需要不断通过个人学习的方式提升个体能力适应岗位职责的需要，并且还需要通过组织学习的方式保证个体责任能够快速转变为组织责任。通过学习机制的形成，确立共同愿景，提高员工承担责任的能力，并运用职业生涯发展路径和绩效管理平台形成的激励机制共同发挥作用，可以进一步激发员工承担责任的意愿。

20.1.5 责任型组织的运行机制

责任型组织对权力组织内在运行机制进行重新梳理，用责任代替权力构造部门团队，用责任链代替权力链打通部门间壁垒，用责任关系代替权力关系实现组织成员间的协同，形成用多维沟通渠道替代一维沟通渠道的组织流程体系。组织的运行遵循的是责任守恒定律，个体责任的缺失或过剩都有可能影响到整个组织的责任守恒，当组织责任失衡到一定程度时将会引起组织系统的崩溃。责任型组织运行机制主要包括以下几个层面：

1. 绩效驱动机制

企业组织的动力与效率，来自于互为责任、相互牵制、环环相扣的“责任链”。企业组织是一个完整的、自成体系的责任系统——企业组织中纵横交错的责任网络，构成了企业组织的“责任链”。如果一个企业不是从组织系统高度，全面建设责任型组织系统，而是零星的责任明确和清晰，企业就不可能由“责任链”而产生绩效。责任型企业组织的责任驱动是这样形成的——当企业组织的责任使命，被赋予了有效的岗位或职务后，各个岗位或职务的责任之间就以直接或间接的形式，形成了环环相扣、相互依存、互为责任的“责任链”，每一个岗位和职务都是驱动力，每一个岗位和职务都被驱动着，以此形成组织源源不断的动力和效率。

2. 激励机制

在一个责任型企业组织中，我们需要激励的是“责任承担”，激励责任承担的次序应该是这样的基本原则：激励承担责任的责任心；激励承担起责任的责任能力；激励承担起必须责任以外的责任承担。对于责任型企业组织来说，薪酬设计是围绕着“责任权重”展开的——行政级别和职务不再重要，因为级别职务并不能完全代表了责任权重；素质和能力不再重要，因为素质与能力如果不与责任适配，就无法证明它对企业组织贡献的价值。责任型组织是以承担责任的重大性与轻微性、多类性与单一性、创造性与稳妥性等为依据，通过对岗位或职务责任所进行的分析和比较来确认责任的权重。

3. 责任协调机制

即使组织里每一个部门、岗位和个人的责任，都清晰界定和明确无误，依然无法完全避免和消灭“空白责任”的出现。解决责任之间关联和摩擦的方法，并不是清晰和穷尽责任，而是需要培育“责任价值观”的企业精神，以此来填补和补充企业可能随时发生和出现的“责任空白”。

4. 约束机制

构建一个责任型的企业组织，首先要确立企业组织自身的责任使命——企业组织需要一个类似于国家宪法一样的“企业根本责任大法”，用以界定、确认和清楚描述企业组织的基本责任使命，以及全体人员必须遵守的行为准则。它必须是清晰、确定和可执行。要求组织成员向岗位责任负责，而非向上级领导负责。仅仅具有清晰的企业组织的责任使命，以及产生出责任部门、职务或岗位，是远远不够的——企业组织必须建立内部的各项责任制度与规章。企业组织各种具体的、事务性的规章制度，只能依据并在企业组织根本责任大法的框架内制订与实施。企业的责任制度，是约束和限制全体员工的责任行为和责任行动。

20.2 责任型组织理论

20.2.1 责任链管理理论

在企业活动中，单位与单位之间、部门与部门之间、岗位与岗位之间、员工与员工之间、管理人员与操作人员之间的相互联系，实质上是责任与责任的关系，这种关系自然形成了责任链条，责任链管理是在理清企业内部相互之间内在责任关系的基础上，通过责任流程的建立，形成一套岗位人员之间相互关联、相互监督、相互激励的企业责任管理运行机制，使企业真正由典型的权利型组织，向本质的责任型组织转变。

1. 利益与责任链的关系

建立现代企业管理制度仅仅强调权力与责任的对应关系，而忽视它们与利益的连接是不够的。因为缺乏履行责任的目标、动力及激励机制，最终会使责任链断裂，使管理债制度流于形式。现代企业管理制度正是在划分股东、董事、经理人员以及劳动者权力与责任的基础上，根据权责履行的状况，形成各自之间利益制衡机制的。例如：股东作为终级所有者，根据行使权力的能力和履行责任的状况，以决定董事会人选的权力掌握着最终控制权，并通过股东会与董事会的信任托管关系，使董事会既代表股东行使有关权力，同时承担以实现股东利益为其行为重要准则的责任来确保股东利益的实现；董事会通过与经理人员的委托代理关系，在实现经理管理合理分工的同时，掌握着挑选和聘任经理人员的权力，并通过委托权力范围和责任，高薪雇佣、奖励、解聘等手段，对经理人员的利益实现加以激励和制约，进而确保企业整体利益的实现；通过以混合利益为原则而组成的监督机构（可由所有者代表、党组织代表、经管人员代表、劳动者代表组成），对企业的决策和指挥进行监督与考核，并根据权责的履行状况，对各方利益进行合理 分配与调整；通过劳动者的民主管理、参与制度（其高级形式是选派代表进入公司领导机构——董事会、监事会）以及有关法律，使劳动者的代表或组织参与重大经营决策以及保障劳动者利益问题的决定，在劳动者履行其责任的基础上，保证劳动者利益的实现。

2. 效益与责任链的关系

现代企业管理制度中的权责履行和利益获取还应有明确的目的性和实践的衡量标准。否则，就不能形成完整的责任链。很难想象，在企业未能实现经营管理目标和经济效益低下的情况下，各经营管理主体还能仅仅根据权责的大小来获取经济利益。因此，在建立现代企业管理制度时，权责的确定和履行，都应为实现企业目标和提高经济效益服务，并要以此为根据，利用相应的利益去激励和制约各个利益主体。这就是说，权大责大，在效益好的前提下，才能多得，并且随着效益 不断提高而提高；而权大责大，效益不好，说明责任大者最终没有履行好职责，其利益就应随效益的下降而下降，甚至让其赔偿相应的损失和免职。在现实的经营管理运行过程中，应当形成这样的约束机制：不能让责大而又履行好者，在提高效益的情况下得不到应得的利益，也不能让责大而未履行好者，在效益不好时，仍以责大为借口获取不该得的利益，侵犯企业或他人利益，更不能允许不承担任何责任者不劳而获。这也是建立现代企业管理制度中的责任链不可忽视的重要内容。

3. 责任链管理理论对责任型组织构建的支撑作用

（1）推行责任链管理，是企业基业常青之本。每一个企业家都希望和追求他所缔造的企业长寿，每一个管理者也都希望和追求他的属下以及员工尽职尽责，形成“事事有人管，人人都管事”的局面。但是，在现实企业管理中却不尽然，其根本原因在于，组织管理者往往只注重于利益共同体的维系，忽略了责任共同体的建设。其实，组织的活力、生命力、凝聚力不光是利益共享，更重要的是风险共担责任共负。企业要得以基业长青，必须从制度设计上消除责任缺失症，而要消除责任缺失最重要的是，建立起以责任为支撑，以利益为目标，以“责任制、责任心、责任人”为抓手的责任链管理体系。这样，企业这台机器就会有效地永动起来。

（2）实施责任链管理有助于消除管理缺失，提升责任型组织管理档次。现实企业、工作中的失败，常常不是因为十恶不赦的错误引起的，而恰恰是那些一个个不足挂齿的不落实责任的细节积累而成的。无论是多么卓越的企业，责任缺失、管理缺位的现象可以说不胜枚举，由此而导致的生产、安全、质量和技术事故时有发生。表现有：有的工作职责不清，习惯于推诿扯皮；有的责任心缺乏，习惯于找借口、讲客观；有的责任者不明确，造成法不责众。结果把简单的问题搞得复杂化了、当下能解决的问题拖的长期化了、小问题积累成大瓶颈，最后成为躲不过去的工作难点，导致效率低下，贻误时机，甚至危害企业、危害社会。“三鹿”事件就是一个责任缺失的佐证。推行责任链管理，就是使处在责任链条节点上的每一名管理者和操作者，都清醒地认识到责任链的重要性，勿以善小而不为，勿以恶小而为之，无论如何都要坚守自己的责任，落实自己的责任，做到尽职尽责、尽心尽力，不让任何一根责任的链条断裂。所以，推进责任链管理，正是消除管理缺失，提升管理档次的一剂良药。

（3）实施责任链管理有助于责任型组织管理人员责任意识的培养。在面对金融危机严峻挑战，各个企业都把管理人员作风建设，作为应对挑战、实现企业发展战略的重要工作，摆上突出位置。管理人员作风关系着企业兴衰，关系着事业成败，关系着员工的福祉。作风建设的核心是提升执行力，提升执行力的本质是落实责任，而落实责任的终极目的是把目标变成结果的行动。推进责任链管理，正是加强管理人员作风建设、促进责任落实的长效机制。在这样的大背景下，推进责任链管理，不仅是一个管理问题，更是应对风险提升企业品位的大问题，也是创新管理人员教育管理方法，促进各级管理人员作风转变的重大举措。

20.2.2 系统理论

系统理论起源于贝塔朗菲（1932）提出的开放系统理论，他提出了系统论的基本思想，认为任何系统都是一个有机的整体（如图 20－1 所示），不是各个部分的机械组合或简单相加，系统的整体功能是各要素在孤立状态下所没有的系统理论后来经过卡斯特等人的延伸和发展，将其广泛应用于各学科，逐渐发展为包括系统哲学系统管理和系统分析等于一体的较成熟的理论。

根据系统理论的原理，系统是一个有目的性的组织或综合的整体，这种组织或整体强调各个组成部分之间的联系，强调个体与环境之间的相互作用关系。基于系统理论，责任型组织本身就是一个开放的系统，其构建过程是一项系统工程。因此，责任型组织的构建必须基于系统理论。

基于系统理论，责任型组织系统具备如下六种系统环境特征：

（1）正常环境状态：实际环境状态按照常规状况在一定范围内浮动。

（2）资源稀缺性：系统无法立即满足自身所学的物质、人力、信息资源的情况。

（3）多样性：环境系统中存在着多种性质不同的变量运行过程或方式，而这种多样性的呈现有的是间歇性的，有的是连续性的。

（4）变异性：环境状态会在常规环境状态下随机波动，不规律的不懂可能会导致系统环境偏离正常状态，出现变异。

（5）改变：一种正常状态下的系统环境在一定时期内逐渐或突然转变为另一种正常的环境状态。

（6）其他系统：任何系统环境中都包含其他相关的系统，他们对我们所研究的系统有着显著影响。

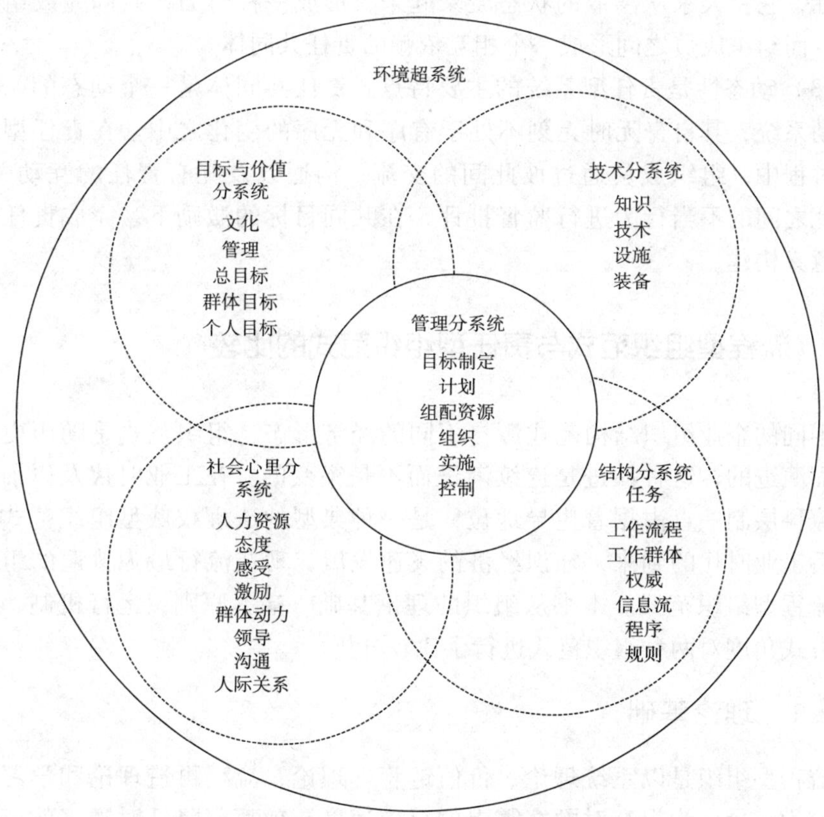

图 20－1 系统理论的组织模式

系统理论对责任型组织构建的支撑作用：

（1）系统理论的反馈原理有助于实现对责任型组织的控制。反馈原理强调，任何组织控制的实现必须要靠信息反馈。

在责任型组织中，组织成员通过互有责任的互动关系进行合作，进而完成责任型组织的意义构建。这个过程是发生在责任型组织成员通过协同实践来完成共同的目标中的。责任型组织中每个成员对不同问题都会有着不同的看法，成员之间要通过信息的反馈进行沟通。而责任型组织的形成正是一个相互交流、沟通、反馈、协商和构建的过程。组织中每个成员的自觉性和责任感对组织的正常运行起着至关重要的作用。

（2）系统理论的整体原理有助于责任型组织整体的构建。整体原理强调组织成员是系统不可分割的一部分，每个人都应当彼此信任，互相关心、尊重，为组织系统的构建贡献自己的责任。责任型组织的所有成员都有一个共同目标，它将大家从离散的状态凝聚起来，形成一种合力，共同完成组织的使命，而组织成员之间形成一个相互依赖的责任共同体。

（3）动态性是责任型系统的主要特点。责任共同体是一个动态的、开放的互动系统，其自身无时无刻不处于有序和无序的变化之中。在责任型组织构建过程中，组织成员通过彼此间的交流、沟通以及互有责任的互动关系，对彼此之间的不当行为进行监督批评，在共同目标的激励下，完成责任型组织的意义构建。

20.3 流程型组织范式与责任型组织范式的比较

不同的企业组织结构范式源自不同的经济形态，组织范式是随历史条件变化而演进的，这种演进是连续渐进而不是突变的。在工业时代及以前，韦伯官僚科层制一直占据着主导地位，是一种典型的法理权威型组织范式。而随着后工业时代的到来，知识经济的飞速发展，现在流行最为普遍的组织范式是流程型组织范式。本书从组织的理论基础、基本原则、运行机制、人员任命方式角度对两种组织范式进行了比较分析。

20.3.1 理论基础

流程型组织是以系统理论、价值链管理理论、流程再造理论和学习型组织理论为指导，为提高对顾客需求的反应速度与效率，降低对顾客的产品或服务供应成本，建立的以业务流程为中心的组织。

系统理论和学习型组织理论对流程型组织构建的支撑作用与对责任型组织构建的支撑作用相似。

价值链管理理论对流程型组织范式的支撑作用：关注顾客需求的要求符合流程型组织以顾客为中心的理念；为企业判别核心流程及辅助流程提供标准；虚拟价值链理论为流程型组织的终极形态——虚拟组织奠定了理论基础。

流程再造理论对流程型组织范式的支撑作用：强调业务流程在组织变革中的作用，为流程型组织构建提供变革思路；指出组织结构将实现从职能结构向流程转变。

责任型组织是以系统理论、责任链管理理论、学习型组织理论为指导的组织范式，各项理论基础的支撑作用在前文已有阐述。

20.3.2 基本原则

（1）流程型组织范式坚持流程是整个组织设计的核心，是企业的生命线。

不同形态的流程实施的复杂度、使用的方法与技术都会有所不同。以流程为核心，从企业的整体效益出发，进行组织设计非常重要，同时追求流程的自动化、规范化、标准化和连续性，以改善流程质量，并尽可能实现职能环节的无缝连接，缩短流程运作时间，达到提高响应速度、降低成本、提高效率、增加柔性和适应能力，是实现流程管理的根本目的。因此，在组织设计中要充分考虑到流程与流程、流程与子流程、流程与职能部门之间的关系，设计合理均衡的组织结构，以有效的发挥流程型组织各构成单位之间的协同效应。

（2）责任型组织范式以基于协同领导的责任守恒原则为基本原则，即在责任共同体中，上下级之间以相互交换知识、交换信息、交换资源的方式实现共同责任；而个体和组织之间的关系是通过人力资源价值链，即通过价值创造、价值评价、价值分配的反复循环过程来不断提升个体承担责任的意愿和能力以实现共同目标。并在此基础上提出了组织中的责任守恒定律，从组织整体角度来探讨个体对组织的责任和组织赋予个体的职责之间的关系。

20.3.3 运行机制

流程型组织的运行是以流程分解作为保持组织内外部平衡的基础。组织单元设置的根据是流程由上至下的耦合分解，单元间的相互关联形成企业组织结构的框架，因此，组织单元间的约束机制与流程是密不可分的，要以各流程间的耦合为依据。这样流程才能把各个组织单元链接起来，形成完整的组织结构。对于耦合性的组织结构而言，保持组织单元内部与外部的平衡是面对的最重要的挑战，如何平衡组织单元内部与外部的平衡关系成为关键。组织单元不仅要配置角色、执行活动、分配职责，要通过整合企业的各部分资源，优化资源配置，而且要与其他组织单元形成流程的无缝整合。流程分解是保持组织单元内外部平衡的基础，也是能够构建一个以流程为基础的组织框架的保证。

责任型组织的运行是通过上下级的协同，以责任共同体来实现的。在责任型组织中，组织内部成员之间的关系更多地是通过责任共同体来完成的，所谓的责任共同体，指的是组织内部共同目标指向的个体之集合，他们通过自愿参与的协作方式，不但对各自的岗位承担一定的岗位职责，还对这一共同目标的实现共担责任和共享利益。他们在团队规模、目标、任务、运作方式，以及内部成员分担责任的方式达成一致。上下级之间不再依靠行政权威，而更多的是通过上级协同领导和下级主动承诺来共担责任、共享利益。

20.3.4 人员任命

在流程型组织中，领导小组要与单位负责人及各部门人员沟通单位调整组织结构，并制定部门使命与职能，由人力资源部门与单位编制职位说明书并设计权责体系。流程型组织的的人员任命主要以委任和民主推选相结合。而在责任型组织中，无论是企业组织资产所有者的权力，还是高层管理者或部门岗位的权力，其本质都是在承担或分担“责任”。因此，责任型组织的人员任命多以自荐竞聘为主，体现员工的主人翁意识。

20.4 责任型组织构建的动力与阻力

在时代变革的大趋势下，责任型组织的构建应运而生。当前组织变革的强大动力主要来源于经营环境的改变、信息技术的发展以及管理模式的变革等。打破传统职能型组织的固有限制，形成新型社会组织形态——责任型组织，已经成为时代发展的必然趋势。而责任型组织的顺利实现意味着旧规则的破除和新规则的建立，已有的组织变革研究已经充分说明了这一过程将无可避免地引发阻力。因此，深入对责任型组织构建中动力和阻力的研究，有利于更好地实现变革，促进组织的繁重发展。

20.4.1 责任型组织构建的动力

责任型组织构建的动力，是指赞成发动并用实际行动去实施构建的内在驱动力。总体而言，责任型组织构建的动力源自于人们对责任型组织构建的必要性以及其所能带来的好处的认识。

（1）环境的动因。任何组织都是一个与外界相互沟通的开放系统，外部环境的改变会对组织变革产生深刻影响。随着市场经济的飞速发展，环境变化语法迅速，一般社会环境、具体环境等都会在不同程度上对组织类型的转换起到直接或间接的影响。为了适应当今环境的不断变化，责任型组织构建成为组织变革的一种重要趋势。

（2）目标和价值观的动因。责任型组织的目标、价值观和对客观环境的判断是企业战略发展的凝聚点，而责任型组织战略是企业的内外因素如机会、环境、组织自身的资源和潜力及企业管理者的愿景、社会责任等的一种函数。组织目标的变化会引起组织的变革，而组织价值观的改变也具有相同的作用。责任型组织的价值观既是组织的灵魂，也是组织从事一切活动的动力来源和理性后盾，为组织变革提供长期的持久动力。目标的修订是组织价值观念体系平衡的结果，因此，组织价值观的变化将必然导致目标的变化。

（3）专家的动因。专家是组织中知识、经验最丰富的人，并且拥有先进的理论和方法。他们能够对组织的弊端以及组织变革的前景、意义和步骤作出前瞻性的论证和分析，极大程度上提高了组织变革的可行性、合理性和可操作性。尤其是在当今这个网络日益发达的网络社会中，专家作为推动组织变革的幕后智囊团，其特殊作用不言而喻。

（4）科技进步的动因。当前科学技术高速发展，电子信息技术、现代办公自动化技术对现代企业产生巨大冲击，特别是网络技术在企业中的应用和发展，电子企业和网络企业的出现，不断促使组织形式由职能型组织向责任型组织转变：①组织结构趋于扁平化，即组织由过去的金字塔形态向责任型组织的扁平型发展，具有更强的灵活性和适应性；②责任型组织趋于小型化；③责任型组织权力去向分权化；④责任型组织信息结构趋向于网络化、交互化；⑤责任型组织管理方式更加民主，每个人都是组织的主人，可以自由地发表自己的意见；⑥责任型组织办公趋向于虚拟化，组织成员可以在任何时间、地点进行办公；⑦责任型组织的技术和专家系统功能凸显，提高了组织的工作效率。

20.4.2　责任型组织构建的阻力

1. 组织结构惯性的阻力

组织结构是指组织分解工作的方式。职能型组织结构都存在惯性，而责任型组织的构建就是要打破这种既定结构模式，因此，必然会受到组织惰性的阻碍。①企业的飞速发展必然会带来企业规模的不断扩张和工作难度的提高，由此产生出多种相关的复杂结构和系统，这些组织结构系统盘根错节，但组织又脱离不开它。②职能组织的固有传统和管理会阻碍责任型组织的构建。因为即使能够消除人们对新型组织体系的误解，并乐于接受新型组织构建计划，变革过程也可能难以进行。这是由于组织常规的行事方式所造成的。在组织结构保持原有类型不变的情况下，这种固有的内在机制有助于维持组织的稳定性，但是随着组织形态发生改变，责任型组织构建的难度将会加大，组织重建的成本或许会大于投资收效，这时会极大增加组织构建的成本。

2. 业务流程的阻力

流程指工作流通过组织的方式和路线。责任型组织的构建会在一定程度上削弱和改进工作，这也会遇到多种阻力：①缺乏信心。责任型组织更加重视专家和技术人员的作用，责任型组织的构建要求组织成员具备群体的专业知识。员工担心自己不具备新型组织所要求的新技能和知识，因此会失去信心产生恐惧。②资源和技术的限制。新型组织的构建必然需要大量的人力、物力、财力、时间等资源的投入，而对于一些企业而言，资源的不足和技术的落后无疑会给业务流程的变革带来阻力。

3. 利益方面的阻力

组织的重新构建意味着组织内部资源、权力、利益集团的重新划分和调整，必然会带来组织人员的不满和阻力。等级链是划分组织利益的资历层次，它对组织内部责任、义务的划分以及谁监管谁等细节做了详细的规定。来自这方面的阻力有：①责任型组织的构建通过对不同部门权力和责任的重新划分，会改变组织各部门的既得利益。这无疑会受到等级链中的既得利益集团的阻挠。②利益集团越复杂，意味着等级链越冗长，领导者决策反应迟缓。责任型组织强调组织的扁平化结构，增强组织民主化，这必然要缩短等级链，削弱管理者的权利和层次。组织的管理者会以各种形式进行抵抗。③当前我国多数组织管理层次较多，信息传递过程中往往会出现信息失真、遗漏等，信息沟通的不畅使得人们无法有效参与组织的重建，甚至会在观念上产生误解，并对组织构建活动进行抵制。

4. 观念方面的阻力

人员是组织的细胞，是组织的重要组成元素。而人对事物的判断更多基于主观意识，因此责任型组织的构建将面临更多人们观念改变的阻力。①领导层的阻力。领导者在理智上可以理解责任型组织的构建是组织变革的需要，但是无法迅速在感情上作出相应的改变。尤其是在中国企业，领导者更加传统，强调经验，对组织的重新构建会产生较大抵触情绪。②对安全感需要。责任型组织的构建会对组织结构进行精简，而减员会加剧企业员工的不安情绪，他们可能会通过行动表示对变革的不满。③收益的不可预知性。责任型组织的构建会给企业带来一些不确定因素。组织中每个成员都有自己的地位和权力，这都是他们通过自己的努力得到的，他们会对自己的现状感到满意，因此不会提倡变革。

20.5 责任型组织构建

20.5.1 系统规划

责任型组织是为了共同明晰的责任使命进行一致努力的个人责任的综合。

企业组织的系统规划阶段是通过对组织利益相关者所构成的社会环境的分析来确定责任使命的过程。共同的责任是企业组织的的最基本要素，而企业的责任价值观和责任使命是通过承担外部环境所赋予的责任才能予以实现的。企业组织的利益相关者来自社会的方方面面，而利益相关者的需求也是多种多样，为了满足外部环境的需要，组织要不断地调整组织的目标，逐渐从追求局部目标向组织的最高目标转变，实现企业的责任使命。

1. 对企业总体诊断

企业诊断内容基本上包括经营和管理两大范畴。对于企业管理顾问而言，企业管理诊断只是企业管理模式的分析，主要从管理认知、管理框架、管理措施和管理效果四个方面进行分析。但是企业是一个整体，如何系统地审视自身，需要建立一个完整的诊断体系。

企业管理诊断，首先，应从企业人员的管理认知切入，因为这是最直观也是最显现的。通过描述企业内部管理现状，总结归纳企业内部人对企业自身管理现状的评价。此时的主要工作是团队人员访谈。其次，在大概梳理完企业管理认知前提下进行企业管理框架或者管理体系的分析，探求现有企业的管控体系是否契合企业实际业务开展的需要。第三，细致扫描企业管理应用的系列措施以及独特的方法手段，如计划预算、招聘、辞退、考核等，看该系列措施的应用是否发挥了正向的积极效果。第四，评价企业的总体管理效果，主要从是否限制了业务发展与增长以及是否抑制了员工的主观能动性。总体上这一个闭环的思考逻辑，可以循环应用。

企业管理诊断基本的假设前提就是基于现在业务框架业务结构的稳定性，完成企业的诊断需要解答两个问题：一个是企业的发展模式；另外一个是管理模式。

2. 组建高层领导团队

成立责任型组织高层领导机构。在责任型组织中，高层管理者在作为企业战略发展方向和组织目标的决策者的同时，还肩负着协调组织管理活动、协同领导团队的角色，因此，高层管理者是企业责任的最大承担者。责任型组织团队中，高层管理团队是组织实际运作的首要保障。高层领导机构主要肩负以下责任：一是洞察未来的商机、确认企业组织未来的方向；二是如何实现企业组织的目标和个人目标的统一。

3. 创造组织的愿景

组织愿景即组织的共同愿景，是指建立在组织员工共同的责任价值观基础之上的，对组织发展的共同愿望。它表现为组织成员共同认可、接受并内化为自身追求的责任使命使命、任务、目标以及价值信念体系，能够产生众人一体的感觉，使组织孕育无限的生机和创造力。组织愿景可以对组织的构建起到指导作用。

4. 确定组织的目标

任何组织的构建都是为了实现一定的目标。构建责任型组织首先要明确组织发展的目标以及组织构建的根本目的，而目标的确定要坚持责任导向的准则，根据企业组织的共同责任使命来确定责任型组织的目标。

SWOT 分析组织战略的常用分析工具，其在综合考虑企业内外部环境因素的同时，为企业提供了多种战略选择方案，即 SO 战略、ST 战略、WO 战略、SW 战略和 OT 战略。通过对组织内外部因素的分析，明确了当前市场竞争的现状以及组织所面临的机遇、挑战和危机，在增强企业紧迫感的同时，为企业提供发展所需的核心竞争力和文化氛围。

20.5.2 实施

当组织的目标、业务流程、组织结构、制度、技术等要素设计完成后，如何将设计方案有效地投入实践应用中去，真正地提高组织绩效成为了主要的问题。因此，实施阶段作为责任型组织构建的关键所在，必须考虑如下几个问题：责任型组织构建的实施主要分为岗位责任设计、组织结构构建，设置责任型团队和建立责任型组织制度三个阶段；组织变革涉及组织各个层面的工作，组织变革必然会带来各种阻力，因此要充分发挥组织成员的责任意识和自身特点，合理运用各种方法来避免和减小阻力。

1. 设计组织的岗位责任

岗位或职务是责任型企业组织最基本的“责任单位”。它们承担着组织的共同使命，因此岗位责任的设置是构建责任型组织的基础。岗位责任构建主要遵循如下原则：

(1) 责权一致是企业组织设计岗位责任的基本原则，其原理是：职位的职权和职责越是对等一致，组织结构就越是有效；拥有一定职务、一定职权，必然要负一定责任，即职务、职责和职权三者是相等的。岗位或职务是伴随责任而产生的，因此，承担企业的责任使命是设计和界定岗位责任的前提。以承担企业组织的责任使命为核心，并以责任的划分所产生出来的岗位或职务为原则，以责任的需要来配置权力和利益。“权力”是因“岗位责任”承担的需要而出现和配置的，一旦以权力来配置岗位责任，将导致责任依附于权力的怪圈。总之，部门和岗位因责任而出现。

（2）部门和岗位责任必须清晰和明确。企业组织岗位责任的边界界定，究其本质而言就是明确规定组织成员“可以做什么”和“不能做什么”的权利。在规定组织成员行为时，责任型组织通过限制权力来实现岗位责任边界的界定。换言之，在确定责任型组织岗位责任的边界时，要明确和限制岗位或职务的权力。只有岗位责任的边界明晰了，相应的岗位和职务才会清晰，这样就能有效地避免责任的推卸，促进组织运行良性循环。

（3）部门和岗位责任必须被“责任能力”有效地承担起来。因为岗位或职务是企业组织的基本责任单位，所以对于每一个岗位或职务，其岗位或职务责任与岗位人员能力之间的是否“适配”，将成为是否能够实现企业组织责任使命的关键所在。这也是责任型企业组织的人才标准。

2. 构建责任结构

组织结构是组织为实现企业的战略目标而设计的分工合作系统，涉及组织内部的信息共享、权力支配，以及产品服务的连接方式等，既是战略目标实现的主体，也是实现目标的重要保证。

（1）责任型组织结构更加强调组织中由部门与部门之间、岗位与岗位之间、上级与下属之间所构成的纵横交错的“责任结构”的关系。正是这些纵横交错的责任网络，构成了企业组织的结构化责任体系。责任型组织结构是以责任使命为引导，以流程、人员、技术为依托进行设计的。

（2）责任型组织结构的设计与调整应遵循责任导向，可以减少管理层级，促进组织结构向扁平化发展，有利于组织运作效率的提高。

（3）责任型组织的管理模式以责任管理为主，但需要以计算机等技术手段作为依托，便于组织成员之间的直接沟通，发现不同环节出现的一些问题。责任管理增强了组织成员的主观能动性，便于追踪组织业务流程的各个阶段，降低了机器设备出现的误差，提高了整体的运作效率。

（4）责任型组织强化责任意识，使组织各部门成员之间树立共同的目标，通过互相团结、服务、互有责任的精神，极大地避免了局部目标与整体目标不一致，减少部门本位主义。

（5）责任型组织结构以利益相关者的需求作为整个业务流程的起点，以承担实现利益相关者需求的责任为终点，进而使企业在追求流程优化的同时，极大地提高了企业的运营效率和市场竞争力。

3. 设置责任团队

在责任型组织中组织成员构成责任团队，而责任团队则是构建责任型组织的基本单位。其设置主要是责任团队负责人和责任团队人员的配置。责任团队的主体既担负着保证组织业务流程以客户需求为核心的职责，还要负责组织成员的业务培训；而责任团队的主要成员都来自于不同领域，拥有丰富的经验和技能，能够时刻关注业务流程中的各个环节，时刻以顾客需求为核心。因此，在设置责任型团队时，应强调团队所承接任务的规模与团队负责程度相匹配，成员数量与知识全面程度相匹配。

在设置责任团队时要明确以下原则：自愿结合原则。责任团队的构建应以团队成员意愿为主，不进行认为安排。目标一致原则。只有统一明确的目标，才能引导团队实现有效的运作。整体性原则。团队领导者与成员应及时进行沟通，在团队之间出现不协调时，应以集体利益为重。动态性原则。任何组织的业务流程都具有动态性，因此要根据业务流程的不断优化来调整组织结构。协同原则。团队要充分发挥系统合作的精神，努力提高团队效率。

设置责任团队要明晰岗位职责，完善责任体系，形成层级之间、岗位之间的比和责任链条。明确的岗位职责便于责任型组织构建效果的评估与考核。锁定责任主体，坚持结果导向，责任到人，做到有反馈有考核，有奖励有问责。

4. 建立责任型组织制度

组织制度是企业进行生产要素分配和企业发展的重要保证。制度是一种刚性要素，不同的制度结构会对企业效率产生深刻的影响。因此，在责任型组织制度的构建过程中，要特别注意协同制度的确立。责任型组织作为一个新型的组织，具有不同于以往传统组织的特点。其组织结构更加趋于扁平，对外界环境变化的灵敏度极高，而这一切都是基于责任型组织的高协同效率。责任型组织的管理制度是在组织目标明确的前提下，通过不断适应外部环境变化并不断优化形成的。

责任型组织的制度创新应当更加重视制度管理和人员激励两方面的作用。责任型组织的管理制度是以责任使命为导向的，通过对外部环境的适应且不断优化的过程中形成的，有利于组织目标的实现和组织各要素的协调运作。

（1）建立企业“自由责任协调人”制度。公司中存在着纵横交错的责任关系网络，而在这些交叉处就会存在责任空白地带。需要在岗位和职务责任清晰明确的情况下，尝试着建立企业组织的责任协调机制——譬如建立“企业责任协调委员会、自由责任协调人”等制度。在这里——协调的目的不再是传统意义上的教育和处罚，而是帮助、服务和协助实现责任。

（2）建立有效的沟通反馈制度。组织中存在的许多问题都是由于各层级之间的横向、纵向沟通不足造成的，为了解决这一问题，企业组织必须建立灵活的沟通反馈制度，便于实现上下级的协同领导以及同级之间的交流合作。企业组织本身是一个复杂的协作系统，它需要以不断的“信息沟通”，实现企业组织的协调与发展——为了实现责任的承担，“沟通”本身需要成为必需的责任。

(3) 建立基于“责任权重”的激励制度。依据责任型组织构建的需求必须建立基于责任权重的激励制度。对于责任型企业组织来说，薪酬设计是围绕着“责任权重”展开的——行政级别和职务不再重要，因为级别职务并不能完全代表了责任权重；素质和能力不再重要，因为素质与能力如果不与责任适配，就无法证明它对企业组织贡献的价值。

20.5.3　责任型组织构建的效果评估

绩效评估是企业管理中的重要环节，也是企业管理取得成功的前提条件。管理大师德鲁克曾说过，如果你不能评价，你就无法管理。合理的绩效评估体系能够有效测量组织的活动效度，并对一定时期内企业的生产经营活动结果作出客观、公正的评价，有助于企业资源的合理配置。同时绩效评价在对团队作出考核的同时，也是对企业员工的一种正向激励，引导组织成员不断提高工作效率，通过实现自身价值来增强组织的竞争力。责任型组织构建的效果评估是以责任能力与岗位相适度的来考核员工绩效的，要求组织成员以组织的责任使命为中心，提倡互有责任的协作文化。责任型组织的构建是否令人满意需要通过综合的指标进行测算，进而为企业考核、任免、奖惩和选拔提供数据支撑，引导企业走在正确的经营轨道上，始终保持自身的竞争优势。

1. 组织绩效评估模型

不同的绩效评估模型反应不同的管理原理，也有自身的适用范围。当前常用的组织绩效评估模型有以下几种：

(1) 层次分析法

层次分析法本质上是一种决策思维方式，他把复杂的问题分解为各组成因素，将这些因素按支配关系分组，形成有序的递阶层次结构。通过对客观现实的主观判断，就每一层的相对重要性给予定量表示，最后采用数学方法确定每一层次中全部因素的相对重要性次序。层次分析法引入”1 ~9 比率标度”的方法，为绩效指标权重的确定提供了方法支撑。

(2) 平衡计分卡

平衡计分卡（The Balanced Score Card，BSC），就是根据企业组织的战略要求而精心设计的指标体系。BSC 观念主要是以平衡为目的，寻找企业短期与长期目标间、财务与非财务的量度间、落后与领先的衡量指标间、过去和未来量度之间的平衡以及企业内部与外部绩效层面间的平衡状态。

平衡计分卡主要通过以下四个角度来对组织绩效进行考核：财务层面、顾客层面、企业内部流程层面、学习与创新层面。平衡计分卡通过这四个层面设计绩效考评的指标，既为公司营运提供所需信息，也促进企业的战略远景的实现，如图 20－2 所示。

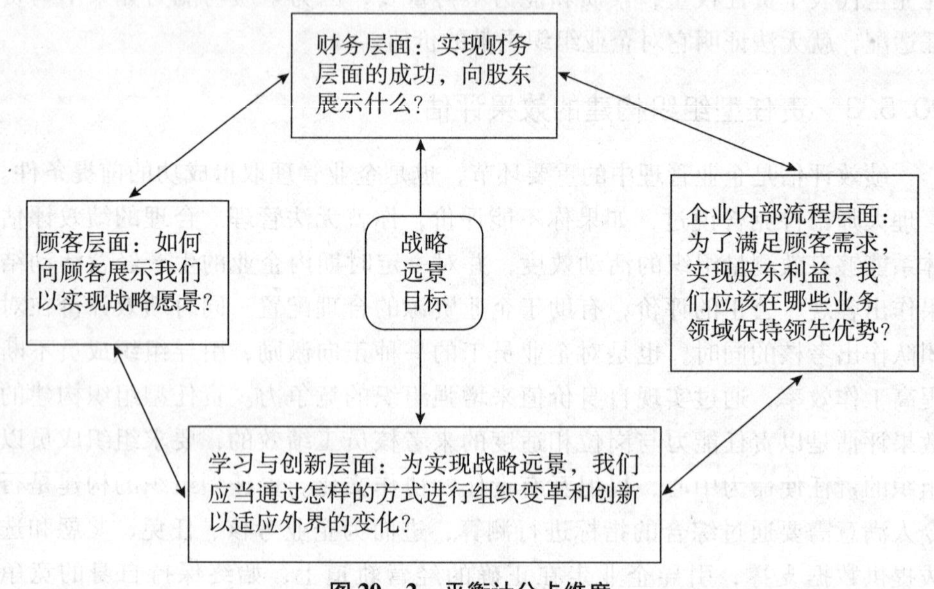

图 20－2　平衡计分卡维度

平衡计分卡也有其自身的缺点。平衡计分卡的应用难以实现“自动化”。一些非财务指标的建立成为难点，衡量方法需要很多的绩效衡量指标，而衡量指标却很难量化。当组织结构或形态发生改变时，平衡计分卡也许作相应调整，但其更新需要耗费大量的资源和时间，容易造成负面影响。

平衡计分卡难以执行成为它的另一个缺点。一般的平衡计分卡执行周期往往要达到半年左右，另外还需要一定的时间去做机构调整。整个实现周期会长达一年甚至更久。

（3）关键业绩评价法（KPI）

KPI 是一种可被事先认可的、可量化的并用来反映组织目标实现程度的指标体系。该指标体系既是绩效考评的有效手段，也是企业创造价值的内在动力。KPI 是以人们会竭尽全力达到预定目标为前提的，以战略为中心，指标体系的设计与运用都为组织战略目标的达成服务，指标源自于组织战略与竞争要求的各项增值性工作产出，KPI 在绩效评价中主要有以下作用：战略目标分解，绩效推动改进业绩状况；依托管理分析运行问题，采取有效措施完善管理；公正定性定量评估指标，提供战略执行决策依据；建立关键业绩共赢体系，搭建组织员工发展平台。

KPI 也存在一定缺陷：评价指标难以确定。KPI 的评价指标更多侧重于定量指标，而这些指标对企业绩效是否有关键性的影响需要依靠专业技术手段才能辨别，难以界定。KPI 容易误导考评者拘泥于机械化的考核。对于考核指标的过度依赖，会忽略人为的主观因素和柔性因素，造成考核的公平公正。另外，KPI 并不适用于所有的岗位考核。

2. 责任型组织绩效评估模型

绩效评价是企业实现战略目标的额重要保障，而企业的经营活动都是以绩效评价指标作为重要依据，因此构建合理有效的绩效评价指标体系是绩效评估系统的核心部分。本书利用现有的组织绩效评价模型，结合责任型组织自身特点，构建出了责任型组织的绩效评价模型。

（1）绩效评价的设计原则

构建责任型组织的绩效评价指标应遵循如下原则：

①战略目标导向原则。为了保持组织的可持续发展和市场竞争力，组织构建必须从传统的注重组织个别要素的管理向加强组织内外部的整体系统管理转变。因此，企业管理者在进行责任型组织的构建时，要从全局出发，用战略的眼光设计组织。而且，组织的目标要与组织的战略规划保持高度的一致。在责任型组织内部，衡量核心业务与辅助业务的完成好坏就是要以是否有助于实现组织目标为标尺。组织的战略及目标是企业未来发展的导向，也是组织内部各项资源合理配置的有效保证。因此，责任型组织的构建要能够充分应对外部环境的变化，不断增强组织的核心竞争力。

②顾客满意原则。组织的业务流程是组织为实现既定目标所展开的一系列有序活动，以提高顾客所需产品及服务的能力为中心。在当前市场经济的主导下，市场有卖方市场向买方市场转变，顾客利益至上。这就要求企业对自身组织结构进行优化管理，形成顾客导向市场部门和业务流程。顾客满意原则使组织更加注重产品和服务的质量，同时组织构建的内容及方式也将以顾客的需求作为切入点。

③以人为本的管理原则。以人为本的管理模式是指管理过程中以人为出发点和中心，围绕着激发和调动人的主动性、积极性、创造性展开的，以实

现人与企业共同发展的一系列管理活动。这种管理应当倡导互相关心、理解、互相尊重，这种管理模式旨在激发组织成员的潜力，提升个人的能力。责任型组织的构建要求坚持以人为本，因此，组织的构建过程中，应当建立组织成员之间平等的、和谐的、互助的新型人际关系。

④广泛授权原则。在传统的组织范式中，由于组织结构复杂、分工过细、集权化程度高，组织的灵活性差，很难应对复杂多变的环境。责任型组织坚持广泛授权原则：全员参与组织的公共管理工作，自觉形成团队意识；在责任型组织的构建的过程中，应将组织成员的工作和管理相结合，增强员工的主人翁意识，在做好本职工作的同时，为提高组织管理效率作贡献。责任型组织强调充分的、广泛的授权可以激发员工的额积极性，提高组织成员的工作效率，改善组织迟缓僵硬的组织结构，不断加速组织决策效率。

⑤团队合作的原则。组织中的每个成员都是不可或缺的一部分，在责任型组织的构建过程中，要做到人人参与，人人有责，每个人在自己的岗位上做好本职工作，并为组织既定的总目标不断前进奋斗，贡献力量，最终形成合力，构建一个责任型的团队系统。

⑥不断创新原则。创新是每个组织前进的不竭动力。为了提高组织的创新能力，要不断完善组织创新制度，提高组织学习创新的能力，培养员工的创造力。责任型组织的形成是一个动态的过程，因此在构建责任型组织时，要遵循实事求是，具体问题具体分析的办事原则，对组织自身的实际状况做一个充分的评估。去粗求精，对于不好的、不合理的东西要坚决摒弃。对好的制度和管理模式要予以肯定和延续，并不断突破创新，促进更加全面有效的管理模式的产生。

⑦实用性原则。责任型组织的构建没有固定的模式，较为灵活。但是在责任型组织建设过程中，要注意以下几点；一是要结合组织的实际情况，积极有效地借鉴学习其他类型组织成功的经验，努力提供组织成员高的技术能力、文化素养，增强组织的生命力；二是要加强组织成员的精神文明建设和思想文明建设，营造良好的责任型文化氛围。

⑧循序渐进的长效原则。责任型组织构建要坚持循序渐进的长效原则。以决策者和团队合作为重点，通过决策层创建组织的总体目标，再由管理层将目标分解成各项子目标分配给各操作人员，实现层层推进的组织建设模式。只有通过逐步地探索和实践，不断地总结经验，才能使责任型组织的建设朝着更加完善的方面发展。

（2）绩效评估的层次设计

根据责任型组织的构建原则与特点，可将其绩效评价指标划分为如下几个层面：

战略层面：战略目标是企业发展的使命和宗旨，因此组织绩效评价体系的构建应将组织战略放在首位。由于组织的战略目标包括财务目标和非财务目标，因此绩效评价指标应当包括财务指标和非财务指标。前者可通过财务数据获得，后者则需通过组织目标自上而下的分解才能得到。

运作层面：任何组织绩效评价体系的构建都需要将业务流程的运作效率作为一项重要评价指标。企业的业务流程是以顾客需求为导向的，因此在进行运作层面的指标构建时，要围绕流程、顾客两个维度进行开展。

资源层面：对责任型组织而言，人力资源是重要的组织资源。在责任型组织内，原本隶属于不同部门的人员组建成了一个个责任团队，因此，组织绩效考评应加强对组织成员能力的考核。另外，从系统角度看，责任型组织是社会这个大系统的一个子系统，我们在对其内部指标进行考察时，还应关注他的社会效应。

通过上述分析，责任型组织的绩效评价指标体系应涉及几个方面，如图 20－3 所示。

3. 责任型绩效评价指标体系的构建

责任型组织构建效果绩效评估体系是以组织的利益相关者为中心。前文提到利益相关者指的是赋予企业责任的社会、政府、股东、债权人、客户、合作伙伴等。本研究对责任型组织效果的绩效评价指标体系构建是在平衡计分卡的视角下，将基于利益相关者理论基础的指标体系转化为五个维度层面的指标体系。

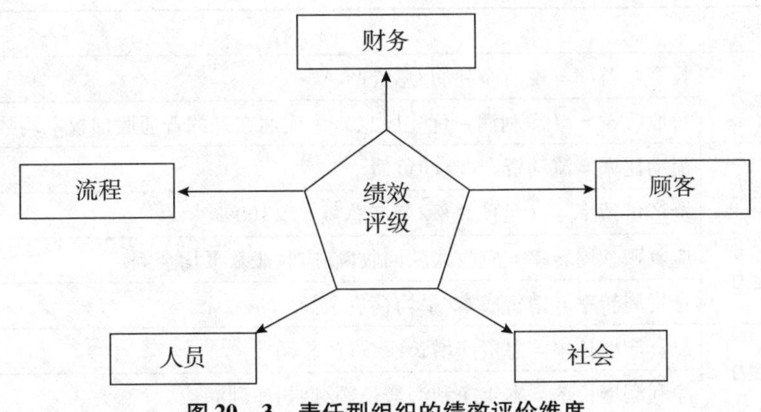

图 20－3　责任型组织的绩效评价维度

责任型组织指标体系应从以下几个角度进行构建：

(1) 财务指标体系的构建。

对于责任型组织而言，实现责任使命是企业首要目标。而实现组织的责任首先要有良好的经济基础作为支撑。利润是企业生存的必要条件，也是企业股东、债权人、合作伙伴关注的焦点。财务指标具有很强的客观性，能够较为准确地反映组织的效率。而在财务管理领域最常用的指标主要指盈利能力指标、偿债能力指标、营运能力指标、成长能力指标。本研究选取如下指标作为财务维度指标（见表 20－1）。投资收益率反映股东权益的收益水平，可以有效评价企业对股东所投资的资金安全的责任绩效，企业的投资收益率越大，说明投资收益越高，投资风险越小。每股收益主要用来分析上市公司的每股价值，既能测定股票投资价值，又能反映企业的综合获利能力。每股收益值越高，股东权益的受保障程度越高，从而表明企业对股东所履行的责任效果越好。流动比率是体现企业短期偿债能力的指标，反映流动资产对流动负债的保障程度，对于债权人来说，该指标值越高，说明企业的短期流动风险低，最终表明债权人安全程度越高。但是对于股东而言，资产负债率过低会出现股东以较低资本获得企业决定权的现象，这是不利的。通过实践表明，将资产负债率维持在 50% 左右是比较合理的。这样才能更好的履行企业对股东和债权人的责任。应收账款周转率越高说明企业用以支付供应商货款的时间周期越短，企业对供应商（债权人）利益的保障程度越高。存货周转率越大表明企业存货周转速度越快，企业的变现能力越强，可以很好地保障股东、债权人、客户的利益。总资产增长率、净利润增长率代表企业的成长能力，可以反映对组织利益相关者未来利益的保障程度。

表 20－1　　财务指标体系

指　标	内　容
盈利能力	投资收益率＝税前净利润/总资产
	每股收益＝（净利润－优先股息）－流通在外的普通股加权平均数
偿债能力	流动比率＝流动资产/流动负债
	资产负债率＝（负债总额/资产总额）×100%
营运能力	应收账款周转率＝应收账款回收额/应收账款平均余额
	存货周转率＝销售成本/平均存货余额
成长能力	总资产增长率＝总资产增长额/资产总额
	净利润增长率＝本年净利润增长额/期初净利润

财务指标能够对企业经营状况作出客观的分析，但更多是对企业历史财务状况的反映，不能提供如何发现构筑未来竞争优势的信息。因此，还要对组织各方面要素进行全面的评价。

（2）业务流程角度的指标构建。

业务流程评价指标是判断组织变革是否成功的重要指标。业务流程指标的构建主要包括流程优化指标和流程风险管理指标。

流程优化指标具有有效性、效率、周期、成本和适应性五大特点。

流程有效性是指在适当的时间和地点，以适当的价格产生正确的输出结果。本研究选择的具体指标是返工率。返工率反映企业生产产品的质量是否过关，该指标值越高表明组织业务流程有效性越低，对产品利用者的保障就越低。

流程效率是指利用最少的资源和最低的浪费实现有效性的程度。生产力是反映流程效率的重要指标。生产力越强，企业所能提供的产品越能满足提货商、消费者的需要，对他们所履行责任的效果越好。

流程周期也是反映组织效率的一个重要指标，周期越短，成本越低，工作量也越小。

流程适应性是指流程处理客户需求多样性和灵活性。流程适应性是以顾客为导向的，因此，选择及时交货率为评价指标。该指标值越高，说明对客户、合作伙伴的保障性越强，对其责任履行比较到位。

流程风险管理的目标是降低流程风险并使风险管理成本降至最低。责任型组织通过降低业务流程风险来实现对利益相关者的责任。选取风险发生频率作为代表性指标，可以很好地衡量组织业务流程风险管理的有效性。

（3）顾客角度的指标体系的构建

顾客作为组织重要的利益相关者，其需求是企业战略目标制定的重要出发点，使顾客满意是企业承担责任的关键性环节。顾客角度的指标具体包括：顾客满意度、客户获得率、客户保持率、客户忠诚度、产品与服务等。顾客角度指标从顾客主观层面、产品服务层面反映了企业对顾客所履行责任效果的好坏。

（4）员工角度指标体系的构建

人力资源是责任型组织构建的重要资源基础，充分发挥组织成员的积极性，是组织构建成功的保障。岗位责任的构建离不开人力支持，所以应该从组织责任、个人责任的角度选取评价指标。员工满意度、员工流失率、员工责任能力。员工满意度和员工流失率从正反两个角度反映了企业对员工所履行责任的效果，可以引导企业加强对员工福利待遇和精神生活等方面的重视。员工责任能力就是员工承担责任的能力，是衡量企业人才的重要标准。责任能力与岗位责任相匹配才能提高组织履行责任的效率。

（5）社会角度指标体系的构建

任何组织的是社会大系统当中的子系统，在对组织绩效进行综合评价时，注重经济效益的同时还要兼顾社会影响。社会效益评价指标具体包括：必须遵守的国家法律条文等，如国家法律、质量安全、商誉；企业形象的评价指标主要体现在环保、公益等社会责任上。

20.6 本章小结

本章主题为不确定性环境下企业组织变革趋向六——责任型组织。首先阐述了责任型组织的相关概念，进而阐述了相关理论，包括责任型组织理论、责任链管理理论、系统理论。并进而对于流程型组织范式与责任型组织范式就理论基础、基本原则、运行机制、人员任命等方面进行了比较。之后又探讨了责任型组织构建的动力与阻力。最后论述了责任型组织构建，包括系统规划、实施以及责任型组织构建的效果评估三个层面。

参考文献

[1] 奥尔森．国家兴衰探源［M］．北京：商务印书馆，2001.

[2] 白迎春．网络时代企业危机处理研究［D］．福州：福建师范大学硕士论文，2011.

[3] 保罗·S. 麦耶斯．知识管理与组织设计［M］．珠海：珠海出版社，1998.

[4] 彼得·德鲁克．巨变时代的管理［M］．朱雁斌，译．上海：上海译文出版社，2006.

[5] 彼得·圣吉，等．变革之舞——学习型组织持续发展面临的挑战［M］．北京：东方出版社，2002.

[6] 毕波．试论虚拟企业［J］．中国工业经济，2001（5）：68－71.

[7] 卜华白．企业脆弱性管理［J］．企业管理，2009（6）：37－41.

[8] 查尔斯·汉迪．非理性的时代——掌握未来的组织［M］．王凯丽，译．北京：华夏出版社，2000.

[9] 陈传明．企业文化的刚性特征：分析预测度［J］．管理世界，2005（6）：49－55.

[10] 陈高生．企业内部的组织协调费用研究［J］．北京理工大学学报：社科版，2003（12）：79－81.

[11] 陈红萍．基于内外环境不确定的供应链多目标决策模型研究［D］．北京交通大学硕士论文，2010.

[12] 陈麒．组织变革困境：成因与对策［J］．中华文化论坛，2011（3）：163－168.

[13] 陈颖慧．物流统计及评价指标体系的构建［J］．世界海运，2008（8）：28－30.

[14] 陈震红，董俊武．战略联盟伙伴的冲突管理［J］．科学学与科学技术管理，2004（3）：106－109.

[15] 陈竹友．企业成长密码［M］．北京：民主与建设出版社，2008.

［16］池信云．国有企业职代会制度脆弱性探因及对策［J］．中国职工教育，2006（12）：48－49.

［17］褚淑贞，黄艳．企业战略联盟及其伙伴选择［J］．理论探索，2004（3）：59－61.

［18］崔征．企业战略联盟的伙伴选择［J］．北京理工大学学报：社会科学版，2006，（2）：74－75.

［19］戴鑫．组织变革绩效评价的相关研究评述［J］．现代管理科学，2006（1）：90－92.

［20］丹尼斯·郎．权力论［M］．北京：中国社会科学出版社，2001.

［21］道格拉斯·C. 诺斯．经济史中的结构与变迁［M］．上海：上海三联书店，1994.

［22］邸杨，孙聃．实现企业组织变革平稳过渡的主要障碍及对策［J］．中国软科学，1998（2）：90－93.

［23］丁海猛，侯雪．网络时代企业危机公关面临的两大挑战及原因分析［J］．新闻界，2009（2）：62－64.

［24］杜赞奇．文化、权力与国家——1900—1942 年的华北农村［M］．王福明，译．南京：江苏人民出版社，1994.

［25］段从清，杨国锐．从科层制到扁平化［J］．中南财经政法大学学报，2005（6）：65－73.

［26］樊宏烨．企业脆弱性机理研究［D］．武汉：武汉理工大学硕士论文，2008.

［27］樊耘，邵芳．基于文化差异观的组织文化友好性和一致性对组织变革的影响［J］．管理评论，2011（23）：152－161.

［28］方统法．组织设计的知识基础论［M］．上海：复旦大学出版社，2004.

［29］方文．企业组织适应力提升研究及应用［D］．重庆：重庆大学，2005.

［30］傅鸿震．企业组织变革的阻力及其对策［J］．企业改革与管理，2011（7）：67－72.

［31］高天鹏．企业组织变革的系统科学思考［J］．统计与决策，2010，24（2）：180－183.

［32］耿锁奎．浅谈中小商业企业发展电子商务［J］．浙江工商职业技术学院学报，2009（1）：1－3.

［33］郭灿云．组织变革、应对方式与组织变革关系效能关系的研究［D］．开封：河南大学，2011.

［34］郭健，等．基于脆性势函数对复杂系统的脆性分析［J］．自动化技术与应用，2003，22（7）：5－8.

［35］郭丕宽．从家乐福、万科事件看网络时代企业危机管理［J］．中国管理信息化，2006（19）：97－100.

［36］赫伯特·西蒙．今日世界中的公共管理［J］．组织与市场，2002（1）：163.

［37］胡国辉．现代企业组织变革新方向［J］．安徽农业大学学报：哲社版，2005（5）：39－42.

［38］黄丹樨．人力资源管理在组织变革中的核心作用［J］．商业研究，2005（19）：66－69.

［39］黄飞．我国企业的营销评价指标选择［J］．经济论坛，2003（6）：67－69.

［40］黄建莲，刘海滨．试论网络环境下的企业组织［J］．华北科技学院学报，2006（3）：109－111.

［41］黄丽薇．网络时代的企业战略联盟［D］．泉州：华侨大学硕士论文，2002.

［42］黄卫伟．基于流程的绩效度量体系设计方法论［J］．经济理论与经济管理，2003（7）：101－102.

［43］戢守峰．企业战略联盟风险防范体系的架构研究［J］．管理学报，2006（1）：19－21.

［44］焦书斌．企业组织变革管理［M］．北京：中国人民大学出版社，2003.

［45］金辉，钱焱．团队的脆弱性及其防范对策［J］．中国人力资源开发，2005（4）：58－60.

［46］经济学家情报社，等．未来组织设计［M］．北京：新华出版社，2001.

［47］寇季松，李敏强．现代组织模式变化与信息技术［J］．中国软科学，1995：41－45.

［48］黎春兰．论企业信息化与电子商务的关系［J］．现代情报，2004（6）：172－173.

［49］李宝．企业组织脆弱性生成机理与研究［D］．武汉：武汉理工大

学硕士论文，2012.

［50］李大勇，达庆利．业务过程重组的误区与对策［J］．系统工程理论方法应用，1999，8（4）：72－77.

［51］李钢．基于企业基因视角的企业演化机制研究［M］．上海：复旦大学，2006.

［52］李晖，等．中外人性假设综述［J］．上海理工大学学报：社会科学版，2004（3）.

［53］李林林．责任型组织的构建［D］．齐齐哈尔：齐齐哈尔大学硕士论文，2014.

［54］李路路，王奋宇．现代化进程中的社会结构及其变革［M］．杭州：浙江人民出版社，1992.

［55］李敏．企业社会资本与企业组织变革［J］．商业研究，2005（21）：13－16.

［56］李琦，金鸿章，林德明．复杂系统的脆性模型及分析方法［J］．系统工程，2005（1）：9－13.

［57］李琦．基于脆性熵的系统脆性研究［J］．自动化技术与应用，2004，23（3）：25－29.

［58］李艳．面向大规模定制的供应链研究综述［J］．现代商业，2004（6）：12－13.

［59］李越西．管理突围［M］．北京：企业管理出版社，1999.

［60］理查德·达夫特．组织理论与设计［M］．北京：清华大学出版社，2003.

［61］理查德·达夫特．组织理论与设计精要［M］．北京：机械工业出版社，2002.

［62］林金忠．企业组织的经济学分析［M］．北京：商务印书馆，2004.

［63］林喜乐．文化变革——组织变革的关键［J］．管理探索，2005（12）：14－15.

［64］林志扬．企业组织变革——治理结构与组织结构互动角度的考察［D］．厦门大学，2002.

［65］刘丹．试论网络经济与信息经济、电子商务的关系［J］．现代情报，2005（9）：215－216.

［66］刘金荣．供应链管理中的不确定因素及其解决对策［J］．郧阳师范高等专科学校学报，2004，12（6）：129－131.

[67] 刘明菲，徐玉娟．基于企业脆弱性的营销道德风险评价［J］．科技创业，2009（12）：121－124.

[68] 刘文龙，周琴音．一体化供应链下的物流系统规划［J］．黑龙江对外经贸，2007（5）：36－37.

[69] 刘晓善．后现代组织理论研究综述［J］．云南财经大学学报，2007，22（4）：55－59.

[70] 吕绿绮．信息时代条件下的企业组织变革［J］．发展研究，2005（10）：64－65.

[71] 罗伯特·路易斯·弗勒德．反思第五项修炼［M］．北京：中信出版社，2004.

[72] 罗珉．现代管理学［M］．成都：西南财经大学出版社，2007.

[73] 麻兴斌，蒋衍武，尹燕霞．企业变革管理中的矛盾分析与对策［J］．山东社会科学，2002（4）：56－59.

[74] 马克斯·韦伯．经济与社会［M］．北京：商务印书馆，1997.

[75] 马力．基于企业基因的企业脆性生成机理及实证研究［D］．齐齐哈尔：齐齐哈尔大学硕士论文，2013.

[76] 马丽娜．基于复杂系统脆性理论的集团脆性建模及应用研究［D］．青岛：中国海洋大学，2010.

[77] 曼瑟尔·奥尔森．国家兴衰探源［M］．北京：商务印书馆，2001.

[78] 梅里尔·安德森．快速运转的组织发展［M］．北京：清华大学出版社，2002.

[79] 德鲁克基金会．未来的组织［M］．北京：中国人民大学出版社，2006.

[80] 孟范祥．组织惯性对企业组织变革影响机理及系统动力学模型研究［D］．北京：北京交通大学，2010.

[81] 孟雅楠．西方组织变革对我国领导者的启示［J］．辽宁行政学院学报，2007，7（13）：63－64.

[82] 牟宪魁．论公司权利结构［J］．山东大学学报：哲学社会科学版，2003（6）：67－73.

[83] 奈杰尔·金，等．组织创新与变革管理［M］．北京：清华大学出版社，2002.

[84] 宁钟．供应链脆弱性的影响因素及其管理原则［J］．中国流通经济，2004（4）：13－16.

[85] 派特里克·T康纳．组织变革中的管理［M］．北京：电子工业出版社，2004.

[86] 皮特斯·T. 第六项修炼［M］．延边：延边人民出版社，2003.

[87] 濮小金．对 展虚拟企业的几点思考［J］．经济研究导刊，2010(16)：27－28.

[88] 齐振宏．企业组织变革研究［D］．武汉：华中农业大学，2002.

[89] 齐振宏．一个基于人员活性化组织变革的新视角［J］．湖北社会科学，2005（10）：68－70.

[90] 秦志华．企业控制权辨析［J］．经济问题，2002（3）：42－44.

[91] 邱泽奇．技术与组织的互构［J］．转型时期中国组织现象研讨会，2004（10）：36－38.

[92] 桑强．以流程再造为中心的组织变革模式［J］．管理科学，2004(4)：23－25.

[93] 邵仲岩，王金丽，王士龙．企业组织变革效果评价研究［J］．商业时代，2012（24）：58－63.

[94] 邵仲岩，王金丽．商业企业经营管理［M］．哈尔滨：哈尔滨工程大学出版社，2009.

[95] 邵仲岩．基于权力—权利系统的企业组织变革研究［D］．哈尔滨：哈尔滨工程大学，2006.

[96] 邵仲岩．组织变革效果评价研究［J］．商业时代，2012（4）：56－59.

[97] 盛光华，等．中小企业脆弱性解析［J］．当代经济研究，2011(4)：33－37.

[98] 舒良友．浅析网络时代企业外部环境变化［J］．商业研究，2008(8)：82－84.

[99] 斯图尔特．追求变革——迎接管理的挑战［M］．刘建生，译．北京：中国财政经济出版社，1990.

[100] 宋福玲．环境不确定性对供应链企业间信任与信息共享关系的调节作用研究［D］．吉林大学硕士论文，2012.

[101] 宋迎春，梁军．自营物流与第三方物流—企业的物流策略选择分析［J］．商业研究，2009（3）：88－90.

[102] 宿伟玲．战略联盟若干理论及方法研究［D］．天津：天津大学博士论文，2004.

［103］孙彬彬．组织变革中的企业内分工［J］．中国工业经济，2006（2）：106－112.

［104］孙连杰，窦秋生．实施组织变革的几项措施［J］．河南科技，2005（7）：39.

［105］孙瑞者．B2C电子商务物流模式选择研究［D］．重庆：重庆工商大学硕士学位论文，2011.

［106］田华，吴启迪，沈荣芳．事务重建的理论构成与发展展望［J］．系统工程理论方法应用，1997（2）：28－34.

［107］托马斯·卡明斯，等．组织发展与变革精要［M］．北京：清华大学出版社，2003.

［108］王金丽．供应链系统脆性防御评价模型的构造与适用［J］．科技管理研究，2014（1）：205－209.

［109］王金云，高英．第三方物流选择评价体系的研究［J］．辽宁财专学报，2004（2）：32－34.

［110］王军．建设项目财务评价中应明确的几个问题［J］．农业与技术，2003（6）：125－128.

［111］王铭铭．乡土社会的秩序、公正与权威［M］．北京：中国政法大学出版社，1997.

［112］王其藩．高级系统动力学［M］．北京：清华大学出版社，1995.

［113］王其藩．系统动力学［M］．北京：清华大学出版社，1988.

［114］王强．企业危机管理中HR部门如何发挥作用［J］．中国人才，2003（7）：31－33.

［115］王日爽．大规模定制的经济学分析与企业组织变革［J］．世界标准化与质量管理，2005（11）：8－12.

［116］王锐兰，刘思峰．我国非盈利组织融资“脆弱性”及相机治理［J］．审计与经济研究，2005，20（3）：75－77.

［117］王世龙．企业组织变革中的组织脆性研究［D］．齐齐哈尔：齐齐哈尔大学硕士论文，2013.

［118］王爽英．网络时代企业竞争的特点与经营思路［J］．企业经济，2002（6）：129－130.

［119］王爽英．网络时代企业竞争的特点与经营思路［J］．企业经济，2002（6）：129－130.

［120］王顺波，刘卫东，等．计量器材采购评价新策略的应用和探讨

[J]. 产业衡量, 2008 (3) 50 – 52.

[121] 王旭. 论企业组织变革的质量 [J]. 商业时代, 2006 (1): 30 – 31.

[122] 王雪慧. 基于企业生命周期的企业组织变革能力研究 [D]. 济南: 山东建筑大学, 2011.

[123] 王雪莉, 张力军. 企业组织革命 [M]. 北京: 中国发展出版社, 2005.

[124] 王雪莉. 影响中国企业组织变革成功的因素研究 [D]. 北京: 清华大学, 2003.

[125] 王义. 企业效率与企业基因的研究 [D]. 厦门: 厦门大学, 2009.

[126] 王意冈, 王浣尘. 业务过程重构若干问题之探讨 [J]. 系统工程理论与实践, 1999 (2): 38 – 43.

[127] 王玉梅, 罗公利, 周广菊. 产业技术创新战略联盟网络协同创新要素分析 [J]. 情报信息, 2013 (2): 201.

[128] 王智敏, 等. 基于系统观点的组织变革管理研究 [J]. 经济师, 2005 (8): 10 – 11.

[129] 韦 琦, 金鸿章, 郭健. 复杂系统崩溃的脆性致因的研究 [J]. 系统工程, 2003 (7): 57 – 60.

[130] 韦琦, 金鸿章, 郭健. 复杂系统崩溃的脆性致因的研究 [J]. 系统工程, 2009, 21 (4): 44 – 47.

[131] 韦琦. 复杂系统崩溃的脆性致因研究 [J]. 系统工程, 2003 (8): 84 – 88.

[132] 韦琦. 复杂系统崩溃的脆性致因研究 [J]. 系统工程, 2003 (4): 8 – 16.

[133] 韦琦. 复杂系统脆性理论及其在危机中分析中的应用 [D]. 哈尔滨: 哈尔滨工程大学, 2004.

[134] 魏中龙. 企业文化建设与修炼 [J]. 商业文化, 1999 (5): 30 – 31.

[135] 文华, 王湛, 杨青. 企业脆弱性评价指标体系研究 [J]. 武汉理工大学学报, 2008 (2): 121 – 124.

[136] 吴春. 组织理论的发展概述 [J]. 新疆大学学报: 哲社版, 2002 (3): 66 – 67.

[137] 吴红梅, 金鸿章, 王辉. 复杂系统脆性树及其在船舶电网中的应

用［J］．武汉理工大学学报，2007（8）：46－49.

［138］吴红梅，金鸿章，王辉．复杂系统脆性树及其在船舶电网中的应用［J］．武汉理工大学学报，2009，31（10）：63－65.

［139］吴启迪，沈荣芳．面向企业构成重建的事务流程模型研究与应用［J］．系统工程理论与实践，1999（1）：39－46.

［140］夏海燕．有效实施组织变革［J］．经营管理者，2005（7）：32－33.

［141］小阿尔弗雷德·钱德勒．看得见的手——美国企业的管理革命［M］．北京：商务印书馆，1997.

［142］谢康．知识优势——企业信息化如何提高企业竞争力［M］．广州：广东人民出版社，1999.

［143］谢企华．企业竞争新焦点——战略供应链［J］．企业家论坛，2008（1）：14－16.

［144］谢挺．基于网络流的供应链模型研究［D］．重庆：重庆大学硕士研究生论文，2006.

［145］徐拥军．适应知识管理要求的组织变革［J］．管理科学文摘，2005（7）：18－19.

［146］许晓明，戴建华．企业基因理论的演化及其顺反子系统新模型的构建［J］．上海管理科学，2008（4）：30－34.

［147］闫丽梅，金鸿章，等．系统脆性及其脆性源［J］．哈尔滨工程大学学报，2004，27（2）：223－237.

［148］颜爱民．组织惯例研究评述［J］．中南大学学报：社会科学版，2007，13（2）：187－192.

［149］杨海峰，李志翠．技术进步与企业组织变革［J］．中国青年政治学院学报，2005（5）：80－85.

［150］杨瑞龙，等．企业的异质性假设和企业竞争优势的内生性分析［J］．中国工业经济，2002（1）：35－38.

［151］杨瑞龙，等．企业间网络的效率边界：经济组织逻辑的重新审视［J］．中国工业经济，2003（11）：45－47.

［152］杨学山．企业信息化建设和管理［M］．北京：北京出版社，2001.

［153］杨子怡．企业怎样实现成功的组织变革［J］．企业导报，2011（11）：103.

［154］姚晓霞．现代企业组织结构发展趋势［J］．江苏经济探讨，1998

(10)：53－54.

[155] 阴仁杰．基于复杂系统的钢铁供应链脆性管理研究 [D]．青岛：中国海洋大学硕士论文，2011.

[156] 余恒鑫，李瑞勤．商业企业电子商务模型设计与实现 [J]．情报科学，2009 (11)：140－143.

[157] 詹姆斯·布里克利．执行力组织 [M]．汕头：汕头大学出版社，2003：158－165.

[158] 张钢，张灿泉．基于组织认知的组织变革模型 [J]．情报杂志，2010，29 (5)：6－10.

[159] 张宏亮，李鹏．PFI 项目特点对项目风险事件和脆弱性的影响 [J]．管理工程学报，2007 (1)：102－109.

[160] 张五钢．国有商业银行的脆弱性特征及其演进趋势 [J]．金融理论与实践，2007 (4)：37－41.

[161] 张幼石，赖明正．组织变革中的利益冲突与化解 [J]．商业时代，2006 (3)：18－19.

[162] 张昱城．影响组织的内外部环境要素的分析研究 [J]．知识经济，2009 (4)：45－52.

[163] 张哲．电子商务企业物流绩效评价体系设计 [J]．物流科技，2009 (10)：71－72.

[164] 赵承．基于动态能力竞争战略的学习型组织 [J]．现代情报，2004 (11)：53－55.

[165] 赵文．网络时代企业组织模式创新的动因与对策 [J]．学海，2001 (4)：71－73.

[166] 赵震翔．信息技术与组织变迁 [J]．中外科技信息，2000 (3)：73－74.

[167] 中国企业家调查系统．企业文化建设：认识、现状和问题 [J]．管理世界，2005 (6)：32－38.

[168] 钟云霞，邱媛媛．组织变革中面临的阻力及对策研究 [J]．黑龙江科技信息，2011 (5)：146.

[169] 周德孚，殷建平．学习型组织 [M]．上海：上海财经大学出版社，1999：145－152.

[170] 周海燕．企业组织变革的阻碍因素分析 [D]．株洲：湖南工业大学，2009.

［171］周晓东．基于企业高管认知的企业战略变革研究［D］．杭州：浙江大学，2007.

［172］D. P. 约翰逊．社会学理论［M］．北京：国际文化出版公司，1988.

［173］J. 佩帕德，P. 罗兰著，高俊山译，业务流程再造［M］．北京：中信出版社，1999：86－102.

［174］S. 泰森，等．组织行为学精要［M］．北京：中信出版社，2003.

［175］A LISONM CKAY，ZOER RADNOR. A characterizationo fa businessp rocess［J］. International Journal of Operation & Production Management，1998，18（9）：924－936.

［176］ANICICH，ADAM. "Management Theorist：Chester Barnard's Theories of Management"［J］. Doctoral Research Papers，2009，UMD（2）：1－15.

［177］BECKER M C. Organizational Routines：a Review of the Literature［J］. Industrial and Corporate Change，2004，13（4）：643－677.

［178］BING YU，DAVID T. Wright，Software tools supporting business process analysis and modelling［J］. B usiness Process Management Journal，1997，3（2）：133－150.

［179］CHAMBERS R. Vulnerability，Copingand Policy［J］. IDS Bulletin，1989（11）：142－148.

［180］CHARLES BADEN－FULLER，HENK W. Volberda，Strategic Renewal：how large complex organizations prepare for the future［J］. International Studies of Mnagement and Organization，1997，27（2）：95－120.

［181］COLIN SINGH，MAX HART. Changing business culture：information is the key［J］. Australian CPA，1998，（9）：50－52.

［182］CUTTER S L. Vulnerability to environmental hazards［J］. Progress in Human Geography，1996（2）：48－52.

［183］DAVID C LANE，J HAROLD PARDUE. Thomas D. ClarkJr，and Graham W. Winch，Friendly amendment：A commentary on Doyle and Ford sproposedr definition of mental model［J］. System Dynamics Review，1999，15（2）：185－194.

［184］DADVID N，FORD，JOHN D. Sterman，Dynamicm odelling of product development processes［J］. System Dynamics Review，1998，14（1）：31－68.

［185］D T WRIGHT，N D BURNS. New organisation structures for global business: an em pirical study [J] . International Journal of operation & Production Management, 1998, (11): 896 – 915.

[186] GHARAJEDAGHI, JAMSHID. Systems Thinking: Managing Chaos and Complexity, Burlington, MA: Butterworth – Heinemann, 1999: 121 – 125.

[187] GRIFFITH A A. fracturetheory. the first session of the International Institute for Applied Mechanics [M] . Wotehansi International Press, Del of Buffett, 1925: 53 – 56.

[188] Hannah Arendt: "OnViolence" [M] . NewYork: Harcourt, Braceand World, 1970: 44.

[189] JAME P THOMPSON. Consulting approaches with system dynamics: three cases tudies [J] . System Dynamics Review, 1999, 15 (1): 71 – 95.

[190] JAMES M LYNEIS. System dynamics for business strategy: a phased approach [J] . System DynamicsR eview, 1999, 15 (1): 557 – 581.

[191] JAMES TC TENG, KIRKD FIEDLER, VARUN GROVER. An Exploratory Study of the Influence of the IS Function and Organizational Context on Business Process Reengineering Project Initiatives [J] . International Journal of Management Science, 1998, 26 (6): 89 – 98.

[192] J H AROLD PARDUE, THOMAS D. ClarkJr, Graham W. Winch, Modelings hort – and long – term dynamics in the commercialization of technical advance in IT producing industries [J] . System Dynamics Review, 1999, 15 (1): 96 – 105.

[193] KELLY P M , ADGER W N. Theory and Practice in Assessing Vulnerability to Climate Change and Facilitating Adaptation [J] . Climatic Change , 2000 (2) : 37 – 41.

[194] LAWRENCE. A. SCAFF. MAX. Weber in America [M] . Princeton University Press, Princeton/Oxford, England 2011.

[195] M G MARTINSONS, P S HEPMEL. Chinese Business Process Re – engineering [J] . International Journal of Information management, 1998, 18 (6): 393 – 407.

[196] MINTZBERG, HENRY. Managers, not MBAs: a hard look at the soft practice of managing and management development [J] . Berrett – Koehler, 2004 (4): 464.

[197] MINTZBERG, HENRY. The Rise and Fall of Strategic Planning: Re-

conceiving the Roles for Planning, Plans, Planners [M]. The Free Press, 1994: 458.

[198] NELSON, WINTER. An Evolutionary Theory of Economic Change [M]. Cambridge, MA: Harvard University Press, 1982.

[199] PARKER, LEE D, RITSON, et al. A. RevisitingFayol: Anticipating Contemporary Management [J]. British Journal of Management. June 18, 2009.

[200] P. E. D. Love, A Gunasekaran, H. Li. Putting an engine into reengineering: toward aprocess – oriented organisation [J]. International Journal of Operation & Production Management, 1998, 18 (9): 937 – 949.

[201] PETER HINES, NICK RICH, JOHN BICHENO, et al. Value Stream Management [J]. The Internationalournal of Logistics Management, 1998, 9 (1): 25 – 42.

[202] RICHARD H HALL. Structures, Processes, and Outcomes [M]. 上海：上海财经大学出版社，2003: 203 – 220.

[203] SIMON, HERBERT. Administrative Behavior (3rd ed.) [M]. New York: The Free Press, 1976.

[204] SIMON, HERBERT. Organizations and markets [J]. Journal of Economic Perspectives, 1991, 5 (2): 28.

[205] STEPHAN ZINSER, ARMIN BAUMGARTHER, FRANK – STEFEN WALLISER. Best practice in reengineering: a successful research and development center [J]. Business Process Management Journal, 1998, 4 (2): 154 – 167.

[206] THOMAS R, GULLEDGE, RAINER A. Sommer, Process Coupling in Business Process Engineering [J]. Knowledge and Process Management, 1999, 16 (3): 158 – 165.

[207] TURNER I I B L, R E KASPERSON, et al. A Framework for Vulnerability Analysis in Sustainability Science [J]. PNAS, 2003 (12): 100.

[208] WANG JINLI. Brittleness Evaluation Study 0n The Commercial Enterprise E – commerce [J]. Information Management, Innovation Management and Industrial Engineering, 2011, 8: 250 – 252.

[209] WANG JINLI. Third – Party Logistics Evaluating Study For Commercial Enterprise E – business [J]. 2010 International Conference on Management Science and Information Engineering, 2010, 12: 553 – 555.

[210] WILLAM WALLACE. Postmodern Management: The Emerging Partner-

ship Between Employees and Stockholders [M]. Publisher: Quorum Books. Ap30, 1998.

[211] W R SCOTT. Reflections on a Half – Century of Organizational Sociology [J]. Annual Review of Sociology, 2004 (30).